교육, 시장과 정부에서 길을 찾다

교육, 시장과 정부에서 길을 찾다

초판 1쇄 찍은 날 2006년 8월 1일
초판 1쇄 펴낸 날 2006년 8월 5일

지은이 정영섭 · 이공훈

펴낸이 정길생

펴낸곳 건국대학교출판부
주 소 : 143-701, 서울시 광진구 화양동 1번지
전 화 : 도서주문 (02) 450-3893 / FAX (02) 457-7202
편 집 실 (02) 450-3891~2
홈페이지 : http://press.konkuk.ac.kr
E-mail : press@konkuk.ac.kr
등 록 : 제 4-3 호 (1971. 6. 21.)

찍은곳 동화인쇄(주)

정가 11,000원

ISBN 89-7107-443-4 03300

이 도서의 국립중앙도서관 출판시도서목록(CIP)은 e-CIP 홈페이지(http://www.nl.go.kr/cip.php)에서 이용하실 수 있습니다.(CIP 제어번호: CIP2006001633)

교육,
시장과 정부에서 길을 찾다

정영섭 • 이공훈 공저

건국대학교 출판부

머리말

우리나라 교육문제의 심각한 수준에 대다수 국민들이 수긍하는 것 같다. 공교육의 붕괴, 사교육의 창궐, 대학입학전형의 혼란, 대학경쟁력의 약화, 학벌주의의 편만 등 모두가 심각하고 간단치 않다. 그러므로 교육문제와 그 해결에 대하여 일반 국민들이 관심과 견해를 표명하는 것도 인정되는 것 같다. 아니 인정되어야만 할 것이다. 국민들이 국가의 주인이고 더구나 교육문제의 피해당사자이기 때문이다. 물론 지금까지 우리나라 교육 당국이 많은 정책을 입안하여 실행하고 있으나 또한 현재 수많은 시민단체들이 등장하여 활발하게 논의에 참여하고 있는 실정이다.

이 중에 '학벌없는 사회만들기'라는 한 작은 단체가 있다. 명칭을 보면 자칫 학교와 학문을 철폐하자는 허황된 주장처럼 들리기도 한다. 그러나 실제로는 교육 전반의 정상화를 추구하는 모임으로 이미 수년간 이를 위해 고민하고 연구하고 있다. 이 책도 이 단체를 중심으로 저자들이 논의하고 발표한 것들의 결과이다.

책의 주제는 제목이 시사하는 것처럼 학교교육에 대한 시장과 정부의 역할이다. 교육이 자기 계발과 사회봉사라는 두 기능에 따라 개인적, 사회적 차원으로 나뉠 수 있는 것과 같이 교육의 정상화를 위하여 시장과 정부 중 어느 것도 부정될 수 없으며 상호 조화로운 역할이 반드시 요구된다고 할 수 있다. 비단 교육뿐만 아니라 많은 사회영역에서 시장과 정부, 즉 경제논리와 정치논리는 조화를 이룰 필요가 있다.

이 책을 쓴 두 저자의 글도 조화를 이루고 있다. 내용과 형식면에서 정영섭의 글이 논문형식이라면 이공훈의 글은 칼럼, 인터넷대화의 형식이라 할 수 있다. Ⅰ장은 학교교육의 경제적 성격을 밝혀 이 책 전체 논의의 근거로 삼고, Ⅱ장은 학교제도를 국립체제와 사립체제로 구분하여 조명하고 있다. Ⅲ장은 중등교육이 공교육과 사교육으로 나뉘어 파행적으로 이루어지는 현상을, Ⅳ장은 대학입학전형제도의 혼란한 상황을, Ⅴ장은 고등교육의 현실을 국립대학과 사립대학으로 나누어 묘사하고 있다. Ⅵ장은 우리나라의 학벌문제를 천착하고 학벌타파를 위한 정부의 대책을 평가하고 있다. Ⅶ장은 우리나라 시민이 교육운동에서 느낀 소감을 담담하게 피력하고 있다. '부록'은 저자들이 공정거래위원회와 헌법재판소에 심사를 청구한 내용과 결과를 정리한 것이다. '차례'에 각 항목별 저자를 표시하였다.

이 책은 한국 교육정책의 산실인 한국교육개발원에 제출된 「학벌사회와 입시풍토－실상과 과제분석」(2006. 5)을 일반인들도 쉽게 접하게 하기 위해 재편집한 것으로 고형일 원장님의 격려에 힘입은 바 크다. 교육문제의 해결을 위하여 일반 국민들의 다양한 의견도 사심 없이 폭 넓게 수용하려는 고 원장님의 폭 넓은 마음에서 용기를 얻었기 때문이다. 물론 책의 내용이 한국교육개발원의 공식적인 노선이나 지침을 추종한 것도 아니고, 따라서 개발원의 공식 견해와 일치하지 않을 수 있다. 중요한 것은 자유민주주의 사회에서 시민들이 의견을 자유롭게 표현할 수 있는 것이고, 그것이 부족한 이 작은 책을 통하여 실현된 것이다. 이에 대하여 깊이 감사하며, 이 책의 출판을 기꺼이 맡아 주신 건국대학교출판부 관계자 여러분에게도 심심한 감사를 드리는 바이다.

2006년 6월의 태양 아래

저 자

차 례

머리말 | 5

Ⅰ. 학교교육의 경제적 성격 (정영섭) / 11

1. 경제라는 숙명적 과제 12
2. 경제원칙으로 표시된 효율의 내용 15
3. 경제문제 해결의 두 방법: 국가계획과 시장 17
4. 시장과 계획의 실패와 개입주의의 등장 21
5. 계획경제＋시장경제＝혼합경제 23
6. 관치경제의 예와 실패: 지대효과 25
7. 시장과 조화를 이루는 정부의 일 Ⅰ 31
8. 시장과 조화를 이루는 정부의 일 Ⅱ 33
9. 혼합경제 내의 좌파와 우파의 대결 37
10. 관치경제와 시장경제의 혼동: 착시현상 41

Ⅱ. 학교제도: 국립체제-사립체제 (정영섭) / 47

1. 교육과 학교제도의 구성 48
2. 국립학교체제와 사립학교체제 50
3. 국·사립학교 혼합체제에서 운영주체의 선택 54
4. 중등사학의 소유와 경영의 모순 58
5. 사립대학에 대한 국립대학의 경쟁우위 61
   (1) 등록금의 차이_62
   (2) 재정지원의 차이_64

(3) 재정부담의 차이_65
(4) 국립이라는 위상과 학벌의 효과_66
6. 국립대학 경쟁우위의 결과 67

Ⅲ. 중등교육의 파행 / 69

1. 공교육의 변질 (정영섭) 70
(1) 중등교육의 목표와 내용의 변질_70
(2) 중등교육의 내부분열과 격차_73
(3) 중등교육의 행정_77
2. 사교육의 창궐 (정영섭) 80
(1) 사교육의 유용성_80
(2) 사교육의 유해성: 타도 이유_83
(3) 정부의 억제정책과 사교육 창궐의 표면적, 내면적 원인_87
3. 칼 럼 (이공훈) 93
(1) 초·중등교육에서의 자유주의_93
(2) 고교평준화의 타당성과 고교등급제의 부당성_99
(3) 네티즌과의 대화: '평준화 쇼'를 걷어치워라!_102
(4) 김 부총리의 자사고 설립 반대를 지지함_107
(5) 사학법 개정에 고려할 사항들_110
(6) 교원평가제를 철회하기 바람_115

CONTENTS

Ⅳ. 대학입학제도–칼럼 / 119

1. 대학입학전형의 혼란과 본고사 파동 (정영섭) 120
2. 내재적 한계와 대학의 권력기관화 (이하 이공훈) 125
3. 내신을 수호하라! 128
4. 네티즌과의 대화 Ⅰ: 내신을 믿을 수 있는가? 134
5. 네티즌과의 대화 Ⅱ: 무시험전형이 공정할 수 있나? 147
6. 네티즌과의 대화 Ⅲ: 논술시험이냐, 내신선발이냐? 150

Ⅴ. 고등교육의 현장 / 159

1. 국립대학의 상황 (정영섭) 160
(1) 국립대학의 수월성, 실용성, 면학분위기 및 운영상태__160
(2) 국립대학이 교내외에 미치는 영향__167
2. 사립대학의 상황 170
(1) 사립대학의 재정 및 경쟁력__170
(2) 사립대학과 대학평가의 의미__174
(3) 사립대학 학생의 손실__178
3. 칼 럼 (이공훈) 182
(1) 두 개의 악의 축과 시민사회의 도래__182
(2) 국·사립 이원체제와 국립대학의 설립목적__185
(3) 정부, 여당보다 더 정치적인 서울대학교__187
(4) 왜, 무엇을 위한 국립대학의 법인화인가?__190
(5) 울산 국립대학교의 설립을 저지하라!__195
(6) 카이스트의 실체와 러플린 해법__199
(7) 대학서열체제를 혁파하라?__204
(8) 대학은 시민의 것, 정원령을 철폐하라!__206
(9) 대학 기여금 입학제__210

Ⅵ. 우리나라의 학벌 / 213

1. 학벌의 어제와 오늘 (이공훈) 214
2. 학력과 학력병의 정의 및 단계 (이하 정영섭) 217
3. 우리나라의 학벌병과 그 효과 223
4. 학벌주의 타파를 위한 시민운동 227
5. 학벌타파에 대한 '국민의 정부'의 직무유기 230
6. 학벌타파를 위한 '참여정부'의 대응 234
(1) 종합대책의 수립__234
(2) 종합대책의 평가__237

Ⅶ. 교육운동을 하며 느낀 단상들 (이공훈) / 243

1. 카피한 개혁 – 5·31 개혁안 244
2. 김진표 부총리의 취임을 환영하며 247
3. 교사가 설 곳은 어디인가? 249
4. 미성인교육과 성인교육을 나누어 볼 수 있어야 252
5. 수능 1 256
6. 수능 2 259
7. 중국을 망하게 한 과거제도 261
8. 애증의 전교조 263
9. 학벌타파를 위한 두 시민단체 266
10. 연어치어 방류 270
11. 선거에 나섰던 일 272
12. 교육개혁이란 과연 가능한 명제인가? 275

참고문헌 | 279

부록 / 285

부록 Ⅰ: 불공정거래 행위의 신고 및 회신 내용 / 286

1. 공정거래위원회 신고 286
2. 공정거래위원회의 회신 내용 289
3. 공정거래위원회 회신에 대한 의견 291

부록 Ⅱ: 헌법소원 심판청구 및 판결 내용 / 293

1. 헌법소원심판청구서 요지 293
2. 교육인적자원부의 의견(요약) 299
3. 교육인적자원부 의견에 대한 반론(요약) 302
4. 헌법재판소의 결정 308
5. 현 대학제도에 대한 전문가들의 견해 316
6. [시론] 효용 다한 국립대학체제 322

CONTENTS

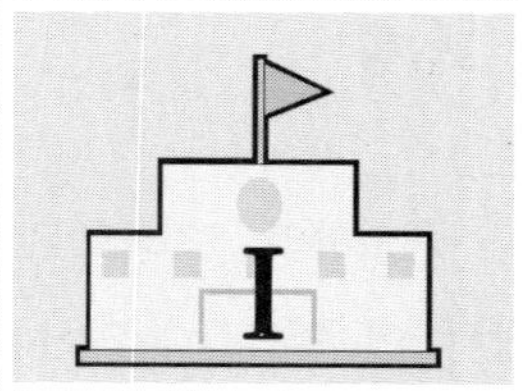

학교교육의 경제적 성격

1. 경제라는 숙명적 과제
2. 경제원칙으로 표시된 효율의 내용
3. 경제문제 해결의 두 방법: 국가계획과 시장
4. 시장과 계획의 실패와 개입주의의 등장
5. 계획경제＋시장경제＝혼합경제
6. 관치경제의 예와 실패: 지대효과
7. 시장과 조화를 이루는 정부의 일 Ⅰ
8. 시장과 조화를 이루는 정부의 일 Ⅱ
9. 혼합경제 내의 좌파와 우파의 대결
10. 관치경제와 시장경제의 혼동: 착시현상

1.
경제라는 숙명적 과제

인간에게 교육은 매우 중요하다. 그러므로 보다 나은 교육의 실현을 위하여 여러 각도에서 연구하고 논의하는 것이 유익할 것이다. 특히 경제적 측면에서의 관찰도 빼놓을 수 없다. 왜냐하면 인간은 생존하는 한 유형, 무형의 재화를 필요로 하는 경제주체이기 때문이다. 그러나 경제적 측면에서 교육을 관찰한다는 입장에도 상반된 두 부류가 있다.

하나는 교육에 경제를 결부시키는 것에 반대하는 사람들이다. 인간의 존엄한 가치를 형성하는 교육에 시장논리가 적합하지 않다는 것이다. 교육은 상품으로 둔갑하고 학교는 장터가 되므로 인격적이어야 할 제자와 스승의 만남은 이기적인 수요자와 공급자의 거래로 전락하여 교육 본연의 가치가 실종된다고 한다. 그러므로 교육의 공공성과 민주성을 강조하는데 이 부류를 좌파라 할 수 있다.[1] 이와 상치된 우파적 부류는 현 상황에서 시장논리를 도입하자는 것이다. 학생은 학교선택권을, 학교는 학생선발권을 행사케 함으로 교육의 자율성과 책무성이 확보되어야 교육 본연의 가치가 실현된다는 것이다.[2] 현재 이 두 진영이 정면으로 대치하고 있는 주 분야가 고교평준화라 할 수 있다.

1) 강내희, 『교육개혁의 학문전략, 신자유주의의 지식생산을 넘어서』, 문화과학사, 2003, 83-100.

2) 박세일·우천식·이주호 편, 『자율과 책무의 학교개혁: 평준화 논의를 넘어서』, 한국개발원, 2002, 13-32.

이 두 진영은 각자의 정당성을 주장하며 한 치의 양보도, 한 줌의 타협도 없다. 그리고 직접 실력행사로 맞서고 있기 때문에 교육으로 인한 우리의 국민과 어린 학생들의 극도로 불안한 상태가 반세기를 넘었다. 그러므로 이제 '차가운 머리와 따뜻한 가슴'으로 새롭게 학교교육의 경제적 측면을 관찰할 필요가 있다. 모든 인간, 또 모든 인간행위가 경제에서 예외가 될 수 없기 때문이다.

인간은 생존하기 위해서 의식주라는 재화가 필요하다. 의식주는 물질로서 형체가 있기 때문에 유형의 재화에 속한다. 보람 있는 삶을 위해서는 의식주뿐 아니라 교육 · 예술 · 여행 · 통신 · 금융 · 의료 · 안전 등 비물질적인, 즉 무형의 재화도 필요하다. 이러한 비물질적 재화가 인간의 행위로 제공되므로 용역 혹은 서비스라는 표현을 쓴다. 그런데 '용역'이나 '서비스'라는 말 자체도 우리 한국 사람들에게 얼핏 어색하게 들릴 수 있다.

용역이란 말은 날품팔이 같은 단순노동을 연상시키고, 서비스는 무슨 값싼 공짜배기 같은 느낌을 주기 때문이다. 그러나 여기서는 무형의 재화로서 단순히 물질적이 아닌, 인간의 행위를 뜻하는 것이다. 예를 들어 국민의 안전을 지키는 군대나 경찰의 행위, 의사의 의료행위, 음악가의 연주행위 등도 모두 용역(=서비스)으로 표현되고 있다. 학교교육도 주로 교사의 행위에 의해서 이루어지므로 무형의 재화로서 서비스에 속하는 것이다.

인간은 이러한 유형, 무형의 재화를 끊임없이 조달하여 소비하는 하나의 경제주체이다. 인간의 탄생은 경제주체의 출현이고 사망은 그의 소멸인 것이다. 이것은 "인간이 하나의 생물체다."라는 정의와도 같이 선택의 여지가 없다. 어떤 사람이 경제주체이길 거부한다고 해서 경제에서 예외가 될 수가 없다. 설혹 숭고한 이념과 사상을 추구한다 해도 사람은 생존하는 한 경제행위를 해야만 한다. 물론 생존을 위하여 필요하지만 조달할 필요가 없는 재화도 있다. 예를 들어 햇빛이나 공기처럼 자연으로부터 무상으로 얻는 것이다. 이러한 재화는 인간의 필요량보다 더 많이 존재하기 때문에 누구든지 자유롭게 획득할 수 있는 것으로 자유재라고 부른다. 아마도 에덴동산에는 모든 재화가 자유재이고 그렇기 때문에 낙원이라 부르는지도 모른다.

그러나 현실에서는 생존을 위한 대부분의 재화가 필요량보다 적게 존재한다. 이렇게 희소성이 적용되는 재화를 경제재라 한다. 과거에는 존재량이 풍부하여 자유재였으나 이에 대한 필요량이 상대적으로 더욱 증가하면 경제재로 전환되기도 한다. 예를 들어 토지나 하천의 경우 옛날 원시시대에는 자유재였으나 현재는 인구의 증가로 경제재가 되었다. 이러한 희소한 경제재가 조달이라는 경제행위의 대상이 되는 것이다. 그리고 경제재를 획득하는 데는 반드시 비용이 발생한다. 대가가 지불되어야만 하는 것이다. 경제재는 희소하므로 이미 다른 용도에 사용되고 있거나 어느 누구의 소유가 되어 있기 때문이다. 가정 내에서 자녀들이 아무런 대가 없이 자유재인 것처럼 부모로부터 가정교육을 받더라도 부모의 가정교육도 희생과 비용이 따르는 경제재인 것이다. 학교교육 역시 서비스에 속하는 경제재임은 말할 필요도 없다.

이와 같이 경제재를 조달해야 하는 상황이 경제문제이다. 경제문제는 한층 구체적으로 세 단계로 구분된다. 첫째, 무엇을 얼마나 조달할 것인가로서 조달의 대상과 규모, 둘째, 어떻게 조달할 것인가로서 조달의 제도 및 방법, 셋째, 누구를 위하여 조달할 것인가로서 분배의 문제이다. 이 '경제의 3대 문제'는 개인과 국가를 포함하여 모든 경제주체가 해결해야 할 숙명이기도 하다.

인류의 역사가 바로 이 경제문제를 해결하는 과정이라 해도 과언이 아니다. 국가가 경제문제를 원만하게 해결하면 국민들이 편안하게 생활할 수 있고 그렇지 못할 때는 갈등, 혁명, 전쟁 등 사회적인 혼란을 겪게 된다. 마르크스 이론에 의한 사회주의 혁명도 경제문제가 원만히 해결되지 못한 결과로 발생한 것이다. 우리나라의 교육문제를 포함하여 오늘에 발생하는 많은 사회문제들도 대부분 경제문제에 대한 부적절한 대응에서 기인하고 있다.

2. 경제원칙으로 표시된 효율의 내용

경제문제를 해결하는 행위는 희소한 재화를 조달해야 하기 때문에 반드시 효율적이어야만 한다. 효율이란 한마디로 투입을 최소화하고 산출을 최대화하는 것이다. 투입의 내용은 자원 · 화폐 등 물질, 시간과 정성 같은 비물질 모두가 될 수 있고, 산출 역시 물질적인 것 외에 정신적인 모든 가치가 될 수 있다. 그것이 물질이라고 했을 때 비용을 최소화하고 효과를 최대화하는 것이라고 할 수 있다. 이것을 편의상 '경제원칙'이라 표현하고, 상황에 따라 다시 세 가지로 구분한다.

첫째, 비용이 일정하게 주어졌을 때 이 비용으로부터 발생하는 효과를 극대화하는 극대화 원칙이다. 예를 든다면 학교가 일정하게 주어진 인원과 예산을 가지고 교육효과를 극대화하는 것이다. 학교행정이 효율적일수록 직원 한 명당, 또 예산 한 단위당 돌볼 수 있는 학생의 수는 증가할 것이다. 학생의 입장에서는 일정한 수업료를 지불하고 그로부터의 교육효과를 극대화하는 것이다.

둘째, 일정한 효과가 주어졌을 때 이를 달성하기 위한 비용을 극소화하는 극소화 원칙이다. 예를 들어 일정하게 주어진 교육효과를 실현하는 데 인원과 예산을 극소화하는 것이다. 일정한 수의 학생을 교육하는 데 불필요한 낭비를 방지하는 것이다. 역시 학교행정이 효율적일수록 일정한 수의 학생을 돌보는 직원과 예산의 규모는 감소할 것이다. 학생의 입장에서는 동일한 교육과정을 이수하는 데 드는 비용을 최소화할 것이다. 즉 가장 낮은 수업료를 요구하는 학교를 선택할 것이다.

셋째, 비용과 효과가 모두 가변적일 때 효과와 비용의 차이, 즉 잉여를 극대화하는 잉여극대화 원칙이다. 예를 들어 한 생산자가 제품생산에 따른 비용과 수입이 모두 가변적일 때 양자간의 차액인 이윤이 극대화되는 생산량을 실현하는 것이다. 하나의 학교를 새로 설립하는 경우에도 투입되는 인원과 예산으로 교육효과가 극대화되도록 학교규모를 결정하는 것에 해당한다. 학생이 계속 감소하는 벽촌의 한 학교의 규모를 줄일지 혹은 폐쇄할지 여부를 결정하는 데에도 적용된다. 학생의 경우는 학교교육을 얼마나 많이 받을지 결정해야 한다. 왜냐하면 학교교육을 많이 받을수록 일반적으로 교육효과가 증가하고 동시에 비용도 증가하기 때문이다.

이러한 경제원칙은 학교교육뿐 아니라 모든 경제재에, 모든 경제주체에게 그리고 어떠한 방법을 사용하든지 동일하게 준수되어야 하는 것이다. 예를 들어 국가가 정치적인 결정에 의해 국가예산으로 도로·교량·국방·치안·의무교육 등 공적인 재화를 제공할 때도 경제원칙은 엄격히 준수되어야 하고, 민간기업이 시장원리에 따라 상품을 생산하여 공급할 때도 준수하지 않으면 안 된다. 경제원칙이 무시되는 경우에는 국가예산의 엄청난 낭비와 각종 비리가 발생하고 민간기업은 파산하게 되기 때문이다.

그러므로 인류는 지금까지 경제원칙에 따라 경제의 3대 문제를 해결하기 위하여 여러 가지 방법들을 강구해 왔다. 그 중에는 국가가 국민경제를 운영하는 극단적이고 상반된 두 방법이 있다. 하나는 국가가 국가계획으로 경제문제를 해결하려는 계획경제이고, 다른 하나는 개인들에게 경제문제의 해결을 일임하는 시장경제이다.

3.
경제문제 해결의 두 방법: 국가계획과 시장

계획경제는 국가의 통일된 계획으로 경제 3대 문제를 해결하려는 제도이다. 계획경제의 핵심적인 내용은 첫째, 모든 생산수단(=자본)이 국유(國有)이고, 둘째, 국가계획에 따라 생산과 분배(=배급)되는 것이다. 이때에 국가계획이 완전하다는 묵시적인 전제가 되어 있다. 국가는 중립적인 입장에서 국민 전체를 대상으로 계획하므로 공공성과 평등성이란 덕목이 강조되며 전체주의적인 정치논리가 적용된다. 정치논리란 그것이 민주적인 절차에 의한 것이든 아니든 결국 집권자의 판단으로 결정하는 것이다. 계획경제는 자본의 소유에 따른 계급이 없고 인간에 대한 착취도 없으며 소외되는 사람도 없으므로 평등주의(equalitarianism)를 추구한다고 할 수 있다. 그리고 사회적인 연대(solidarity)를 통하여 인간의 존엄한 가치를 보장하고 구현하기 때문에 사회주의(socialism)라고도 한다.

그러나 계획경제의 결정적인 약점은 개인적인 자율성과 경제행위의 효율성이 제약되어 있는 것이다. 어차피 국가계획이 전국, 전국민을 지배하기 때문에 하급기관들의 자율성은 원천적으로 봉쇄되어 있으며 단지 계획의 범위 안에서만 발휘될 수 있기 때문이다. 그리고 하급기관들은 국가계획에 따라 행동하므로 계획의 실패에 대한 책임이 없다. 책임이 없다는 것은 계획량을 채우지 못하는 경우 문책은 당할 수 있겠으나 계획 자체에 대한 책임이 없는 것이다. 즉 계획실패에도 파산하지 않는다. 이와 같이 타율적이고 책임이 따르지 않는 행위는 결코 효율적일 수 없는 것이다.

시장경제는 개인들이 시장을 통하여 자신의 경제문제를 스스로, 즉 각자의 계획에 따라 해결하는 제도이다. 핵심적인 내용은 첫째, 생산수단의 사유(私有)이고, 둘째, 개인계획에 따른 자유로운 처분이다. 여기서는 이러한 개인의 소유권과 자유처분권이 보장된다는 것이 전제되어 있다. 그러므로 자율성과 효율성이란 장점이 부각되고 개인주의적인 경제논리가 적용된다. 사유와 자유처분에서 개인의 자율성이 최대한 발휘될 수 있고, 동시에 처분에 대한 책임이 반드시 따르기 때문에 경제행위는 효율적일 수밖에 없다. 여기서 책임이 따른다는 것은 경제행위의 실패를 개인이 전적으로 담당한다는 것, 즉 파산을 의미한다. 이러한 자율적인 책임경영의 원리가 경제논리이다.

경제논리란 다름 아닌 시장의 원리이다. 수요와 공급의 법칙으로서 가격기구(price mechanism)라고도 부른다. 수요와 공급에 의하여 가격이 결정되고 이 시장가격이 다시 수요와 공급에 영향을 주어 소비와 생산을 결정한다. 이로써 경제의 3대 문제가 국가의 간섭 없이 자동적으로 해결되는 것이다. 시장경제는 개인자본을 전제로 하기 때문에 자본주의(capitalism)라 칭하기도 한다. 이 명칭은 “자본이 지배하는 세상”이라고 비아냥거리는 표현이기도 하다. 또한 자본의 자유로운 처분이 가능하기 때문에 자유주의(liberalism)라고도 한다. 시장경제가 작동하는 기본 축으로서 가격기구는 그림과 같이 수요와 공급의 곡선으로 간단히 나타낼 수 있다.

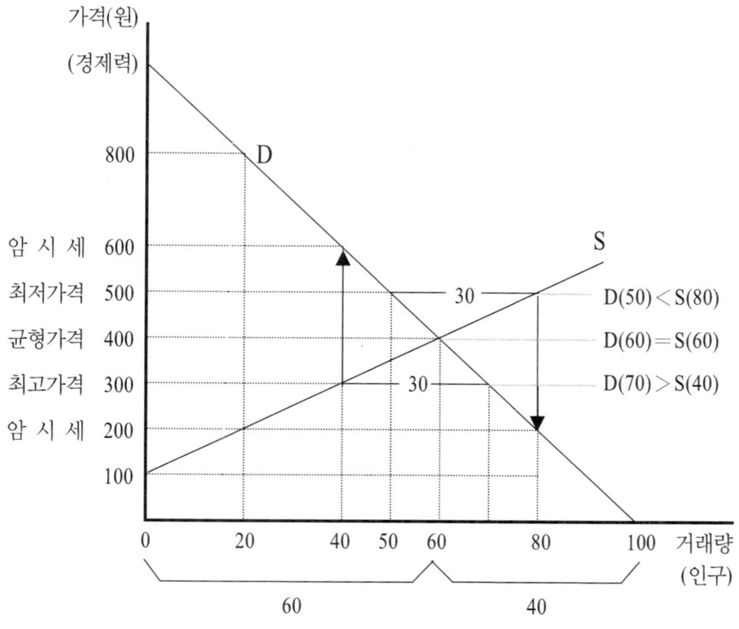

［그림］ 시장의 원리

어느 나라 어떤 재화 X의 공급(supply)이 S곡선, 이 재화에 대한 인구 100명의 수요(demand)가 D곡선으로 나타나 균형가격 400원에 재화 60개가 거래되고 있다. 이때 S곡선은 공급자의 생산비용, D곡선은 수요자의 경제력을 표시하기도 한다. 이제 인구 1명당 1재화를 수요한다면 100명 중에서 400원 이상의 경제력을 가진 고소득층 60명이 구매하고, 경제력이 400원에 미치지 못하는 저소득층 40명은 거래에서 배제되어 있다. 만일 재화 X가 대학입학 허가, D곡선은 수요자인 대학입학 지망자의 대입시험 성적이라 하면, 커트라인 400점 이상의 고득점자 60명이 대학에 입학하게 된다.

만일 가격이 400원 이상 오른다면 공급이 수요를 초과하여 가격은 자동적으로 다시 균형수준으로 떨어지고, 반대로 균형 이하로 내린다면 이번에는 수요가 공급을 초과하여 가격은 역시 자동적으로 균형으로 오르게 된다. 이때 반드시 지적되어야 할 것은, 시장이 균형으로 복귀하려는 성향이 마치 자연에 작용하는 중력(重力)과 같아서 인위적으로 약화되거나 제어될 수 없는, 불가항력적이라는 것이다. 이러한 불가항력적인 힘에 의해 수요와 공급은 가격을 결정한다. 그리고 이 가격을 지표로 하여 모든 경제주체들이 자율적으로 구매와 판매를 결정하고, 이에 따라 소비량과 생산량 역시 자율적으로 결정되는 것이다. 자연환경의 변화에 따라서 국가의 간섭 없이 사람을 포함한 생명체들이 스스로 적응하며 살아가는 것과 같다.

이러한 시장경제의 결정적인 단점은 공공성과 평등성이 보장되어 있지 않은 것이다. 경제주체들이 우선 자신의 계획에 몰두하기 때문에 공적인 일에 소홀할 수밖에 없다. 또한 각각 자신의 소유와 능력에 따라 행동하므로 불평등이 클 수밖에 없다. 개인의 물질적인 소유와 정신적, 육체적 능력에 선천적, 후천적으로 큰 차이가 있기 때문이다.

4. 시장과 계획의 실패와 개입주의의 등장

산업혁명 직후에는 세계 각국의 경제가 국가계획도, 또한 공정한 시장질서도 수립하지 못한 상태로서 자유방임주의(laissez faire)라 할 수 있다. 이것을 초기 자본주의라 부르기도 한다. 자유방임적 경제는 국가의 통제가 없으므로 개인의 자율성을 최대한 보장한다고 할 수 있겠으나 공정한 경쟁이 이루어지지 못하여 독과점, 착취, 빈부격차, 인간소외 등 심각한 폐해가 발생하였다. 이것을 일반적으로 '시장의 실패'라 부르는데 더욱 정확한 표현은 '자유방임의 실패'라 할 수 있다. 좌우간 이러한 초기 자본주의의 사회적 부조리를 해결하기 위하여 두 가지의 서로 상반된 노선이 나타난 것이다. 그중 하나가 바로 시장경제 자체를 폐기처분하고 계획경제를 채택한 사회주의이다.

사회주의 이념을 추종하여 무력으로 사회주의 혁명을 일으켜 무수한 인명을 희생시키고 계획경제를 채택한 것이 구소련을 비롯한 당시의 공산국가들이다. 국가의 합리적 계획으로 지원의 편중과 낭비를 방지하고 골고루 평등하게 분배하여 보다 정의롭고 인간적인 세상을 만들 수 있다고 생각한 것이다. 그러나 계획경제에는 역시 '계획의 실패'가 발생하였다. 실패의 원인은 첫째, 계획이 불완전한 것이다. 인간의 계획이 완전할 수가 없는 것이다. 애초에 소수 혁명가들이 국민경제를 계획할 수 있다고 생각한 것 자체가 허망한 망상이었다. 이들은 헐벗은 백성을 구한다는 의협심은 가졌으나 자기 자신의 한계를 몰랐던 것이다. 둘째, 설혹 국가계획이 완전하다 해도 이를 수행하는 인간이 불완전한 것이다. 국가계획을 집행하는 조직과 기관들이 의식적 · 무의식적인 도덕적 해이와 함께 권력을 남용하는 것이 다반사였다.

이와 같이 불완전한 계획이 불완전한 인간에 의하여 수행되는 국가계획하에서 당초 추구하던 공공성은 물론 평등성도 실종되었다. 이 상황에서 어차피 존재하지도 않던 자율성과 효율성을 기대하는 것은 연목구어(緣木求魚)이고, 그 대신에 기형적인 자율성이 득세하였다. 즉 국가계획의 실현을 위해서 절대복종이 필수적인 하급기관들이 자율성을 주장하며 항명하는 것이다. 그 중에서도 특권을 보유한 하급기관들은 항명의 차원을 넘어 상급기관을 좌지우지하는 것이다. 비유적으로 이야기하면, 개가 꼬리를 흔드는 것이 아니라 "꼬리가 개를 흔드는 격"(The tail wags the dog)이다. 또는 어느 주정뱅이가 키운 개가 힘이 세지자 거꾸로 주인을 자기의 종으로 삼고 자신이 "주인이 되려는 개"(The dog dare to be the master)와 같다고 할 수 있다. 계획실패는 결국 비효율, 무책임, 억압, 절대빈곤 등의 형태로 나타나 지구상의 사회주의 국가들을 몰락시켰다. 즉 계획경제 자체가 파산한 것이다. 그 후 러시아, 중국 등 과거 사회주의 국가들은 시장경제의 요소를 대폭 도입하고 있다.

초기 자본주의의 부조리를 해결하기 위하여 나타난 또 다른 노선이 사회주의 혁명에 참여하지 않은 미국, 영국 등 서방의 자본주의 국가들이다. 이 나라들은 시장경제를 폐기하지 않고 계획경제의 요소들로서 시장에 개입하여 보완하고 있다. 사회주의자들이 '시장의 실패'로 간주했던 것은 엄밀히 이야기해서 '자유방임의 실패'였기 때문이다. 그러므로 국가가 경제의 성장과 안정, 공평한 분배 등을 위하여 시장에 개입하게 된 것이다. 이것을 개입주의(interventionism)라 한다. 미국의 뉴딜정책, 유럽 제국의 복지정책 등이 그 예가 된다.

5. 계획경제+시장경제=혼합경제

사회주의 국가들과 자본주의 국가들이 경제문제의 해결을 위하여 상반된 두 방향에서 시작하였으나 현재는 모든 나라들이 계획경제와 시장경제가 혼합된 혼합경제(mixed economy)를 운용하고 있다. 그러므로 나라마다, 시대마다 두 제도의 혼합정도와 그 형태가 각각 다를 수밖에 없다. 공통적인 취지는 어느 방향에서 시작하였든지 국가계획과 시장의 장점들만 취하여 자유와 평등이란 두 가치를 조화롭게 실현하는 것이다. 우리나라도 시장경제를 표방하였으나 5·16 군사혁명 후에는 국가계획의 비중이 컸고 1997년 IMF사태 이후 시장경제를 더욱 적용하는 방향으로 나아간다고 할 수 있다.

그러나 혼합경제가 그 목적을 달성하기 위해서는 반드시 준수해야 할 대원칙이 있다. 그것이 바로 순응의 원칙(principle of conformity) 혹은 조화의 원칙(principle of harmony)이다. 왜냐하면 국가계획의 작동원리인 정치논리와 시장의 경제논리가 서로 다르므로 이 두 원리가 반드시 조화를 이루어야 하기 때문이다. 만일 조화를 이루지 못하는 경우에는 두 제도의 장점이 아니라 단점인 계획실패와 시장실패가 동시에 나타나게 된다.[3)]

정치논리란 어디까지나 주관적이고 인위적인 판단이지만 경제논리는 곧 시장원리로서 객관적으로 작용하는 중력과도 같다. 비유적으로 이야기하면, 시장이 대낮 햇빛이 비치는 지상세계라면 정부는 한밤중 전깃불에 의존하는 지하세계라 할 수 있다. 시장이 우리의 타고난 치아나 수족이라면 정부는 의치, 의족, 의수와도 같다. 이와 같이 시장은 자연스럽고 자유롭지만 정부는 인위적이고 부자유스러운 것이다.

시장의 자유로움은 영화 "왕의 남자"의 흥행에서도 볼 수 있다. 이 영화가 신기록을 세운 상황이 바로 시장원리이다. 영화제작자와 출연진들은 권력자의 눈치를 보지 않고 자신들의 계획에 따라 열심히 영화를 만들었고, 또 관객들은 제삼자의 간섭 없이 자신의 동기에 의해 자발적으로 이 영화를 본 것이다. 이 상황은 정부가 어떤 기준을 세우고 선택과 집중에 의해 어떤 한 영화를 선정하여 정부예산으로 제작하고, 또 공권력으로 청중을 강제 동원하여 시청률을 1위로 끌어올리는 것과 다른 것이다. 이러한 정치논리는 햇빛 비치는 대낮에 천막을 쳐놓고 그 속에서 전깃불을 사용하는 것과 같은 이치이다.

그러므로 "순천자(順天者)는 흥하고 역천자(逆天者)는 망한다."는 말이 있듯이 정치논리가 시장원리에 순응(conform)해야 하는 것이다. 만일 위배되면 불행이 초래된다. 예를 들어, 건축가가 아무리 선한 마음으로 건물이나 교량을 축조해도 중력의 법칙에 위배되면 삼풍백화점이나 성수대교처럼 붕괴되고, 의사가 선한 마음으로 환자를 수술해도 인체원리에 위배되면 환자가 사망하는 것과 같다. 정치

3) 이준구, 『시장과 정부, 경쟁과 협력의 관계』, 다산출판사, 2004, 3-127.

경제사회에서 이 순응의 원칙에 위배되는 경우에는 축조물의 붕괴, 환자의 사망 이상의 사회적 불행이 초래된다. 이 경우를 관치경제(官治經濟) 혹은 관권경제라 부를 수 있다. 관치는 계획(=정부)의 실패를 통하여 사회주의 국가들을 몰락시키고 또한 혼합경제에도 막대한 폐해를 가져오는 원인이다. 관치의 경우에도 정부의 의도가 반드시 악한 것이 아니다. 그리고 축조물의 붕괴가 자연의 잘못이라고 할 수 없는 것처럼 역시 시장의 잘못도 아니다. 단지 정부의 판단이 불완전하여 시장원리에 위배(inconform)되었을 뿐이다.[4)]

6. 관치경제의 예와 실패: 지대효과

관치경제의 한 예를 든다면, 정부가 어느 특정재화의 가격을 시장균형(앞의 그림에서 400원)보다 높게(예를 들어 500원) 책정하여 고시하고 이보다 낮은 가격의 거래를 금지할 수 있다. 왜냐하면 시장에서 결정되는 균형가격(400원)은 너무 낮다고 판단되기 때문이다. 이때 500원에서는 공급이 수요를 초과하므로 시장가격은 균형수준으로 떨어지려는 엄청난 힘이 작용하게 된다. 이것을 정부가 더 이상 떨어지지 않도록 공권력으로 저지하는 것이다. 그러므로 이 정책을 최저가격제라 부른다. 최소한의 임금소득 또는 농가소득을 보장하기 위한 최저임금제나 농산물가격의 지지가 예가 된다.

4) 김영호, 『관권경제-특혜경제』, (주)CPI/월간 엔터프라이즈, 1988, 9-47; 서상목, 『시장을 이길 정부는 없다』, 매일경제신문사, 2003, 105-180; 유정호, 『관치 청산-시장경제만이 살 길이다』, 책세상, 2004, 27-64.

그러나 정부정책이 이처럼 시장원리를 거스르면 정책의도를 실현하지 못할 뿐 아니라 오히려 사태를 더욱 악화시키게 된다. 왜냐하면 인위적으로 높게 책정된 가격(500원)에 따라 수요는 60개에서 50개로 감소하고 공급은 60개에서 80개로 증가하여 발생한 30개의 초과공급에 의해 시장이 교란되기 때문이다. 즉 공급자는 이 초과공급을 해소하기 위하여 균형가격(400원)보다도 낮은 가격인 암시세(200원)로 판매하는 것이다. 그러면 정책목표가 달성될 수 없을 뿐 아니라 불법적인 암시장이 형성되고 사태는 처음보다 더욱 악화되는 것이다.

먼저 최저임금의 경우를 보자. 이 제도가 도입되면 해당되는 노동자는 당장은 보다 높은 임금을 받겠지만 기업의 입장에서는 임금비용이 높아져서 고용규모를 축소하게 된다. 그러면 노동의 초과공급(30)이 발생하고 이만큼 실업자 수가 증가한 것이다. 그러나 이 실업자들은 현실적으로 실업상태로 생존할 수가 없으므로 시장균형(400원)보다도 낮은 임금(200원)으로 불법노동을 하게 되는 것이다. 농산물가격지지의 경우도 농산물 판매가격이 오르면 농산물생산이 과다하게 확대되고 초과공급된 농산물(30)은 판매되지 않으므로 폐기될 수밖에 없다. 그러면 공급자는 폐기에 따른 손실을 방지하기 위하여 시장균형보다도 낮은 암시세(200원)로 비밀리에 판매하게 된다. 결과적으로 최저가격제는 사태를 악화키는 동시에 애매한 국민들을 범법자로 만드는 것이다.

최저가격제와 대칭이 되는 최고가격제의 경우도 유사한 결과를 초래한다. 정부가 이번에는 어느 특정재화의 시장가격(400원)이 너무 높다고 판단하여 이 균형가격보다 낮은 가격(300원)을 고시하고 이보다 높은 가격의 거래를 공권력으로 금지할 수 있다. 이때는 낮은 고시가격으로 인하여 공급이 위축되고 수요가 확대된다. 만일 공급이 위축되지 않고 계속 확보되면 실수요가 아닌 가수요가 발생하여 소비의 낭비로 이어지게 된다. 예를 들어 서민생활을 위할 목적으로 수도세를 낮게 책정하면 수돗물을 헤프게 써 낭비가 발생하는 것이다. 또한 아파트의 임대료를 규제하는 경우에는 그 아파트가 황폐화된다. 미국 대도시의 슬럼이 대표적인 예이다. 그러므로 "도시를 확실하게 파괴하는 방법은 폭격 외에 임대료 규제다."라는 말이 있다.

만일 공급이 증가하지 않는다면 초과수요로 인한 품귀현상이 나타난다. 이 상황에서 공급자는 많은 수요자들 중에서 보다 높은 가격을 제시하는 수요자에게 판매하게 된다. 즉 균형가격보다도 높은 암시세로 매매되는 암시장이 형성되고, 이에 따라 역시 정책목표가 달성되지 않고 상황도 처음보다 더욱 악화된다. 예를 들어 부동산가격을 안정시키고 서민의 주택구입을 돕기 위하여 아파트 분양의 상한가(300원)를 고시할 수 있다. 그러면 아파트건설이 위축되어 초과수요(30개)가 나타나 수요자간 경쟁이 심해져 아파트의 실질가격은 상승하게 된다. 이때 부유층은 프리미엄 등의 명목으로 시장균형(400원)보다도 높은 가격(600원)을 지불하고 구매할 수 있지만 정작 서민에게는 주택마련이 더욱 어렵게 된다. 그리고 부동산가격은 더욱 불안정하게 된다.

이와 같이 초과수요에 대하여 공급이 제한적일 때 수요자간 경쟁이 극심해지고 재화의 금전적, 비금전적인 프리미엄이 발생하여 실질가격이 상승하게 된다. 그리고 재화의 소유주는 시장의 독점지배자가 되어 경제권력으로서 수요자들에게 막강한 지배력을 행사하게 된다. 이것을 독점지배 효과라 한다. 수요자들은 막심한 굴욕을 당하지만

이 제한된 재화를 얻기 위하여 수단과 방법을 가리지 않게 된다. 이것을 지대추구(rent seeking) 효과라 한다. 독점지배 효과와 지대추구 효과를 합하여 간단히 지대효과(rent effect)라 할 수 있다.

지대(rent)는 원래 토지사용에 대한 대가의 뜻이지만 원칙적으로 공급이 제한된 모든 종류의 독점 상태에서 발생하는 독점 이윤에 적용되며 그 효과를 지대효과라 할 수 있다. 교통요충지나 상권 중심지의 지가상승이 대표적이다. 예를 들어 2006년 서울 명동 중심지의 평당 공시지가가 1억 7천만 원으로 국내의 가장 저렴한 지가보다 무려 63만 배 더 비싼 것도 다름 아닌 지대효과이다. 인기연예인의 몸값상승도 한 전형적인 예가 된다. 학교재단이 교원을 임용할 때 발전기금의 명목으로 수억 원의 뒷돈을 요구하고, 또 지불하는 것도 제한된 교원자리에서 발생하는 지대효과이고, 소수 사립명문대학이 기부금입학제를 끈질기게 요구하는 것도 제한된 입학정원에 대한 독점지배적인 지대효과이다.

지대는 형성되어 두 가지 형태로 실현되며 반드시 지대효과를 발휘한다. 첫째는 금전적인 화폐가치로 실현되는 것이고, 둘째는 독점지배, 사회적 혼란 등 비금전적인 여러 형태로 나타나는 것이다. 그리고 지대효과는 공급이 제한될수록, 즉 초과수요가 크면 클수록 더욱 큰 규모로, 더욱 비극적으로 나타난다.

첫째, 화폐가치로 실현되는 경우는 위의 예와 같이 가격상승이나 권리금, 뒷돈, 기부금, 뇌물처럼 금전적인 프리미엄으로 실현될 수 있다. 이처럼 화폐가치로 실현되는 지대효과가 초과수요의 규모에 따라 더욱 크게 나타나는 예를 다시 앞의 그림의 최고가격제에서 볼 수 있다. 즉 고시가격이 300원일 때 공급량 40에 대하여 수요량 70으로 초과수요 30에서 고시가격보다 두 배 높은 600원의 암시세가 형성되었다. 즉 공급량과 수요량 40 대 70(=4 : 7)의 비율에서 2배의 지대효과가 발생한 것이다. 만일 최고가격을 200원으로 고시한다면 20의 공급량과 80의 수요량에서 60의 초과수요가 발생하고, 이에 따라 고시가격보다 4배 높은 800원의 암시세가 지배하게 된다. 즉 20 대 80(=1 : 4)의 공급량과 수요량의 비율에서 4배의 지대효과가 나타나고 있다.

둘째, 화폐가치 외의 비금전적인 지대효과는 금전적 프리미엄의 실현이 차단된 혹은 불가능한 경우에 발생한다. 그리고 제한된 공급에 비하여 초과수요가 클수록 비금전적 지대효과 역시 더욱 큰 혼란과 비극으로 나타난다. 예를 든다면, 강당과 같이 밀폐된 공간에 갑자기 폭발사고가 발생하여 그 안의 많은 사람들이 한꺼번에 탈출하려는 경우 제한된 탈출기회에 대한 경쟁은 극심하여 지대효과는 수많은 사상자로 실현되는 것이다. 다른 예를 든다면, 정부관리가 이권이 수반된 권력을 가지고 기업인 등 국민을 억압하며 뇌물을 강요하고, 또 이들에 아부하는 현상도 제한된 이권에 대한 지대효과에 해당한다. 또는 가난한 나라에서 정부가 제한된 양식을 배급할 때 지대효과는 권력층의 독식과 굶주린 수많은 사람들의 참상 그리고 사회적 파탄으로 나타난다.

그러므로 금전적인 지대효과가 비금전적인 것보다 훨씬 양호하다고 할 수 있다. 왜냐하면 금전적인 것은 명동의 땅값이나 아파트 프리미엄처럼 화폐가치로 표시되기 때문에 보다 투명하고 인간의 횡포와 술수가 덜 작용하며 사람의 생명과 인권을 직접 침해하는 비극은 발생하지 않기 때문이다. 그러나 비금전적인 지대효과는 권력층의 독점과 사회적인 혼란으로 인하여 많은 국민들이 직・간접적인 여러 형태로 피해를 보게 된다. 그리고 이러한 비금전적인 지대효과는 매우 위험하고 치명적이더라도 쉽게 노출되거나 식별되지 않는다. 위의 예처럼 권력층의 독식과 대물림이 합법적, 공식적으로 진행되기 때문이다.

이와 같이 비극적인 지대효과가 현재 우리의 교육분야에 발생하고 있다. 대표적인 것이 국립 서울대학교의 입학을 향한 전국적인 입시경쟁이다. 일정하게 제한된 서울대의 입학기회에 대한 전국의 모든 학생들과 학부모들, 모든 고등학교들과 지방자치단체들의 경쟁이 극심하여 여기서 발생하는 지대효과는 혼란이나 인명사상 이상의 비극으로 나타나고 있다. 이 지대효과는 공급량인 서울대입학정원 약 3천 명과 수요량인 전국 대학지원자 수 약 60만 명(3천 : 60만= 1 : 200)의 비율에서 그 규모와 강도의 엄청남을 짐작해 볼 수 있다. 예를 들어 밀폐된 공간에서 단 한 명만 통과하는 탈출구로 200명이 한꺼번에 몰리는 경우, 또는 정부가 국민 200명당 한 사람에게만 양식을 배급하는 경우의 혼란과 부조리에 비유될 수 있다.

이러한 혼란이 국립 서울대학교의 입학과 관련하여 해방 후 반세기 동안 전국적으로 모든 학교에서 발생하고 있다. 그럼에도 불구하고 그 폐해가 쉽게 인식되지 않은 이유는 서울대학교가 국가가 설립하여 운영하는 교육기관이라는 것이다. 공적인 국가기관이기 때문에 그 부당성이 공공성에 의해 호도되고, 교육기관이기 때문에 교육이라는 미시적 순기능에 의해 더욱 엄청난 거시적인 역기능이 은폐된 것이다. 실제로 서울대 입학경쟁은 일극(一極)을 향한 전 국민의 돌진이므로 그 지대효과는 가히 핵(核)이 분열하며 발산하는 그 열기와 폭풍효과 이상일 수 있다. 여기서 발산되는 열이 우리 국민의 교육열이고 그 폭풍에 의해 교육이 붕괴된 것이다.

7. 시장과 조화를 이루는 정부의 일 Ⅰ

혼합경제에서는 정부와 시장 간에 조화를 이루는 것이 매우 중요하다. 즉 상호 이질적인 공공부문과 민간부문이 서로 조화롭게 협력할 때 평등과 자유 또는 형평과 효율이라는 두 종류의 가치가 조화롭게 실현될 수 있다. 이 두 가치는 어느 쪽 하나도 포기될 수 없는, 각각 '더 나은 반쪽'(better half)의 가치로 하나가 실종되면 다른 것도 실현될 수 없다. 이 둘은 서로 배제하는 대체적 관계가 아니라 마치 인간의 이성과 감성처럼, 또는 남녀의 관계처럼 상호 보완적이고, 또 반드시 보완적이어야만 한다. 이 두 가치의 융화를 위하여 정부가 시장과 조화를 이루는 일은 크게 두 가지로 구분될 수 있다. 첫째는 공정한 시장질서를 확립하고 공정한 경쟁의 조건을 조성하는 것이고, 둘째는 정부 자신의 역할에 대한 '경제의 3대 문제'를 해결하는 것이다.

첫째, 정부는 공정한 시장질서를 확립하고 그 준수 여부를 엄격하게 감독해야 한다. 마치 운동경기의 규칙을 제정하고 적용하는 것과 같다. 정부의 일은 이렇게 권위 있는 공정한 심판관의 기능이지 운동선수가 되어 민간선수들과 직접 대결하는 것이 아니다. 만일 정부가 선수로서 민간기관과 대결하게 되면 공권력과 국가재정이라는 유리한 조건 때문에 공정한 경쟁은 불가능하고 항상 정부가 승리하고 민간은 패망하게 된다. 그러나 이런 일은 국민의 활동을 지원, 육성해야 한다는 정부의 존재원칙에 위배되는 것이다. 마치 짐승이 자기 새끼를 잡아먹는 것(자기 새끼 포식 짐승)과 같은 반자연적인 행위라 할 수 있다. 그리고 현장에서 민간기관과 직접 경쟁하게 되는 국가기관은 마치 자기 백성을 상대로 전투를 벌이는 군대(자기 백성 공격 군대)가 되는 것이다.

공정한 경쟁의 조건을 조성하는 데는 화폐가치의 안정, 경제정책의 일관성 등 여러 임무들이 있겠지만 기본적으로는 경제적 약자도 공정한 경쟁에 참여할 수 있도록 정부가 지원하는 것이다. 다시 앞의 그림의 예를 든다면, 경제력이 400원에 미치지 못하여 시장에서 탈락해야 하는 저소득층 40명에게 국가예산으로 도움을 주어 거래에 참여케 하는 것이다. 왜냐하면 만일 거래대상인 재화가 의식주라면 하위계층 40명은 정부지원이 없는 한 헐벗고 굶고 얼어 죽을 것이기 때문이다. 이 재화가 만일 학교교육이라면 저소득층 40명은 현재 우리나라처럼 돈 없는 사람이 학교에 다니지 못하는 경우가 되는 것이다. 이러한 불평등을 해소하기 위하여, 정부는 경제적 · 사회적 · 신체적 약자를 지원하여 균등한 교육의 기회를 보장해야 하는 것이다. 이것이 바로 국가가 평등성을 구현하는 것으로 '생산적 복지'(productive welfare)라 표현할 수 있다.

그러나 만일 정부가 저소득층을 도외시하고 고소득층 60명을 지원한다면 이것은 불필요할 뿐 아니라 공공성에 위배되는 '파괴적 복지'(destructive welfare)라 할 수 있다. 저소득층의 희생으로 고소득층을 지원하는 것으로 정부가 사회적 강자의 이익을 대변하는 반윤리적 행위일 뿐이다. 그 결과 빈부격차는 더욱 확대되어 양극화가 심화되는 동시에 교육기회는 더욱 불균등하게 된다. 현재 우리나라에서 진행, 심화되고 있는 교육의 양극화도 이와 같이 사회적 강자인 국립대 학생에 교육자원이 집중되어 있는 파괴적 교육복지정책에서 비롯된 것임을 확인할 필요가 있다.

공정경쟁의 질서와 함께 그 조건이 조성되면 정부는 사회적 강자로 하여금 반칙을 범하지 못하게 철저히 감독해야 한다. 이것을 독점규제라고도 한다. 현재 우리나라는 「독점규제 및 공정거래에 관한 법률」(공정거래법)을 제정하여 민관기관에만 적용하고 있다. 그러나 중요한 것은 정부기관이 먼저 공정거래법의 심사 및 규제대상이 되어야 하는 것이다. 왜냐하면 정부기관의 불공정거래는 민간기관에 의한 것보다 더욱 치명적이지만 합법적으로 이루어져 식별이 쉽지 않고 따라서 더욱 큰 폐해를 가져오기 때문이다. 이러한 경우가 곧 '자기 새끼를 포식하는 짐승'과 '자기 백성을 공격하는 군대'의 예가 되는 것이다.

8. 시장과 조화를 이루는 정부의 일 Ⅱ

정부가 시장과 조화를 이루는 두 번째 일은 정부 자신의 역할에 대한 '경제의 3대 문제'를 해결하는 것이다. 즉 정부역할의 ① 내용과 규모, ② 제도 및 방법, ③ 수혜대상을 결정하는 것이다.

먼저 ① 정부역할의 내용과 규모는 사회적, 시대적 요청에 따라 항상 조정되어야 할 필요가 있다. 원칙적으로 국민경제의 역량에 따라 시장의 실패를 보완하는 역할에 국한되어야 한다. 예를 들어 국방 · 치안 · 의무교육 · 복지와 같은 공공 서비스와 상하수도 · 도로 · 항만 등 사회간접자본(social overhead capital)의 조달이 주 내용이 될 것이다. 불필요한, 적정규모 이상의 정부역할에서는 정부의 실패가 필연적으로 나타나기 때문이다. 그리고 민간기관이 부담하지 않는 외부효과(external effect)를 시정하고 공평분배를 위해 소득격차를 조정하는 것이 정부의 역할이 되어야 한다.

일반적으로 '큰 정부' 또는 '작은 정부'라는 용어가 회자되고 있다. 세계적인 추세는, 특히 과거 식민지국가들의 경우, 정치적 독립, 민주적 성숙 그리고 경제적 발전에 따라 '큰 정부'에서 '작은 정부'로의 이행이라 할 수 있다. 여기서 크고 작다는 것은 정부의 규모, 즉 양적인 의미로서 순전히 불필요한 기구를 이야기하는 것이다. 그러므로 비록 '작은 정부'라 하더라도 그 기능은 결코 작지 않고 오히려 '큰 정부'보다 공공성을 더욱 효과적으로 실현할 수 있다. 이러한 '작고 강한 정부'의 국가재정 역시 더욱 효율적이다. 그렇다고 재정규모 역시 반드시 축소될 필요도 없고, 경우에 따라서는 확대될 수도 있는 것이다.

② 정부역할의 제도 및 방법은 국가임무를 수행하는 조직의 형태로 결정될 것이다. 우선 국가임무를 국가기관, 공기업 등 국가기구들이 직접 수행할 수 있다. 국가기구 중에는 국가기관보다 공기업이 효율적이라 할 수 있다. 왜냐하면 국가기관은 전체예산체계에 종속되어 기관 단위별 활동의 결과가 화폐가치로 표시되지 않는다. 그러나 공기업은 독립예산을 운용하여 경영의 결과가 재무제표로 나타나고 그것이 논의의 대상이 되어 개선의 계기를 마련하기 때문이다. 그러

나 공기업보다는 다시 민간기업이 더욱 효율적이다. 민간기업의 비효율성은 시장원리에 따라 파산으로 이어지므로 효율적이지 않을 수 없기 때문이다. 그러므로 국민경제가 발달함에 따라 민간기관이 종전의 국가활동을 인수하는 것이 바람직하다. 민간의 역량이 신장됨에 따라 기능별로 국가기관을 분리 독립시켜 자기 책임하의 자율적인 기구(예: 독립법인)로 개편하고 이것을 다시 민영화하는 수순을 밟을 수 있다. 마치 어린아이가 한동안 보행기에 의존하다가 홀로 걷게 되면 더 이상 보행기에 의존하지 않고, 또는 다리를 다친 사람이 완쾌되면 지팡이를 던져버리고 자신의 다리를 사용하는 것과도 같다.

정부의 임무수행을 위한 합리적인 제도가 결정되면 정부와 민간의 조직과 역할이 확연히 구분되어야 한다. 그렇지 못하고 서로 혼합된 경우에는 정치논리와 경제논리가 충돌하여 공공성과 자율성의 조화가 불가능하기 때문이다. 예를 들어 정부가 국가의 역할을 민간기관에 위임하는 경우에도 입찰제와 같은 분명한 원칙과 기준이 준수되지 않는 한 부작용이 나타나게 된다. 왜냐하면 정부가 민관기관에 임무를 위임함과 동시에 재정을 지원하면서 경영에 간섭하고 통제하기 때문이다. 여기에서 소유와 경영의 괴리가 발생하는 것이다. 민간소유의 기관이 정부지침에 따라 경영하는 상황에서 민간의 자율성과 정부가 요구하는 공공성이 충돌하게 된다. 그러면 두 가치가 조화되기보다는 결국 자율성을 유린당하여 민간기관은 마치 '종군위안부'와 같은 입장이 되고 만다.

③ 정부행위의 수혜대상이 어느 계층인지를 분명히 확인해야 한다. 수혜대상은 국방이나 의무교육처럼 국민 전체일 수도 있고 복지사업처럼 사회적 약자일 수도 있다. 이때의 사회적 약자는 역시

앞의 그림의 경쟁에서 탈락한 저소득층 40명을 의미한다. 동시에 정부가 절대로 '하지 말아야 할 일'은 스스로 경쟁에서 이기고 있는 사회적 강자인 고소득층 60명을 수혜대상으로 지원하는 것이다. 이것이 '파괴적 복지'로서 빈부격차를 확대하고 양극화를 심화시키기 때문이다.

정부가 시장과 조화를 이루기 위한 두 가지의 일 중에서 둘째로 구분된 것이 정부역할에 대한 '경제 3대 문제'의 해결이라 했다. 그러나 이것은 결국 첫째 과제의 수행을 위한 보조적인 의미를 갖는다고 할 수 있다. 정부역할의 내용, 규모, 방법 및 수혜대상을 결정하는 기준과 목적이 다름 아닌 순응의 원칙에 따라 시장의 실패를 보완하고 원활한 시장기능을 확보하는 것이기 때문이다. 그러나 현실사회에서는 왕왕 정치논리가 경제논리를 압도하므로 정부와 시장의 조화가 깨지고 있다.

정치논리가 경제논리를 압도하는 이유는 정부가 공권력으로 시장질서를 초월할 수 있고, 이에 대해 통제도 받지 않는 지존(至尊)의 존재이기 때문이다. 마치 권력자가 서민들은 지켜야 하는 교통질서를 초월하여 도로를 마구 달리는 것과 같다. 또한 위에 예로 든 최저가격제와 최고가격제의 경우와도 같다. 이러한 경우에도 정부행위는 항상 '합법적'이고 또 얼마든지 정치논리를 적용하여 그 명분과 유익을 설명할 수 있는 것이다. 그러나 정치논리가 경제논리를 훼손하는 만큼 사회에는 억압과 낭비가 필연적으로 발생하게 된다.

그러므로 학교교육에 있어서도 합리적인 정부의 역할이 요구된다. 학교교육을 국립학교가 제공할 것인가, 사립학교에 일임할 것인가에 대한 근본적인 원칙하에 교육에 대한 국가역할의 내용과 범위를 발견해야 한다. 특히 각 교육단계에서 각 학교의 설립 및 운영, 국립과 사립의 역할분담, 교육재정에 있어서 공부담과 사부담의 배분과 수혜대상, 교육 공공성과 학교 자율성의 조화 등등에 관하여 교육 당국의 면밀한 검토가 있어야 할 것이다. 왜냐하면 현재 우리나라의 고질적인 교육문제도 결국 혼합경제체제 내에서 정부와 시장, 즉 정치논리와 경제논리 간의 부조화에서 비롯된 것이기 때문이다.

9. 혼합경제 내의 좌파와 우파의 대결

혼합경제체제는 서로 이질적인 정부와 시장을 함께 포용하고 있어 마치 쌍둥이를 뱃속에 잉태한 임신부, 혹은 남녀로 구성된 한 부부와도 같다. 구소련의 몰락 전에는 세계경제가 지리적으로 동쪽의 계획경제와 서쪽의 시장경제로 구분되었으나 현재는 모든 나라에 이 두 개가 하나로 범벅이 된 지구촌경제가 되었다. 그러므로 부부관계처럼 항상 도처에서 두 제도간의 긴장이 흐르고 있다. 계획경제와 시장경제 속에 흐르는 사회주의와 자본주의라는 사상의 물결이 서로 충돌하여 소용돌이치기 때문이다. 우리나라에서는 보통 정부역할의 확대를 지지하는 부류를 좌파 또는 진보, 시장을 선호하는 쪽을 우파 또는 보수로 구분하고 있다. 그리고 상호간은 서로 '사회주의', '신자유주의'라 부르며 삿대질하고 있다. 구체적인 정책을 입안하여 수행할 때면 이들의 이념적 주장이 첨예한 대립하에 실력행사로 표출된다.

1995년에는 세계무역기구(WTO)가 창설되어 대부분의 나라들이 가입하였다. WTO의 이념은 세계화(globalization)로서 자유무역주의이다. 우리나라도 여기에 가입하였으므로 예외 없는 시장개방의 원칙에 따라 모든 회원국들과 함께 국경을 열고 세계적인 경쟁에 임해야 한다. 경쟁하기 싫으면 탈퇴하면 된다. 그러나 탈퇴는 세계대열에서의 낙오와 자멸을 의미하기 때문에 이제는 빼도 박도 못하는 신세다. 경쟁하기 싫으면 올림픽이나 월드컵 같은 세계대회에도 출전하지 않으면 되지만 패배를 무릅쓰고 출전하는 이유는 적극적인 자세에 발전이 있기 때문이다. 문제는 경쟁할 수 없을 때, 즉 경쟁능력이 없음에도 불구하고 경쟁에 임해야 하는 경우에 발생한다. 더욱 난해한 문제는 어느 분야에 얼마나 경쟁력이 부족한가를 확인하는 것이다.

좌우간 시장이 개방되면 대외적인 경쟁에 취약한 부문은 위축되고 부문간 소득의 격차가 확대될 수밖에 없다. 그러므로 취약한 부문의 종사자들을 비롯하여 경쟁과 빈부격차의 비인간성을 주목하는 이념가들이 시장개방을 반대할 수 있다. 현재 쌀·쇠고기 등 농업 부문, 교육·영화 등 서비스 부문의 개방 여부도 논의의 초점이 되고 있다. 그러나 시장개방이 대세라는 것, 또한 무조건적인 시장개방은 지양되어야 한다는 것에는 모두 이의가 있을 수 없다. 다만 개방의 속도와 규모, 취약부문의 구조조정, 지원정책 등에서 의견을 달리할 수 있다. 시장개방에 대하여도 보통 좌파는 보호무역주의로 소극적이고, 우파는 자유무역주의로 적극적이다.

세계화의 추세 속에 대외경쟁에 직접 임하지 않는 국내부문에 있어서도 정부역할을 재정립하여 정치논리보다 경제논리를 적용하여 조화를 이룰 필요가 있다. 이것 역시 정부역할을 무조건 축소하는 것이 아니라 위에 예로 든 보행기나 지팡이처럼 불필요해진 부분을 의도적으로 제거하여 '작고 강한 정부'를 만드는 것이다. 이것이 다름 아닌 공공부문의 개혁이고 결코 쉽지 않은 과제이다. 개혁이 어려운 이유는 첫째, 국민 대다수가 불필요해진 정부조직과 그 역할을 인식하는 것이 쉽지 않고, 둘째, 설혹 인식되었다 하더라도 여기서 이익 보는 해당부문의 관리와 주변사람들이 그 불필요성을 부정하며 저항하기 때문이다.

그런데 이러한 공공부문의 문제에 있어서도 좌파와 우파가 무조건 대립하고 있다. 좌파는 불평등이 심화되었다고 공공부문의 확대를, 우파는 자율성이 제한되었다고 시장의 확대, 즉 '작은 정부'를 주장한다. 이때도 쌍방간 '사회주의', '신자유주의'라 삿대질하며 진지한 대화 없이 서로 비판하고 있다. 이 와중에 정작 정부라는 복마전(伏魔殿, pandemonium) 속에는 개혁되어야 할 공공부문이 온존해 있는 것이다. 교육부문에도 좌우가 대립하고 있다. 좌파는 교육의 공공성과 평등성을, 우파는 자주성과 수월성을 강조하여 고교평준화의 존폐, 자립형 사립학교의 확대, 3불 정책(고교등급제, 대학본고사, 기여입학제)의 법제화, 사립학교법 개정, 교육시장의 개방 등등의 여부에 사사건건 대치하고 있다. 그리고 각자의 주장을 관철하기 위하여 거리시위를 불사하며 교육인적자원부를 거칠게 몰아붙이기도 한다. 이러한 횡포의 직접 희생자는 우리의 어린 아이들이라는 것이 망각된 듯하다.

좌파는 교육부를 교육인적자원부라 개칭한 것부터 못마땅히 여기고 있다. 어찌하여 고귀한 인격을 한낱 자원으로 간주하고 교육을 자원양성 기능으로 축소시키느냐 하는 것이다. 어떻게 인간의 무한한 가능성과 신성한 가치를 그렇게도 모를 수가 있느냐 하는 것이다. 그리고 경제논리의 적용과 자율권의 확대를 역시 '신자유주의'라 부르며 비판하고 있다. 신자유주의는 시장만능주의이고 인간가치를 화폐가치로 환산하여 교육 본연의 가치가 실종된다는 것이다.[5] 우파는 이들 좌파를 '친북 세력'이라 부르며 이들에게 자녀를 맡길 수 없다고 한다. 한국은 현재 반시장적 정책이 지배하는 나라로서 "좌파적 가치의 덫", "평등주의 사상의 덫"에 사로잡혀 바로보지 못하고 사회주의 파멸의 길로 끌려가고 있으므로 덫에서 과감히 벗어나야 한다는 것이다.[6]

그러나 좌파와 우파의 대립 때문에 정작 개혁의 핵심사항이 간과되어 사태는 더욱 악화되고 있다. 개혁의 핵심이란 우선 정부조직의 불필요한 부분과 관치(官治)의 실패를 확인하여 제거하므로 공공부문의 공공성과 효율성을 높이는 것이다. 그리고 객관적으로 공정한 시장질서를 수립하고 누구에게나 공정한 경쟁조건을 보장하는 것이다. 그러므로 이 과업 앞에 좌파와 우파가 대립할 수가 없고, 할 필요도 없고, 해서도 안 되는 것이다. 시각차이를 극복하고 상황을 면밀히 검토하여 실용주의적으로 보수와 진보라는 '더 나은 반쪽'의 가치 둘을 융화시킬 필요가 있다.

5) 김용일, 『교육의 미래, 시장화에서 민주화로』, 문음사, 2002, 17-18; 박거용, 『한국대학의 현실』, 문화과학사, 2005, 46-52; 정진상·김영석·이두휴 외, 『대학서열체제 연구: 진단과 대안』, 한울아카데미, 2004, 19-36.

6) 민경국, 「좌파적 가치의 덫에 걸린 한국경제」, 김정호 편, 『자유민주주의와 시장경제』, 자유기업원, 2005, 71-93; 박동운, 『위기의 한국경제, 시장경제가 돌파구다』, 월간조선사, 2005, 44-55, 308-309.

10.
관치경제와 시장경제의 혼동: 착시현상

산업혁명 직후 자유방임적 초기 자본주의의 실패에 대응하여 사회주의 진영에서는 계획경제를 도입한 사회주의가 등장한 반면에, 자본주의 진영에서는 시장경제의 실패를 개선하려는 개입주의가 도입되었다. 그런데 신자유주의(neo-liberalism)는 자유방임주의와 구별되는 용어로 과도한 개입주의의 병폐를 지적하고 시장의 자율기능을 강조하는 견해이다. 개입주의의 병폐란 정부가 개입의 타성에 빠지고 여기서 초래되는 각종 부조리를 말한다. 왜냐하면 경제에 대한 정부 개입이 정당한 것으로 인식되어 제도화되자 그 후부터 상황에 따라 임기응변적으로 여기저기 무분별, 무차별하게 개입에 개입을 거듭한 것이다. 당장 나타나는 개입효과는 정권연장을 노리는 권력자의 인기 영합에도 부합되었다. 그 결과 그때그때 집행되는 대증적(對症的)인 땜질정책은 사태를 더욱 격화, 심화, 악화시켜 땜질에 덧땜질이 거듭, 거듭되어 왔다. 그 결과 정부가 개입하지 않았더라면 훨씬 더 좋았을 상황이 이어졌고, 정부는 '작고 강한 것'과는 정반대로 '크고 비싸고 낭비적인' 방향으로 계속 치달아 온 것이다. 그러므로 시장원리를 존중하여 정부개입의 절제를 요구하게 된 것이다. 이것을 비개입주의(non-interventionism)라고도 한다.

정부의 역할 내지 공공부문의 축소를 주장하기 때문에 얼핏 우리나라 우파의 입장과 혼동될 수도 있다. 그러나 신자유주의 자체는 먼저 가치중립적인 시장질서를 주목하자는 것이다. 시장질서는 다름 아닌 공정한 경쟁의 질서를 의미한다. 시장의 실패와 그 가공할 위험성을 모르는바 아니며 또 이를 방치하자는 것도 아니다. 그리고 무조건,

무작정 시장을 개방하고 정부역할을 축소하자는 것도 아니다.[7] 자연의 법칙인 시장원리를 바로 인식하자는 것이다. 왜냐하면 현재 나타난 많은 문제들이 시장원리인 공정한 경쟁질서를 위반한 관치의 결과이기 때문이다.

공정한 경쟁에서 '경쟁'이란 단어 역시 경제학 용어임에 틀림이 없다. 그리고 앞에 소개한 '용역'이나 '서비스'란 말처럼 서글픈 인상을 준다. 경쟁에서 먼저 생각나는 것들이 이기주의, 약육강식, 적자생존, 비인간성 등등이기 때문이다. 경쟁에는 분명히 이러한 요소도 없지 않음은 사실이나 이러한 것이 곧 경쟁이다고는 할 수 없다. 경쟁이란 자연현상과 같이 하나의 자연스런 생활양식이고 생존모습이다. 이 자연의 법칙을 인간에게 유용한 제도로 조직한 것이 시장이다. 인위적으로 조직된 '학교교육'도 하나의 생활양식이며 제도이고, 마찬가지로 획일성, 강제성 등 여러 가지 부정적인 면을 언급할 수 있는 것과도 같다. 그러나 가치적 측면에서 학교교육이 긍정적인 것처럼 경쟁 역시 긍정적이고 나아가 필요 불가결한 제도이며 포기될 수도, 되지도 않는 생존양식이다.

공정한 경쟁질서란 모든 사람에게 차별 없이 균등한 기회가 부여되고 어떤 세력도, 그것이 정부건 기업이건 노동조합이건, 특권과 반칙을 행사할 수 없는 것이다. 경쟁질서는 하늘에 떠 있는 태양과 같이 그 누구의 것도 아니고, 누구의 소유가 되어서도 안 된다. 그리고 누구에게나 햇빛이 골고루 비춰야 하는 것처럼 먼저 공정한 경쟁질서가 확립되어 모두에게 적용, 준수되어야 한다. 그러나 동시에 모두에

7) 장하준, 『개혁의 덫』, 부키, 2004, 17-24.

의해서 쉽게 훼손될 수 있는 것이 또한 경쟁질서이다. 이를 훼손할 수 있는 세력들은 무수히 많지만 그 훼손 가능성을 백분율로 표시한다면, 첫째 정부 70%, 둘째 독점기업 20%, 셋째 노동조합 및 기타 단체 10% 정도가 될 것이다.

정부라는 인간집단은 유일하게 일차적으로 경쟁질서를 확립하고 유지하는 임무와 권리를 갖는다. 그러나 바로 유일하게 이 권리를 행사하기 때문에 역시 일차적으로 경쟁질서를 위반할 수 있는 위치에 있는 것이다. 그리고 정부는 이 질서를 위반해도 정치논리에 따라 합법적, 공적으로 활동하기 때문에 시장질서에 위배되는 것이 잘 식별되지 않는다. 조화의 원칙을 깨트리는 관치의 실패가 합법성과 공공성으로 위장되어 있는 것이다. 뿐만 아니라 시장은 자연처럼 침묵해도 정부는 관치 때마다 그 장점만을 크게 나팔 불며 홍보하고 있다. 또한 여기에 편승하여 관치로 이익 보는 집단, 주로 사회적 강자 또는 수구보수파들이 그 폐해를 의식, 무의식적으로 은폐하고 있다. 그러므로 혼합경제에서는 정부의 관치경제가 시장경제로 오인되고 혼동되어 관치의 실패가 시장의 실패로 동일시되는 착시현상(illusion symptom)이 발생하는 것이다. 앞에 예로 든 최저, 최고 가격제에 의한 시장교란과 지대효과도 얼핏 보기에 전형적인 시장의 실패로 보일 수 있겠지만 이것은 절대로 시장실패가 아니라 관치의 실패인 것이다. 축조물의 붕괴가 자연재해가 아니라 인재(人災)인 것과 같다.[8)]

8) 이선 외, 『민주주의와 시장경제, DJ노믹스의 이론적, 경제사적 고찰』, 산업연구원, 1999, 34-52; 임석구, 『보수와 진보, 한국의 시장경제』, 생각의 나무, 2005, 142-153.

바로 이러한 착시현상으로 인하여 우리나라에는 사회문제의 원인 분석과 해결방안에 대한 좌파와 우파의 시각이 불필요하게 대립하고 있는 것이다. 현재 좌파가 '신자유주의'라고 비판하는 것도 실은 관치경제이고, 그리고 우파가 '사회주의'의 폐해라는 것도 실은 관치경제의 폐해이다. 교육분야의 예를 든다면, 좌파는 신자유주의적 경쟁의 폐단으로부터 학생을 보호하기 위하여 고교평준화의 강화를, 우파는 사회주의적 평등정책의 폐단을 해소하기 위하여 고교평준화의 약화를 주장하고 있다. 대입전형의 혼란에 대하여도 좌파는 이것이 신자유주의적 경쟁의 결과이므로 국가에 의한 평등정책을, 우파는 이것이 사회주의적인 평등정책의 결과이므로 대학의 자유로운 선발권을 요구하고 있다. 사학재단의 부패에 대하여도 좌파는 이것이 시장경제의 결과이므로 사회적인 통제를 위하여 사학법 개정에 찬성하지만, 우파는 이것이 사회주의적 규제의 결과이므로 자율권의 신장을 위하여 사학법 개정을 반대하고 있다.

그러나 이러한 사례들에 있어서도 신자유주의나 사회주의 자체와는 아무런 연관이 없다. 모두 정부에 의해 훼손된 시장경제가 제대로 작동하지 못하므로 발생하는 관치의 실패인 것이다. 우리나라의 시장경제가 정부나 정당처럼 대변인이 없어 말을 하지 못하므로 관치경제의 실패를 모두 자기 것으로 떠안고 묵묵히 억울하고 부당하게 좌파, 우파 모두에게 좌우협공을 당하고 있는 것이다.[9] 결론적으로 타도의 대상은 시장이 아니라 관치이고 응징의 대상은 시장경제가 아니라 관치의 주체여야 함은 말할 필요가 없다.

9) 박효종, 「한국자유주의의 위기」 김정호 편, 『자유민주주의와 시장경제』, 자유기업원, 2005, 15-20.

정부는 자연인이 아닌 조직에 불과하다. 그러므로 시장질서를 왜곡하여 자신의 이익을 추구하는 실체는 결국 조직 안에서 조직을 장악한 인간의 집단이다. 특히 연고주의가 강하게 지배하고 있는 우리나라에서 학연, 지연, 혈연 등의 집단이 정부와 기업 등 권력기관에 포진하여 자신의 이익을 추구하고 있다. 이들이 경제적, 사회적 강자로서 기득권을 고수하기 위해 신자유주의를 기만하여 시장질서를 왜곡할 수 있다. 실제적으로 지금까지 IMF사태가 발생하고 이를 극복하는 과정에서 빈부격차가 확대되고 양극화현상이 심화된 것도 이들 집단에 의한 관치의 결과이다. 이러한 혼란 속에 '신자유주의'와 '사회주의'는 우리나라에서 애매하게 '뿔 달린 공산주의'와 같이 무조건 성토의 대상이 된 것이다.

교육분야에서도 불평등한 교육기회로 인하여 가난이 대물림되는 악순환 속에 교육격차가 확대되었다. 그러므로 2006년 2월 교육인적자원부 장관은 "금년을 교육격차 해소의 원년"으로 선포하고 소외계층을 위한 촘촘한 교육안전망, 평생직업교육체계 등을 구축한다고 하였다. 그러나 항상 사태 발생 후에 발표하는 정부의 정책은 행차 후 나팔로서 공허할 뿐 아니라 병 주고 약 주는 관행의 반복에 불과한 것을 국민 모두가 알고, 국민 모두가 안다는 사실을 교육 당국이 또 알고 있다. 그러므로 이제 좌파·우파를 가릴 것 없이, 사회주의나 신자유주의를 매도할 것이 아니라 관치로 중병이 든 우리의 교육 앞에 함께 열린 마음으로 서로 신뢰하며 머리를 맞대는 협동정신이 필요할 것이다.[10)]

10) 한석수, 『교육정책의 나비효과를 꿈꾸며』, 아르케, 2005, 202-204.

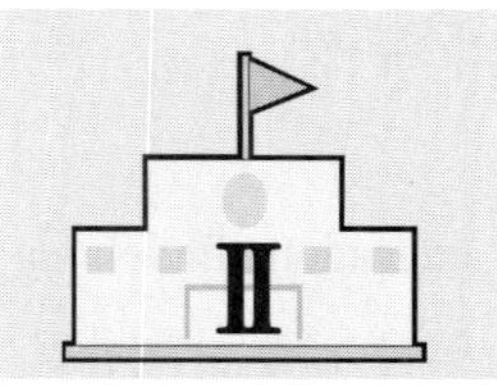

학교제도: 국립체제 - 사립체제

1. 교육과 학교제도의 구성
2. 국립학교체제와 사립학교체제
3. 국·사립학교 혼합체제에서 운영주체의 선택
4. 중등사학의 소유와 경영의 모순
5. 사립대학에 대한 국립대학의 경쟁우위
6. 국립대학 경쟁우위의 결과

1. 교육과 학교제도의 구성

교육(敎育, pedagogy, education, Erziehung)이란 단어에는 '가르치어 기름', 또는 '밖으로 이끌다'라는 이중적 의미가 포함되어 있다. 이것을 개인의 잠재력을 일깨우는 자기 계발 기능과 사회에 기여케 하는 사회봉사 기능이라는 개인적, 사회적 두 차원으로 나눌 수 있다. 교육은 과연 문자를 해독하고 사유케 하므로 인간과 사회에 대한 이해를 도와 개인 자신의 존엄성을 유지하고 나아가 민주적인 복지국가를 건설하는 데 필수적이다. 그러므로 현대국가들은 국민 각자에게 최저한도의 문화생활을 보장하기 위한 경제적, 사회적 기본권으로서 국민의 교육에 관한 권리와 의무를 법에 명문화하고 있다.[1)]

우리나라의 헌법에는 '국민의 권리와 의무'를 규정한 제2장의 제31조가 교육에 관한 직접적인 조항으로서 ① 모든 국민이 능력에 따라 균등하게 교육을 받을 권리, ② 교육의 의무, ③ 의무교육의 무상성, ④ 교육의 자주성, 전문성, 정치적 중립성 및 대학의 자율성, ⑤ 평생교육의 진흥 그리고 ⑥ 교육제도, 교육재정 및 교원지위의 법치주의를 명시하고 있다. 이와 같이 헌법은 국민의 기본권으로서 교육을 하고 또 받을 권리인 교육권과 동시에 가정과 국가의 교육을 받게 할 의무를 명시하고 교육에 관한 최종적인 책임은 국가에 있다는 것을 분명히 하고 있다.

교육은 먼저 가정에서 그리고 사회에서 비제도적, 비형식적으로

1) 김철수, 『헌법학개론』, 박영사, 2005, 812-834.

이루어지고 있으나 법의 주 관심은 학교에서 이루어지는 제도적인 형식교육에 있다. 학교교육은 일정한 교직원 · 장소 · 건물 · 설비를 갖추고, 역시 일정한 교육과정에 의하여 전문적인 지식을 계속적으로 가르치며 배우는 것으로 가장 조직적으로 이루어진다. 그리고 교육제도의 중심에 위치하여 한 나라 교육의 기본내용을 결정하는 것이다. 현실적으로도 학교교육이 계속 확대된 것이 세계적 추세고 현재의 취학률 및 진학률은 매우 높은 수준에 이르렀다. 그러므로 학교교육을 어떠한 제도로 어떻게 운영할 것인가가 매우 중요한 문제가 아닐 수 없다. 학교의 제도는 조직과 운영이라는 두 차원으로 구성되었다고 할 수 있다. 첫째, 어떤 형식으로 조직되었으며, 둘째, 어떤 방식으로 운영하느냐 하는 것이다.[2)]

첫째, 학교제도의 조직은 다시 교육기간과 교육단계 및 계열로 구성되어 있다. 예를 들어 의무교육기간을 포함한 전체 교육기간 그리고 초등, 중등, 고등교육의 단계, 또 계열별로 조직되어 있는 것이다. 그런데 이러한 조직의 성립에는 그 기간과 단계가 교육의 내용과 대상자에 따라, 또 계열별로 어느 정도 객관적인 기준이 제시되어 있다. 그러므로 조직의 문제는 해당 전공학자들과 교육학자들에 의하여 큰 논란 없이, 비교적 간단하게 해결될 수 있을 것이다.

둘째, 학교교육의 운영에 중요한 사항은 운영주체와 재정이라 할 수 있다. 운영주체는 크게 국가와 민간으로 구분되어 학교는 국립학교와 사립학교로 분류된다. 지방자치단체가 운영하는 공립도 국립의 범주에 속한다. 재정 역시 국가가 담당하느냐 민간이 직접 조달하느

2) 김정환 · 강선보, 『교육학개론』, 박영사, 2005, 3-26; 황정규 · 이돈희 · 김신일, 『교육학개론』, 교육과학사, 2003, 167-188.

냐에 따라 공부담과 사부담으로 구분된다. 그런데 이러한 학교운영의 주체와 함께 재정의 문제를 해결하는 데는 객관적인 기준이 있을 수가 없다. 단지 사회적인 환경과 정치적인 판단에 의해 결정되고 있다. 그러므로 교육학자들과 교육관료들만에 의해 논란 없이, 간단하게 결정될 수 없는 사항이기도 하다. 우리나라의 교육학자들도 "교육실천에 매달려 자기 자신들을 포함하여 교육이 어떻게 돌아가고 있는지에 관하여는 주의를 기울일 여지가 없고", 그러므로 교육학 역시 "교실 위주로 발달하여 교실 밖에서의 넓은 교육현상에 대한 연구가 거의 없었고, 따라서 사회적 · 문화적 현상을 교육학적으로 연구하는 방법들도 발달할 수 없었다."고 고백하고 있다.3)

실제로 우리의 교육현실에서 학교운영의 주체와 재정에 관한 것은 그때그때의 정치적 판단에 의해 결정되고 있다. 그러나 국립학교와 사립학교는 그 위상과 기능에 따라 학교의 운영주체에게는 물론 학생들에게도 판이하게 다른 영향을 주고, 재정문제 역시 국민생활에 막대한 부담을 의미하는 것이다. 그러므로 학교운영의 주체 및 재정에 관하여는 교육학자 외의 사회과학자들이 관심을 기울여 함께 면밀히 검토할 필요가 있다.

2. 국립학교체제와 사립학교체제

국립학교와 사립학교의 목적과 성격에 관하여 각각 다음과 같이

3) 김신일, 『교육사회학』, 교육과학사, 2002, 37; 김인회, 『한국교육의 역사와 문제』, 문음사, 2001, 44.

서술할 수 있을 것이다. 먼저 국립학교는 국가가 국가적 목적을 위해 설립하여 운영하는 학교이다. 따라서 교육목적, 교과과정, 인사, 재정, 학생선발권 등을 국가가 결정하며 공교육을 실현한다고 할 수 있다. 가장 순수한 의미의 공교육은 100% 공부담, 즉 무상으로 모든 국민들에게 개방되어 있는 의무교육이라 할 수 있다. 한 나라의 모든 학교들이 이러한 국립학교인 경우를 국립학교체제라 부를 수 있다. 이에 반해 사립학교는 설립자의 이념을 실현하기 위하여 민간이 100% 사부담으로 운영하며 교육목적, 교과과정, 인사, 재정, 학생선발 등을 결정하는 것으로 진정한 사교육이라 할 수 있다. 사설학원들이 예가 될 것이다. 한 나라의 모든 학교들이 이러한 사립학교인 경우는 사립학교체제라 할 수 있다.

한 나라가 경제문제를 해결하는 방법에 상호 대치되는 두 극단적인 제도, 즉 전체주의적인 계획경제와 개인주의적인 시장경제가 있고 각각 추구하는 목적과 운영방법이 다른 것과 상통한다. 국립체제에서는 모든 학교가 국가소유이고 국가의 계획에 따라 운영되며 교육의 공공성과 평등성이란 덕목이 부각된다. 개인의 직접적인 재정부담이 없는 대신에 국가예산이 사용되며 실현방법에는 정치논리가 적용된다. 반면에 사립체제에서는 모든 학교가 민간소유이고 민간의 계획에 따라 운영되므로 교육의 자율성이 확보된다. 따라서 교육의 수월성과 경영의 효율성이란 장점이 부각된다. 국가의 직접적인 예산지원이 없는 대신에 개인의 재정부담이 크며 실현방법에는 경제논리가 적용된다.

두 체제의 단점도 계획경제와 시장경제의 단점과 비슷하다. 먼저 국립체제의 결정적인 약점이 단위학교와 학생들의 자율성이 제약되어 있는 것이다. 국립학교는 국가목적을 위한 국가의 한 기관이기 때문에 자율적 경영이 원천적으로 불가능하고 단지 국가로부터 위임받은 재량권 내에서만 가능하다. 그리고 학교는 국가계획에 따라 운영하므로 운영의 실패에 따르는 책임이 없다. 책임이 없다는 것은 운영이 실패해도 국가가 존속하는 한 파산하지 않는다는 것이다. 이와 같이 제약된 자율성에 의한 그리고 책임이 따르지 않는 운영은 결코 효율적일 수가 없다. 학생의 입장에서도 교육기회가 개방되어 있고 학교선택권을 행사하지 않으므로 입학을 위한 경쟁이 있을 수가 없다. 경쟁이 없는 체제하에서 경쟁력, 즉 효율성과 수월성의 향상은 제약될 수밖에 없다. 그러므로 국립학교 체제에서는 자율성과 효율성의 제약을 완화하기 위한 방안이 강구될 필요가 있다.

사립체제의 결정적인 단점은 시장경제처럼 교육의 공공성과 평등성이 보장되어 있지 않은 것이다. 우선 사립학교들의 교육여건이 모두 다르다. 교육목표, 교과과정, 시설 및 재정상태, 수업료수준 등에 차이가 클 수 있다. 그리고 사립학교들은 자신의 설립이념을 위하여 존재하기 때문에 공적인 일을 먼저 생각할 수가 없다. 학생의 입장에서도 학생 자신의 성향과 능력, 학부모의 사회적 · 경제적 지위 등이 모두 다르다. 이러한 상황에서 교육의 불평등이 클 수밖에 없다. 그러므로 사립학교 체제에서는 교육의 공공성과 평등성을 확보하는 방안이 마련될 필요가 있다.

학교간의 경쟁관계를 보면, 국립체제에서는 학교와 학생들이 각각 학생선발권과 학교선택권을 행사하지 않을 때 학교들간 경쟁이 발생하지 않는다. 반대로 학생선발권과 학교선택권이 행사될 때는 학교들간에 경쟁관계가 성립하게 된다. 경쟁의 내용은 교육의 질이 주요

대상이 되고 교육여건인 시설, 재정, 수업료 수준 등 경제적 조건은 경쟁 내용이 되지 않는다. 경제적 조건이 경쟁 내용이 되지 않는 이유는 학교에 대한 국가의 지원이 평등하기 때문이다. 반면에 사립체제에서는 학교간 서로 무한경쟁 관계에 있다. 경쟁 내용은 교육의 질뿐 아니라 국가지원이 없으므로 경제적 조건이 주요 대상이 된다.

다시 반복하면, 국립체제에서는 국가의 평등한 재정지원에 의하여 학교들이 교육의 질로만 경쟁하고, 사립체제에서는 국가의 재정지원이 없는 상태에서 교육의 질과 경제적 조건 모두로 경쟁해야 한다. 두 체제의 이러한 경쟁관계에서 국가의 역할은 각각 중립적이다. 국립체제에서는 국가지원이 평등하고, 사립체제에서는 국가지원이 없기 때문이다. 두 체제 모두 국가개입에 의하여 학교들의 경쟁력과 우열이 뒤바뀌지 않는 것이다. 다시 말하면, 국가가 학교들을 차별대우하지 않으며 학교간의 경쟁이 국가개입에 의해서 왜곡되지 않는다는 것이다. 만일 국가지원이 어떤 학교에 편파적으로 이루진다면 편파 지원받는 학교가 경쟁에 유리하게 됨은 말할 필요가 없다.

역사적으로 본다면 중세 절대국가들이 등장하며 국가적인 목적을 위하여 국립학교를 설립하기 전에는 모두 사립체제라 할 수 있다. 순수한 국립체제는 구소련, 중국 등 사회주의 국가들과 독일, 프랑스 등 유럽의 복지국가들에서 실현되었다. 그 외의 나라에서는 사립학교들이 국립학교와 병존해 있다. 현재는 순수한 의미의 국립체제나 순수한 의미의 사립체제는 존재하지 않을 것이다. 두 체제 모두에 약점이 있기 때문이다. 국립체제의 나라들은 사립학교의 요소를 도입하고, 사립체제의 나라에서는 국립학교의 요소를 활용하여 각각 이상적인 학교교육을 모색하는 것이다.

즉 현실적으로 순수한 의미의 국립 혹은 사립체제보다 이 두 체제의 요소가 혼합된 혼합체제가 일반적이라 할 수 있다. 그러나 두 체제가 혼합된 만큼 두 체제의 상이한 목적과 작동원리가 서로 충돌하는 혼란을 피할 수 없다. 계획경제와 시장경제가 혼합된 혼합경제 내에 사회주의와 자본주의 간의 이념대결과 긴장이 끊이지 않는 것과 상통한다.

3.
국·사립학교 혼합체제에서 운영주체의 선택

국립학교와 사립학교가 병존하는 혼합체제에서는 국립과 사립의 목적과 운영원리가 각각 다르므로 두 학교의 협력과 조화가 반드시 필요하다. 이것은 각 교육단계에서 어떤 체제를 도입하고 어떤 학교를 설립할 것인가라는 문제로 나타날 것이다. 일반적으로는 교육의 대상자 및 내용에 따라 국립학교 혹은 사립학교의 적합성이 판단될 수 있을 것이다.

먼저 교육의 대상자는 미성년자와 성인으로, 또는 사회적인 강자와 약자로 구분될 수 있다. 그러면 일반적으로 미성년자 및 사회적 약자에 대한 교육은 국립학교, 성년 및 사회적 강자에 대한 것은 사립학교가 적합하다고 할 수 있다. 교육의 내용은 크게 초등교육과 고등교육, 또는 보통교육과 전문교육으로 나뉠 수 있다. 그러면 초등교육 및 보통교육은 공적인 가치재의 성격을 가지므로 국립학교, 고등교육 및 전문교육은 사적재의 성격이 강하므로 사립학교로 제공될 수 있다. 그러나 전문교육이라도 분명한 국가적 목적을 위한다면 국립학교가 가능할 것이다. 경찰학교, 3군 사관학교 등이 이 예가 될 수 있다.

이러한 국립과 사립의 적합성 여부는 결국 국립학교의 공공성과 평등성을 한쪽에, 사립학교의 자율성과 효율성을 다른 쪽에 놓고 검토하는 정치적인 합의에 따를 것이다. 여기에 경제적, 사회적인 영향을 받겠지만 최후적으로는 교육 당국의 주관적 정책의지가 결정하게 된다.

예를 들어 민족국가라 할 수 있는 독일은 제2차 세계대전 후 극심한 절대빈곤 속에 국가를 건설하며 우리나라의 헌법에 해당하는 기본법(Grundgesetz)에 사회적 불평등의 완화와 약자의 보호를 통하여 사회적 정의를 실현한다는 것을 표방하고 국가 운영 원칙의 하나로 사회국가(Sozialstaat)를 규정하였다. 독일은 이 원칙에 따라 대학을 포함한 모든 학교교육에 국립(주립)체제를 도입하였다. 학교교육이 국가의 임무라고 철저하게 인식한 당시 교육 당국의 정책의지가 패전 후 국가재정의 절대빈곤이라는 현실적 장애를 능가하고 교육의 공공성을 실현한 것이다.

반면에 다민족 이민국가인 미국은 건국 초기부터, 특히 고등교육에 있어서, 사립학교 체제에 주립학교를 보완적으로 운영하여 교육의 자율성을 보장하고 있다. 주립학교를 보완적으로 운영한다는 것은 사립학교의 경쟁체제를 주립학교가 파괴하지 않는다는 것이다. 미국에서 이러한 사립학교 체제의 유지가 가능한 것은 사립학교와 주립학교의 상대적인 비중보다 미국의 교육 당국이 시장원리를 인식하고 이를 수호하기 때문이라 할 수 있다.

미국의 이러한 사립체제와 독일의 국립체제 중 어느 것이 절대적이고 유일한 이상형이라고 할 수는 없을 것이다. 또 어느 나라에도 완벽한 학교제도는 있을 수가 없고 각 나라는 자신의 이상형을 찾아야 할 것이다. 그러나 이를 위한 기본전제는 독일이나 미국과 같이 교육당국이 우선 학교교육 전체에 대하여 국립체제 혹은 사립체제 중 하나를 선택하여 그것을 '일원화된 기본체제'로 인식할 필요가 있다. 왜냐하면 '일원화된 기본체제'의 인식이라는 것은 그 나라 교육정책의 기본목표와 추진방향에 대한 인식을 의미하기 때문이다. 공공성을 기본목표로 삼고 국립체제를 선택한 나라는 공공성의 기반 위에서 자율성을 확대하는 정책을 추진할 것이다. 반면에 사립체제를 선택한 나라에서는 체제의 속성에 따라 자율적일 수밖에 없는 상황에서 공공성의 확대가 일관성 있게 추진될 것이다.[4)]

독일의 학교 중에는 사립학교도 있으나 일원화된 국립체제가 파괴되지 않고 있다. 그리고 국립체제의 바탕에서 체제의 단점을 보완해 나가는, 즉 자율성을 신장하는 교육정책들이 강구될 수 있다. 예를 들면 사립학교들의 설립허가, 저소득층 학생 전원에게 지급하던 생활비의 축소, 학생의 학교선택권 보장, 수학연한의 통제 등등이다. 사립체제로 일원화된 미국에서도 주로 사립체제의 단점을 보완하기 위한 교육정책이 추진될 수 있다. 즉 주립대학들이 설립되고 학생 전체에 대한 국가지원이 이루어지고 있다. 사립학교들 역시 교육 공공성의 필요성을 인식하여 각종 교육복지정책을 펴고 있다. 예를 들어 하버드·예일·프린스턴 대학들이 막대한 액수의 수업료를 감면하고, 스탠퍼드·펜실베이니아 대학 등은 저소득층 학생 전원에게 등록금,

4) 조우현, 『대학을 바꿔야 나라가 산다, 향후 10년의 대학혁신』, 랜덤하우스중앙, 2006, 200-216.

기숙사비 등을 면제해 주고 있다.

‘일원화된 기본체제’는 전체 학교교육뿐 아니라 초등, 중등, 고등교육 등 단계별로 적용될 수도 있다. 예를 들어, 초 · 중등교육은 국립체제, 고등교육은 사립체제로 운영될 수 있다. 현재 우리나라의 초등학교가 일원화된 국립체제로 운영되고 있다. 약 1.3%의 사립 초등학교가 있으나 전체 국립체제에 영향을 주지 않는다. 이와 같이 각 교육단계에서의 ‘일원화된 기본체제’는 역시 각 교육단계의 기본목표가 확립되었다는 것을 의미하고 정책의 추진도 일관성을 보일 것이다. 그리고 이러한 정책으로 각 교육단계 내에서 국립학교와 사립학교 상호간의 협력뿐 아니라 각 교육단계간의 조화를 도모할 수 있을 것이다.

만일 학교체제가 일원화되어 있지 않고 두 체제가 뒤섞여 혼재(混在)되어 있다면 교육정책의 기본목표에 있어서도 두 체제의 목표가 혼합되어 있다는 것을 의미하고, 따라서 교육정책의 추진방향도 일관성을 상실할 수밖에 없다. 두 체제의 목적과 작동원리가 서로 대칭이 되므로 혼란이 발생하기 때문이다. 즉 공공성을 추구하는 정부의 정치논리와 자율성을 추구하는 사학재단의 경제논리가 서로 충돌하는 것이다. 그 결과 국립학교와 사립학교 간의 협력이 이루어질 수 없고 공공성과 자율성의 조화도 불가능하게 된다. 이 혼란 속에 좌파적 단체들은 실종된 공공성의 회복을 요구하고, 사학재단들과 우파적 단체들은 훼손된 자율성의 복권을 요구하는 중에 교육 당국의 정책은 우왕좌왕할 수밖에 없다. 우리나라의 중등교육, 특히 고등교육이 그 대표적인 예라 할 수 있다.

4. 중등사학의 소유와 경영의 모순

2005년 우리나라의 초등학교는 5,646개이고 이 중에서 사립은 단지 75개로서 약 1.3%에 불과하므로 초등교육은 완전한 국립체제라 할 수 있다. 그러나 중학교는 2,935개 중 22.5%, 고등학교는 2,095개 중 44.8%가 사립이다. 그러므로 중등교육에는 명목상으로 국립과 사립이 병존하고 있으나 실질적으로는 모두 국립으로 일원화된 체제라 할 수 있다. 왜냐하면 국립학교와 사립학교의 교과과정이 동일하고 수업료가 평준화되어 있으며 두 학교 모두 자율적인 학생선발권을 행사하지 못하고 있기 때문이다. 이처럼 사립학교의 교과과정, 수업료, 학생선발 등이 모두 국가에 의해 결정되고 동시에 운영비의 98%를 국가예산에서 지원받으므로 사립학교는 명칭만 사립일 뿐 정부에 종속된 '하수기관'에 불과하다고 할 수 있다.

학교를 선택하는 학생의 입장에서는 교과과정과 수업료가 동일하므로 국립과 사립을 구별할 이유가 없고, 학교들 역시 학생들을 배정받으므로 학생유치를 위하여 서로 경쟁할 필요가 없다. 국립학교와 사립학교에 대하여 정부의 지원은 중립적이고, 따라서 중등교육의 공공성과 평등성은 확보되었다고 할 수 있다. 그러나 이 상황에서 중등사학은 자주적 경영과 설립 당시의 교육이념을 실현하는 것이 제한적일 수밖에 없다. 그리고 각 단위학교의 자율적 경영에서 기대되는 효율성과 수월성은 둔화될 수 있다.

그러므로 우파 단체들은 평준화를 완화하여 학생에게는 학교선택권을, 학교에게는 학생선발권을 부여할 것을 요구하고 있다. 이에 대하여 좌파 단체들은 평준화의 완화는 중등교육을 시장경쟁으로 몰아 교육의 본질을 훼손할 것이라 하며 평준화의 고수를 주장하고 있다. 이러한 양측의 입장을 보아 중등교육에 있어서는 좌파가 보수적이고 우파가 진보적이며 정책방향은 공공성의 기반 위에서 자율성을 지향한다고 할 수 있다.

그러나 실제로는 우리나라 중등사학의 위상과 기능이 모호할 수밖에 없다. 법적으로는 학교가 재단의 소유이므로 사유재산권은 계속 주장할 수 있고, 또 인정되어야 할 것이다. 이 사유재산으로 국가의 임무를 억지로 수행해야 하는 모순, 즉 소유와 경영 간 괴리가 존재하는 것이다. 이 모순 속에 정부의 정치논리와 재단의 경제논리가 서로 상충되어 조화의 원칙이 깨지는 것이다. 정부는 국가재정으로 학교를 지원하며 공공성을 강요하고, 학교는 정부지시에 따를 수밖에 없다. 이 상황에서 사립학교는 자주성을 유린당하기 때문에 마치 '종군위안부'와 같은 입장에 비유될 수 있다.

자주성이 실종된 상태에서 효율성도 확보될 수 없다. 공식적으로는 사립학교이므로 설립목적을 실현하며 경영에 책임이 따라야 함이 마땅하다. 그러나 실질적으로는 정부의 지시와 지원으로 '공교육'을 단순히 대행만 하기 때문에 경영에 책임이 따르지 않는다. 경영이 효율적이어도 또는 비효율적이어도 그에 따른 효과가 나타나지 않고 경영에 실패해도 퇴출되지 않고 계속 존속할 수 있다. 이처럼 책임이 따르지 않으므로 경영은 더욱 소극적이고 방만하여 경제원칙이 무시될 수밖에 없다.

실제적으로 사유재산이라는 개념하에 학교는 설립자 족벌에 의해 폐쇄적, 비민주적으로 운영되고 있다. 설립자 가족과 친인척들이 학교의 요직을 점거하고 의결권이 없는 교사회의는 지시하달기구에 불과하다. 학교의 일사불란한 운영과 통제를 위하여 재단에 '충성스런' 교원들에게 보직을 주고 이들을 통하여 교원들의 동태를 감시한다. 이들이 보직발령을 받으면 여타 교원들에게 '도와 달라'고 정중히 부탁하는 것이 관례인데 이 의미가 학교를 비판하지 말라는 당부인 것이 보통이다. 이 와중에 학교장 선임의 갈등, 교원임용을 둘러싼 금품수수, 입시부정, 회계부정 등 비리들이 종종 나타나고 있다.

이 상황에서 사립학교에 대한 정부의 간섭과 통제는 더욱 강화되는 추세였다. 그러므로 오늘날에는 더 이상 사립학교를 설립하여 설립자의 교육이념에 따라 자율적으로 운영하는 것이 현실적으로 어렵게 되었다. 교육이념은 명분뿐이고 학교는 실질적으로 설립자 가족의 생계 및 재산축적 수단이며 동시에 사회적인 명예와 권력의 기반으로서의 의미가 더 크다는 비난이 일고 있다. 혹자는 사학재단을 이 시대의 "약탈자본"으로 규정하기도 한다.

그러므로 사학재단의 전횡과 비리를 차단하기 위하여 다년간 논의되어 온 사립학교법이 2005년 12월 국회에서 여당 단독처리로 개정되었다. 개정의 핵심은 경영의 투명성과 민주성을 제고한다는 목적으로 전체 이사 중 4분의 1을 학교 구성원의 추천에 의하여 외부에서 영입하는 소위 개방형 이사제를 도입하는 것이다.

법 개정에 항거하여 야당은 한겨울 추운 길바닥에서 장외투쟁을 벌이고 이에 힘입은 사학재단들 역시 거리시위, 학생배정거부 등으로 정부와 대치하는 불안한 사태도 발생하였다. 헌법에 명시된 사학재단의 사유재산권과 자주성이 침해되었다는 것이다. 뿐만 아니라 사학법 개정은 "사립학교의 간판을 빌려 친북 좌파전위대를 양성하여, 전교조에게 모든 것을 내주어, 사학을 마구 주무르려는, 정부의 의도"라며 재개정의 요청과 함께 헌법소원을 준비한다고 한다.[5)]

그러나 이번 사립학교법 개정은 잠정적인 해법은 될 수 있을지라도 중등사학의 근본적인 모순을 제거할 수는 없다. 근본적인 것은 사학으로 하여금 그 법적 위상과 명칭에 부합되게 실질적으로 자기 책임하에 경영할 수 있도록 본래의 모습과 기능을 회복시키는 것이다. 즉 당초의 취지에 따라 사립학교는 국고지원으로부터 독립하고 자율적인 학교운영권을 행사해야 한다. 소유와 경영의 괴리와 모순을 제거하는 것이다. 국고지원 없이 존립이 불가능한 학교들은 국가가 국공립으로 수용하고, 재정자립이 가능한 사립학교들은 평준화된 국립체제의 보완적 역할을 담당할 수 있다. 중등교육 전체는 우리나라의 상황에서 지배적인 국립체제로 운영될 수 있을 것이다. 왜냐하면 현재 국립학교를 능가할 만큼 많은 수의 사립학교들이 등장할 가능성이 적기 때문이다.

5. 사립대학에 대한 국립대학의 경쟁우위

혼재된 체제로 인하여 더욱 큰 혼란을 야기하는 것이 우리나라의 대학교육이다. 2005년 191개 일반 대학교 중 157개(82.2%)가 사립이고 나머지 34개(17.8%)가 국립이다. 이 국립대학들은 국립으로서의 뚜렷

5) 동아일보, 사설, 2004. 12. 13; 중앙일보, "물 건너간 교육개혁 간판", 2001. 6. 27.

한 역할 없이 사립대학과 병존하며 동일한 교과과정을 제공하고 있다. 우리나라 고등교육의 학교체제가 일원화되어 있지 않고 국립체제와 사립체제로 혼재되어 있는 것이다. 따라서 두 체제의 목표와 작동원리도 혼합되어 교육현실에서 혼란이 발생하고 있다. 이 혼란은 특히 국립대학과 사립대학이 학생유치를 위하여 서로 경합하는 구도에서 비롯되고 있다. 국립대학이 사립대학과 경합하고 대결하는 이유는 국립대학이 국립으로서의 역할 없이 사립대학과 동일한 일을 하고 있기 때문이다.

이 경합에서 국립대학이 국가지원에 힘입어 사립대학에 대하여 경쟁우위를 차지하고 있는 것이다. 정부가 국립대학에 일방적으로 행하는 국가지원이 사립대학과의 경합구도에서 편파적으로 작용하기 때문이다. 국립대학은 국가기관이므로 국가지원은 지극히 당연한 일로서 편파적이란 의도도 없이 항상 '합법적'이며 공식적으로 이루어지고 있다. 그러나 현실적으로 국가지원은 국립대학의 경쟁우위로 나타나 학교간 경쟁의 공정성을 훼손하고 있다. 국립대학의 경쟁우위로 작용하는 조건들은 다음과 같다.

(1) 등록금의 차이

국립대학의 등록금이 다음 <표>에서 보는 것처럼 사립대학에 비하여 2분의 1 수준에 불과하다. 등록금은 대학교육의 가격이기 때문에 수요자인 대학지원자가 대학을 선택할 때 일차적으로 주목하는 기준이 된다. 여타의 조건들이 동일한 경우 지원자들은 등록금이 낮은 대학을 선택하는 것은 당연하다. 뿐만 아니라 교육의 질이 낮아도 국립대학은 등록금 할인 때문에 선택되고, 사립대학은 교육의 질이 높아도 등록금 부담 때문에 탈락된다.

<표> 국립대학과 사립대학의 등록금 현황

(2006년, 단위: 천원)

구분	인문 · 사회	자연과학	공학	예 · 체능	의학	전체평균
국립	2,910	3,616	3,639	3,940	5,452	3,425
사립	5,635	6,766	7,375	7,439	8,770	6,483

자료: 한국사학진흥재단(http://www.kfpp.or.kr)

여타의 조건들이 모두 동일하고 등록금과 교육의 질만 가변적이라면 두 학교간 교육의 질은 정확히 등록금 차이만큼 벌어지게 된다. 등록금 할인 폭만큼 교육의 질이 떨어지는 것이다. 실제로도 등록금 할인에 의해 학생들이 몰려오는 만큼 국립대학의 교육의 질은 낮고 운영은 방만할 수밖에 없다. 경우에 따라 낮은 교육의 질과 방만 운영으로 인해 폐교되어야 할 국립대학이 등록금의 할인 때문에 존속하게 된다. 실제로 대폭 할인된 등록금에도 불구하고 학생이 미달되는 국립대학들은 '국민의 피를 마시는 하마'에 비유될 수 있다.

또한 등록금의 할인이 국립대학에 일률적으로 적용되기 때문에 국립대학에 입학만 하면 부유한 학생에게도 국고의 혜택이 주어진다. 앞의 수요공급곡선 그림에서 거래에 참여하는 60명 중에서도 최상위의 그룹을 정부가 국가예산으로 지원하고 있는 것이다. 이것은 역진적 효과를 삼중으로 발휘하는 '파괴적인 복지'에 해당한다. 첫째, 국립대학이 제공하는 등록금 할인의 재원이 역진효과가 큰 간접세로 조달되기 때문이다. 간접세는 고소득층보다 저소득층에게 상대적으로 더 큰 부담을 주는 대표적인 역진세에 속한다. 둘째, 이 등록금 할인의 혜택이 고소득층에게 돌아가기 때문이다. 국립 서울대학교의 재학생 중에도 고소득층의 비율이 높다. 결국 정부가 가난한 사람들의 소득을 취해 도움이 필요 없는 부유한 사람들을 도와주어 양극화를 확대하고 있는 것이다. 셋째, 등록금 혜택이 부유층뿐 아니라 사회적 강자에게 주어지기 때문이다. 여기서 사회적 강자란 대입시험 성적이 최상위 그룹에 속하는 것을 의미한다. 국립 서울대학교 학생들을 예로 들면 이들의 높은 대입성적으로 여타 사립대학들에 입학하면 등록금 전액 면제와 그 이상의 혜택이 보장되고 있다. 이들은 국가지원이 없어도 고등교육을 받을 수 있는 능력을 소유하고 있는 것이다.

(2) 재정지원의 차이

국립대학은 국가기관이기 때문에 시설비, 인건비, 운영비 등을 국가예산에서 매년 자동적으로 지원받고 있다. 국립대학은 국가기관이므로 국가예산이 자동적으로 배정되는 것은 '합법적'이기도 하다. 재정지원의 차이는 각 연도별로 다를 수 있으나 전체적으로 국립대학의 재원은 국고보조 60%, 학생등록금 34%, 기타 수입 6%로 구성된데 비해 사립대학은 학생등록금 76%, 재단전입금 14%, 기타 수입 10% 그리고 국고보조는 1% 정도로 나타나 있다.[6] 이러한 재정지원도 합법적이고 지극히 당연하게 생각되는 공공 행정사무이지만 국립대학의 인위적인 경쟁우위로 작용하고 있다. 왜냐하면 사립대학은 학생수가 감소하면 재정적자로 퇴출되어야 하지만 국립대학은 국고에서 자동적으로 지원받기 때문에 계속 존속하기 때문이다.

6) 이동규, 『대학경영위기. 재무분석 및 대책』, 선학사, 1995, 15, 145 이하; 교육인적자원부, 『2002년도 교육인적자원부 소관 세입, 세출예산 개요』.

(3) 재정부담의 차이

사립대학은 각종 조세를 지불하고 토지를 매입하기 위한 재정부담이 크다. 그러나 국립대학은 국가기관이기 때문에 우선 조세부담이 전무하다. 사립대학에는 교육용 토지, 건물, 기자재 등의 구매, 기증, 보유, 처분 등등의 경우에 토지세, 취득세, 부가가치세, 관세, 특별부가세, 법인세 그리고 납입금의 예치에 이자소득세 등등이 부과되고 있다. 뿐만 아니라 국립대학에 대한 기부금은 출연자에 대하여 전액 손비 처리되고 증여세도 없지만, 사립대학에 대하여는 손비인정이 되지 않고 증여세도 납부해야만 한다.

국가기관에 조세부담이 없는 것은 너무 당연하여 거론하는 것조차 이상한 일이지만 사립대학과 경합하고 있는 국립대학의 경우는 이 또한 자동적인 국고지원과 함께 경쟁우위로 나타나는 것이다. 사립대학만 지불하고 있는 각종 조세지출이 사립대학의 재정부담으로 작용하기 때문이다.

또한 사립대학들은 자체 예산으로 조세지출 외에 교육용 토지를 소유주들로부터 시세 이상의 값을 주고 매입하기 때문에 막대한 재정부담과 공간부족에 시달리고 있다. 그러나 국립대학은 유리한 장소의 국유지를 무상으로 사용하고 있다. 특히 국립 서울대학교는 서울이라는 입지조건만으로도 지방대학들에 대하여 경쟁우위를 누리고 있다. "사람은 나면 서울로, 말은 나면 제주도로"라는 속담이 시사하듯 한국인의 귀경천향(貴京賤鄕)의 사상에도 부합되는 것이다. 실제로 해방 이후 강도 높은 중앙집권체제하에 권력과 금력이 서울로 집중되면서 서울입성은 사회적 성공의 필수조건이 되었다.

이 상황에서 서울의 입지 자체가 높은 경쟁우위로 작용하고 서울로부터 거리가 멀수록 경쟁력은 감소하고 있다.

(4) 국립이라는 위상과 학벌의 효과

국립이라는 위상은 유감스럽게도 관을 높게, 민을 낮게 여기는 우리 민족의 전통적인 관존민비(官尊民卑) 사상에도 부합되어 사립대보다 높은 경쟁력으로 작용하고 있다. 국립 서울대학교의 경우는 특히 일본의 동경제국대학을 모방하여 서울에 설립한 경성제국대학의 후예로서 처음부터 국민들에게 한국 최고의 대학으로 등장하여 그 기득권을 이어받은 것이다.[7)]

이상과 같이 유리한 경쟁조건에 의하여 국립대학에는 상대적으로 '좋은' 학생들이 자동적으로 몰려오며 이것이 관행으로 정착되었다. 졸업 후에는 이들의 사회적 진출에 따라 역시 상대적으로 더욱 '좋은' 학벌을 형성하였다. 인맥이 유난히 크게 작용하는 우리나라에서 이러한 학벌의 후광은 학교의 명성을 높여 경쟁력을 강화하고 있다. 현재 우리나라에서 국립 서울대학교의 학벌은 성공의 필요충분조건으로 인식되고 있다.

7) 정범모 외, 『교육의 본연을 찾아서, 입시와 입시교육의 개혁』, 한림과학원총서 12, 나남, 1993, 41; 김세환, 『끝나지 않는 식민지학문 100년』, 박이정, 2004, 11.

6. 국립대학 경쟁우위의 결과

국립대학의 경쟁우위는 시간의 흐름에 따라 강화되어 왔다. 더구나 해방 이후 강력한 중앙집권체제하에 국립 서울대학교의 입지가 더욱 두드러졌다. '서울대학교 설치령'이라는 특별한 법령은 서울대의 법적인 위상도 여타 국립대학들 위에 높여 놓았다. 그러므로 현재는 전국적으로 국립 서울대학교를 정점으로 하는, 각 지방에는 다시 지역 거점 국립대학을 정점으로 하는 확고한 대학서열이 고착되었고 이 고착화는 최근 10년간 더욱 심화되고 있다.8) 그 모양은 마치 전국적으로 국립 서울대학교를 정점으로 하는 대형 피라미드 내부에 각 지역 거점 국립대학을 정점으로 하는 소형 피라미드들을 포함하고 있는 것과 흡사하다.

국립 서울대학교는 이제 우리나라에서 자타가 인정하는 최고대학이 되었다. 대학서열 제1위로 명문 중의 슈퍼명문이다. 우리나라의 핵심적인 선도대학이고 여타 대학들은 주변의 추종대학에 불과하다. 대학에 대한 사회적인 기대가치에서도 서울대가 핵심적 위치에 있다. 서울대 출신이 정부의 삼부기관과 사회의 모든 요직을 석권하고 있기 때문이다. 그러므로 대학 중에서 서울대가 진품이고 나머지 대학들은 모조품이나 대용품의 수준이라 할 수 있다. 이러한 위상에 따라 한국의 대학은 간단히 서울대와 비서울대로 분류되고 있다. 어떤 사람은 모든 비서울대를 '잡대(雜大)'라 부르고 있다.9)

8) 김진영, 「수학능력실시 10년간 대학의 서열변화」, 『공공경제』, 2006. 1; 정진상, 김영석 외, 『대학서열체제 연구』, 위의 책, 39-89; 정진상, 『국립대 통합네트워크－입시지옥과 학벌사회를 넘어』, 책세상, 2004, 17-52.

9) 강치원, 「대학자율화는 서울대문제를 해결해야 가능하다, 긴급제언, 서울대출신 문교부장관에게 드리는 신서울대폐교론」, 『월간조선』, 1998. 5, 284-295.

서울대와 '잡대' 간 위상과 비중의 차이는 세계에 그 유례를 찾아 볼 수 없을 정도로 크다. 일본의 동경제국대학도 서울대와 비교될 수 없고, 북한의 김일성대학도 그 비교대상이 될 수 없다. 김일성대학은 국가의 통제 안에 있으나 서울대는 통제 밖에 있기 때문이다. 한국에서는 이제 서울대의 지위가 특별하고 서울대 출신은 모든 분야에서 특별한 계급으로 인정받고 있음에 틀림이 없다. 우리 중에 부지불식간에 하나의 핵심적인 대학과 하나의 지배적인 계급이 형성된 것이다. 그리고 핵심대학과 주변대학들 그리고 핵심학벌과 주변학벌들의 격차는 현격하게 벌어져 있다. 그 격차는 이미 자율적인 사회적 역동성에 의해 자연스럽게 해소될 수 없을 정도로 심화되었다. 그러나 자유민주주의 사회에서 특별한 한 대학과 특별한 한 계급의 형성 그리고 주변과의 격리 및 현격한 격차가 바람직한지는 따로 검토될 필요가 있을 것이다. 왜냐하면 이 현상은 관치에 의한 막강한 지대효과에서 비롯되었고 사회적 상승기회를 제한하고 이에 따른 사회적 위화감과 부작용을 조장하기 때문이다.[10)]

우선 고정된 서열체계 내에서 국립대학과 사립대학 간에 공정한 경쟁이 불가능하다. 성적 상위의 학생을 유치하는 경합에서도 국립의 압도적인 승리와 사립의 패배가 기정사실일 수밖에 없다. 그러나 이처럼 사립대학과 대결하는 국립대학이야말로 마치 한 나라의 군대가 자국민을 상대로 전투를 벌여 승리를 구가하는 모습으로 '자기 백성을 공격하는 군대'와 같다. 왜냐하면 국립과 사립 간의 경쟁 자체가 무의미함은 물론 그 경쟁도 불공정하여 우리나라 전체 고등교육의 경쟁력이 향상될 수 없고, 중등교육 그리고 사회일반에도 부정적인 영향이 미치기 때문이다.

10) 김상봉, 『학벌사회, 사회적 주체성에 대한 철학적 탐구』, 한길사, 2004, 56-84.

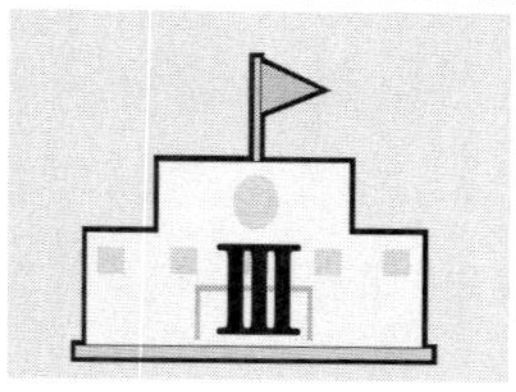

중등교육의 파행

1. 공교육의 변질
2. 사교육의 창궐
3. 칼 럼

1. 공교육의 변질

(1) 중등교육의 목표와 내용의 변질

오늘날 우리나라의 교육은 모든 국민의 걱정거리인 것이 사실이다. 특히 입시 위주로 일그러진 중등교육에 대하여 "공교육의 위기"라는 표현이 우리 모두에게 친숙한 용어가 되었다. 위기의 상황은 "병들 대로 병든, 황폐할 대로 황폐한, 벼랑에 선 교육"이라고도 하고, "획일과 폭력으로 무너진", "갈 데까지 간", "뇌사판정을 넘어 영구 사망진단"이 내려져 "무덤이 보이는" 상태라고도 한다.

한 설문조사에서도 고등학교 교장선생님들의 64.4%, 초등학교 교장선생님들의 81%가 현재 우리 교육은 위기이며 교실이 붕괴되었다고 답하고 있다. 교장선생님들뿐 아니라 중 · 고등학교 교사 대부분도 교육현실에 대하여 부정적이다. 교사의 87%가 학교붕괴에 동의하고 그 중 90%는 붕괴현상이 더욱 심해질 것으로 내다보고 있다. 어차피 붕괴될 것이라는 수동적이고 체념적인 견해도 있으나 "붕괴되어야 한다, 그것도 아주 철저히!"라는 능동적인 주장도 있다.[1)]

위기는 우리나라의 중등교육이 해방 후부터 강도 높은 대학입시경

1) 권대봉·신현석, 『한국 공교육의 새로운 구상과 전략』, 집문당, 2003, 23-60; 양승실, 「공교육 위기, 무엇이 원인인가? (I), (II), (III)」, 『지방자치』, 164호, 2002. 5; 165호, 2002. 6; 167호, 2002. 8; 양승실, 「공교육 위기 발생구도와 위기 진단」, 『지방자치』, 163호, 2002. 4; 윤정일·정수현, 『한국 공교육의 진단－선택의 자유와 공정성』, 집문당, 2003, 23-49; 윤철경, 『학교붕괴 실태 및 대책 연구』, 한국청소년개발원, 1999; 정진상·김영석 외, 『대학서열체제 연구: 진단과 대안』, 위의 책, 90-122; 황원철 외, 『공교육』, 원미사, 2004, 313-468.

쟁에 임하면서 중등교육 고유의 가치를 상실하고 입시준비의 수단으로 전락한 데서 비롯되고 있다. 우선 교육의 목표가 변질되었다. 입시 압력하에 우리나라의 중등교육은 홍익인간의 이념 아래 인격을 도야한다(교육기본법 제2조)는 본래 목표를 상실하고 서울대를 지향하게 된 것이다. 서울대가 대학서열 제1위의 독점적 핵심대학이기 때문에 중등교육이 서울대에 종속된 것은 당연한 결과이기도 하다. 현실적으로 전국 고등학교의 실제 교육목표가 최대한 많은 학생을 서울대에 보내는 것이다. 고등학교의 의미와 가치는 일반고, 특수목적고, 자립형 사립고를 막론하고 오직 서울대 입학생 수와 입학 가능성에 따라 결정되고 있다.[2)]

일선 고등학교뿐만 아니라 모든 학부모의 간절한 소망도 자녀의 서울대 입학이다. 우리 국민의 높은 교육열이라는 것도 그 내용은 서울대를 향한 열망인 것이다. 자녀가 서울대에 합격하면 자타가 인정하는 자녀교육의 완성을 의미한다. 그러므로 자녀에게 서울대 입학의 가능성이 조금이라도 보이면 금전적 투자는 물론 모든 수단과 방법을 동원하게 된다. 예를 들어 맹모삼천지교와 같이 학교 따라 이사 가고 위장전입도 불사한다.

각 지방자치단체들도 더 많은 서울대생을 확보하는 것이 교육정책의 현실적인 목표다. 왜냐하면 연고주의적 전통과 중앙집권적인 지배체제하에서 보다 많은 서울대생과 서울대 출신을 확보하는 것이 지역발전에 필수적이기 때문이다. 만일 어느 지방자치단체가 인구규모가 비슷한 다른 지자체보다 서울대 입학생 수를 적게 배출하게

2) 김덕영, 「사교육문제, 대학의 서열폐지가 해법이다」, 『인물과 사상』, 75호, 2004. 7, 43-57.

되면 그 지역의 교육은 실패한 것으로 판정받고 교육행정의 담당자는 책임을 면치 못하게 된다. 각 지역의 지자체들이 서울대 입학생 수로 서로 경쟁하므로 일선 고등학교들은 입시경쟁에 참여하지 않을 수 없다.

특히 지방의 명문고들은 그 지역의 운명이 걸려 있기 때문에 서울대 입시경쟁에 전력투구해야 하는 것이다. 성적 우수자들을 따로 모아 서울대특별반을 조직하여 특별지도하는 것은 기본이다. 만일 수능시험에서 높은 점수를 받아 서울대의 입학 가능성이 보이는 학생들은 본인의 적성이나 의사를 무시하고 어느 학과든지 반드시 서울대에 지원하도록 학교로부터 강요를 받는다. 만일 이를 거부하고 타 대학에 지원하려 하면 불손한 학생으로 매도되고 학교장은 소정의 지원서 발급을 거부하기도 한다.

중등학교의 목표가 서울대 입학에 있는 만큼 교과과정도 입시과목 위주로 개편되었다. 서울대의 입시비중이 큰 과목을 중심으로 수업이 이루어지고 그 이외의 교과과정과 음악, 미술, 체육 등 정서적인 과목은 모두 기피된다. 당초 구입한 교과서는 사용하지 않고 주로 문제집으로 문제풀이의 연습에 많은 시간을 할애한다. 학습내용이 토론, 실습 등을 통하여 스스로 사유하며 원리를 이해하기보다는 집약적으로 정리된 요점과 공식을 주입한다. '왜'를 규명하기보다는 무조건 암기하고 되도록 많은 다양한 문제형태에 대응하여 대입시험을 훈련하는 것이다. 학습목적이 오로지 높은 점수를 획득하는 데 있기 때문이다. 대부분 객관식으로 출제되는 대입문제는 변별력을 갖춘다는 이유로 매년 변신을 거듭하기 때문에 이에 대한 철저한 대비가 필요한 것이다.

학습시간도 비정상적으로 연장되었다. 정규수업 전후에 0교시수업, 보충수업, 자율학습 등의 명칭으로 아침 6, 7시 등교하고, 밤 10, 11시에 하교한다. 그리고 다시 독서실에 들러 2시간 정도 마무리하고 귀가한다. 토요일 오후와 일요일에도 등교하고, 여름·겨울방학도 없다. 공식적으로 1, 2주의 휴식기간이 주어지지만 이때는 그동안 미진했던 내용을 개인적으로 보충해야 한다. 학생들에게는 하루에 네 시간 자면 합격하고 다섯 시간 자면 불합격한다는 사당오락(四當五落)의 경구가 적용되고 있다.

어느 아버지는 몹시 무더운 여름날 냉방도 안 되는 좁은 방에서 땀 흘리며 입시준비에 열중하고 있는 아들이 하도 안쓰러워 큰맘 먹고 조심스럽게 2, 3일간의 바다여행을 제안했다가 "과외도 못 시키면서, 때도 모르는 양반"이란 핀잔만 들었다. 이러한 핀잔은 이 아버지뿐 아니라 고액과외를 못 시키는 모든 아버지들에게 해당될 것이다. 중학생만 대상으로 한 설문조사도 응답자의 71.8%가 지난 1년간 문화활동에 참여하지 못한 것으로 나타났다.

(2) 중등교육의 내부분열과 격차

경쟁강도가 높은 만큼 전국의 모든 고등학교가 서울대 입학생을 배출할 수가 없고 극히 소수의 학교만 가능하다. 이들이 고등학교 중에서 소위 '명문'이다. 입시가 끝나면 언론에서 서울대 입학생 수에 따라 고등학교들을 배열하여 '고교 50걸'의 명단을 발표하기도 한다. 이러한 발표가 입시경쟁을 격화시키고 학벌주의를 강화한다는 비난에 따라 현재는 크게 공개되지 않고 있으나 어느 학교가 '명문'인지는 사람들은 다 알고 있다. 이러한 명문이 고등학교 중에서 핵심에 속하고 나머지 고등학교들은 주변의 비명문일 뿐이다. 서울대 입학생 배출 여부에 따라 고등학교들 중에 핵심부가 형성되어 주변과의 격차가 발생한 것이다. 핵심부 고등학교에 대한 사회적 평가는 매우 높고, 이에 따라 명문학교 주위의 부동산가격도 높아지고 있다. 자연적으로 주변부 학교에 소속된 교사들의 긍지나 학생들의 의욕도 사회적인 평가에 상응하게 낮을 수밖에 없다.

또한 학생도 모두가 실질적으로 공부하는 것이 아니다. 점수경쟁에 몰입하는 학생들은 단지 서울대의 입학 가능성이 조금이라도 보이는 상위 소수학생에 불과하다. 이 학생들이 서울대특별반에 편성되는 소위 '선수학생'들로서 학생 중에서 다시 핵심부에 속하고 여타 모든 학생들은 주변부에 불과하다. 학생들 중에도 대입 가능성에 따라 핵심부가 형성되어 학교 교사들의 관심과 사회적인 기대가 집중되며 우리 사회에서 진정 '가치 있는' 학생으로 인정받고 있다.

대다수 주변부의 학생들은 상대적으로 학교와 사회적 관심의 대상 밖에 있다. 그리고 서울대의 입학 가능성이 없기 때문에 미래에 대한 돈독한 꿈과 자신감을 가질 수가 없다. 따라서 학업에 대한 강한 의욕도 있을 수 없다. 이들은 단지 선수학생들의 학습에 방해가 되지 않도록 처신하는 것만이 요구된다. 수업시간 중에는 교사에게 질문할 수 있는 분위기도 아니다. 교과진도에 지장을 주고 수업진행의 맥을 끊을 수 있기 때문이다. 수업에 방해만 되지 않는다면 잠을 자건 만화를 보건 어떤 행동을 하여도 무방하다. 사실상 '잡대' 입학을 위해서는 사당오락의 극기가 불필요하기도 하다. 그러므로 주변부의 대다수 학생들은 비인간적인 입시분위기에 자의반타의반 편승이 강요된 희생자에 불과하다. 이들에 대한 능력에 맞는 별도의 교과내용이나 교육적 배려도 있을 수가 없다. 이러한 상황에서 주변학생들은 우리 사회의 조기 낙오자로 자인할 수밖에 없고 장래에 대한 밝은 희망을 갖는 것도 기대하기가 어렵다.

학우들은 한 교실에서 함께 공부하지만 성적수준에 따라 이처럼 두 그룹으로 분열되어 상호간에 인간적인 교제가 성립될 수 없다. 선수학생들간에는 몰인정한 점수경쟁이 진행된다. 이들은 중요하다고 생각되는 교과지식을 함께 나누지 않는다. 이 지식을 위하여 큰 노력을 들였거나 고액의 과외비를 지불한 것일 수 있기 때문이다. 또한 이러한 자기만의 지식으로 경쟁자를 제칠 수 있는 것이다.

학교 수업은 일반적으로 학생들의 학습과 동떨어진 '진도 나가는 수업'으로 알려져 있다. 교육과정에서 주어진 학년의 진도를 준수해야 하는 것이다. 이때 학급의 모든 학생들의 수준에 다 맞추는 것은 불가능하다. 그러므로 상위권 학생들에게는 교과내용이 너무 쉬워서 지루한 반면 하위권 학생들에게는 어렵고 이해가 안 되어 지루할 수 있다. 따라서 학생들의 수업참여도가 일반적으로 낮고, 대학입시에 포함되지 않는 과목들은 도외시되기 일쑤다.

결과적으로 맞지 않는 진도, 원하지 않는 교과의 수업에 대하여 학생들은 집중하기보다는 체념하여 분위기는 산만해진다. 산만한 수업분위기는 집중을 더욱 어렵게 하여 더욱 산만해지는 악순환이 계속되며 수업이 공동화된다. 실제로 수업에 대한 학생들의 참여도를 조사한 결과 67.4%가 수업 기피, 학습의욕 상실, 수업이해 곤란, 소극적인 참여 등을 나타내고 있고, 학교에 대하여는 64.8%가 학교에 관심이 없거나 열심히 하려고 해도 힘들고 결국 학교를 포기하고 싶다는 것이다. 학생들의 낮은 수업참여도는 교사들에게 수업지도의 어려움을 의미한다. 실제로 88%의 교사가 수업에 어려움을 겪고 있는 것으로 나타났다.

수업지도가 어려움에 따라 생활지도 역시 제대로 이루어질 수가 없다. 지각, 결석이 빈번하고 책가방도 없이 등교하여 엎드려 자는 아이들이 한 반에 열 명도 넘는다. 수업시작과 끝이 이완되어 시작종이 울려도 분위기가 정리되지 않고 교사의 수업이 진행되어도 학생들은 자리를 벗어난다. 두발, 복장 등 학교규칙도 실질적인 것보다 형식적, 의례적일 뿐이다. 학생회 활동 등 자치활동에 대해서도 적극적이기보다 냉소적인 것이 현실이다. 소수 학생회 임원들이 내신 가산점을 얻기 위해 참여하고 있을 뿐이다. 실제로 학교는 내용을 상실한 빈 공간으로서 '내신평가를 위해 존재하는 허수아비'에 비유되고 있다.

이와 같이 성적 상하위권을 막론하고 모든 학생들은 휴식 없는 살벌한 경쟁, 좌절감, 소외감 등에서 오는 정신적인 고통이 클 수밖에 없다. 핵심부의 학생들은 성적에 대한 압박감에 시달리고 매년 꿈 많은 청소년들이 스스로 목숨을 끊고 있다. 서울대 입학과 무관한 대다수 주변부의 학생들은 학교가 지루하고 딱딱한 공간이어서 일탈적 행위에 빠지기 쉽다. 교사에게 거칠게 반항하며 집단으로 등교를 거부하기도 한다. 학생들간에는 '왕따'사건이 빈번하고 폭행도 조직적으로 이루어지고 피해학생이 사망하는 예도 발생하고 있다.

실제로 우리나라 중등학생의 62%가 자살충동을 느끼고, 매년 수십 명씩 이 충동을 실현하는 것으로 보도되고 있다. "엄마, 아빠의 기대에 부응하지 못하고 이렇게 먼저 떠나게 돼서 송구합니다. 너무너무

힘드네요, 고등학교 생활은…," 이것은 아파트에서 뛰어내린 고등학교 2학년 학생이 최후로 쓴 유서의 한 부분이다. 학생들의 자살은 이제 매년 정례적인 사건이 되어 사회적 관심의 대상도 되지 못한다. 그리고 이러한 통계 수치 이면에 어린 학생들의 심성이 황폐되고 창의성이 억압되며 사회에 대한 신뢰감이 상실되는 것도 관심의 대상이 되지 못하고 있다.[3]

(3) 중등교육의 행정

학교에서 수업지도와 생활지도가 어렵다는 것은 곧 교사의 영향력과 함께 교권의 약화를 의미한다. 과거와 같은 스승에 대한 존경심도 사라졌다. 교사가 학생에게 폭행당하고 무릎 꿇고 사과하기도 한다. 교원의 사기 역시 저하되어 교직에 대한 열성도 사라지고 교사의 전문성도 답보상태에 머물 수밖에 없다. 비교육적인 체벌, 촌지수수 등 교사들의 자질과 도덕적 해이도 지적되고 있다. 평가도 경쟁도 없는 교사의 신분보장이 소위 '철밥통'으로 작용하여 프로 의식도 서비스 정신도 없고 수업의 질을 높이려는 노력이 부족하다는 것이다. 설문조사에서 교사 본인들은 71%가 '인성교육과 생활지도를 열심히 한다'고 표명하고 있으나 학생과 학부모들은 각각 61%, 82%가 그렇지 않다고 대답하고 있다. '학교를 사랑하는 학부모모임'(학사모)이라는 시민단체는 8천 건의 자료를 토대로 그 중 620명의 우선퇴출대상 교사의 명단을 확보했다.[4] 교육인적자원부도 시민단체와 연대

3) 하영철, 『흔들리는 한국교육, 그 진실을 말한다』, 동현출판사, 2004, 13-113; 신동아, <특별기획, 오늘, 다시 교육을 생각한다>, 2005. 6.

4) 월간중앙, <교육계에 부는 또 하나의 정풍운동, '퇴출교사 620명 리스트 곧 발표할 것'>, 2004, 5.

하여 부적격 교사들을 교단에서 퇴출시키고 무능력 교사들은 재교육시키는 방안을 시행한다고 한다.

교장은 자주 교체되고 교사회의는 협의보다 지시, 전달이 주된 기능이 되어 비민주적이다. 교사들은 냉소적이고 교장에 대한 신뢰성도 낮다. 따라서 교장의 관리능력은 제한적일 수밖에 없다. 이러한 풍토에서 '교육청에 치이고, 젊은 교사한테 무시당하고' 스스로 목숨을 끊은 교장 선생님들도 있다. 교육부 장관 역시 자주 교체되고 정부의 교육정책은 일관성과 현실성을 결여하고 있다. 교사의 필요보다 관료의 요구가 관철되어 교사들은 학생지도와 무관한 잡무에 몰두해야 한다. 상급 행정기관의 요구 중에 전시적, 형식적인 것이 많다고 동의하는 교사가 97.1%에 이르고 있다.

현실과 동떨어진 교육정책을 남발하는 교육 당국에 대한 신뢰 역시 찾아볼 수 없다. 참여정부 2년 동안 교육개혁의 효과성에 대하여도 각계 전문가의 의견을 수렴한 결과 69.7%가 부정적인 응답을 하고 있다. '병든 교육'에 대한 근본적인 처방 없이 교육정책들은 교육부 장관들의 자기 과시용이고 교육행정은 파벌화된 관료들에 의해 혼선을 빚고 있다. 교육부는 한 규제가 문제를 낳으면 이를 철폐하기보다 감시를 위한 새로운 규제를 만드는 관행을 되풀이하고 있다. 사실상 불필요한 제도와 정책을 약간 수정하여 새로운 것으로 제시함으로써 '교육의 병'은 치유되는 것이 아니라 더욱 깊어지고 있다. 이러한 중에 국·공립학교는 교육관료들의 텃밭이고 사립학교들과는 관학유착, 즉 '주고받기'의 먹이사슬이 형성되어 있다. 그러므로 교육부는 "체한 속이 답답하여 다 토해내고 싶은" 사람들이 전화하면 효과가 만점인 "부패구조의 몸통"으로서 "포격(砲擊)을 받아 해체

되어야 할" 대상이라 한다.5)

중등교육이 국립 서울대학교 입시준비과정으로 전락한 상황에서 핵심부와 주변부의 학생들 모두는 학교에 대하여 불만족할 수밖에 없다. 불만족은 학교를 탈출하고 싶은 욕구로 작용하고 어떤 형태이든 학교이탈에 대한 선망을 품게 되는 것이다. 실제적으로 학교이탈은 적극적, 표면적으로 또는 소극적, 내면적으로 실현되고 있다. 적극적, 표면적이란 자퇴나 유학의 결행을 의미한다. 자퇴생들을 위해서는 이미 수많은 대안학교들이 등장하였다. 유학은 정상적, 전통적인 성인유학 외에 비정상적인 조기유학의 형태로 확대되며 이에 따른 이산가족과 '기러기아빠'들이 새로운 풍속도를 그리고 있다. 2005학년도 조기유학을 떠난 서울지역 학생만 7,001명으로 전년도에 비해 15% 증가하였다. 2004학년도에는 38%가 증가하였다. 전국적으로는 더 많은 수가 집계될 것이 틀림이 없다. 그 결과 미국에 체류한 전체 외국 유학생 가운데 한국 학생의 수가 가장 많은 것으로 확인되어 세계의 뉴스거리가 되기도 한다.6)

소극적, 내면적 학교이탈이란 학교교육을 등한시하고 사교육에 의존하는 것이다. 그 결과 오늘날 우리나라의 사교육은 번성하여 거대한 국민적 산업으로 성장하였고 '과외천국', '사교육공화국' 등 우리나라를 묘사하는 특징을 추가하고 있다.

5) 월간중앙, <다 제쳐 놓고 교육부부터 포격해야 합니다>, 2004. 2; 한국대학신문, "진단 교육인적자원부, ①~④", 2005. 3. 25~4. 11.
6) 박홍기, 『태평양 건너를 몰라도 너무 모른다』, 집문당, 2006.

2. 사교육의 창궐

(1) 사교육의 유용성

사교육은 "초 · 중 · 고 각급 학교의 학교교육 이외의 수업을 받는 일체의 과외교육"이라고 간단히 정의되고 있으며 형태와 내용별로 다양하게 분류되고 있다. 형태별로는 개인과외, 그룹과외, 학원(단과반, 종합반, 합숙반)과외, 학습지과외, 전화 · TV 및 인터넷 과외 등이고, 내용별로는 국 · 영 · 수 위주의 주지교과형, 논술준비반, 예 · 체능계 위주의 특기적성형, 각종 경시대회 준비형, 내신관리형, 취업준비형, 탁아보육형 등등이 있다.[7] 공교육이 국립체제로서 교육 서비스의 공급과 수요를 국가가 관리 통제하는 반면에 사교육은 사립체제로서 시장질서에 지배되고 있다. 사교육에 시장기능의 자율성과 효율성이 작용하고 이에 따라 장 · 단점이 동시에 나타나고 있는 것이다.

시장기능의 자율성이란 이윤전망 하에 시장의 진입과 퇴출이 자율적으로 이루어지는 것이다. 사교육은 이윤을 보장하는 수요에 따라 자율적으로 발생하고 이를 충족시키지 못하는 경우에는 자동적으로 소멸된다. 수요를 충족시키는 한 존속하기 때문에 사교육 공급자는 생존을 위해서도 수요자를 발굴하고 공급의 질을 높여야 한다. 수요자의 만족에 따라 수강생의 수와 공급자의 소득이 결정되기 때문에 철저한 프로의식으로 앞서가는 교육 서비스를 개발해야 하는 것이다. 국립체제하에서 진정한 평가도 경쟁도 없이 신분이 완전 보장된

7) 이종재, 『"사교육 문제"에 대한 대책: 공교육 교육력 강화를 중심으로』, 연구보고서 KP 2004-01, 한국교육개발원, 2004.

학교교사와는 입장이 다르다.

사교육은 생존을 위하여 공교육보다 수요자, 즉 학생 중심으로 공급되는 것이다. 개인과외 · 그룹과외는 물론 보습학원 대다수가 성적별로 그룹을 형성하고, 또 심화학습반 · 논술반 · 심층면접반 등을 구성하여 학생의 필요에 따라 차별화된 수업을 진행한다. 학교에 비해 수업밀도가 높고 분위기도 학교보다 덜 권위적이지만 진지하다. 학생 개개인의 심리상태와 학습상태를 관찰하며 학교에서 치룬 시험결과도 분석하여 보완점을 제시한다. 기간별로 학생성적에 대한 상세한 소견서를 가정에 보내기도 한다.

사교육은 과목들에 대한 이해만 높여줄 뿐 아니라 학습의 방법을 가르쳐주고 학교와 가정생활 전반에 걸쳐 심도 있는 상담도 해준다. 소위 '학습 매니지먼트'라는 사교육 분야로서 다시 학습관리, 정신관리, 환경관리로 분류된다. 학습관리는 전략적으로 학습계획을 수립하여 효과적으로 실천할 수 있는, 즉 공부하는 방법을 제시한다. 정신관리는 학생에게 미래의 성취에 대한 동기를 부여하고 목표를 설정하도록 하고, 환경관리는 학업에만 집중할 수 있는 쾌적한 환경을 조성해 주는 것이다. 이러한 과정에서 학생과 교사 1 대 1의 관계 속에 '학습매니저'의 기능이 부상하며 학교, 학부모, 학생의 가교역할도 담당한다.

사교육은 또한 자주 바뀌는 입시제도에 대하여 정확한 정보를 제공하고 빠르게 적응한다. 오랜 경험과 분석을 통해 수능시험의 과목별 출제경향을 예측하고 예상문제를 제시한다. 각 대학의 수시, 정시, 특차모집, 단순논술, 통합형 논술, 심층면접 등 해마다 달라지는 복잡한 입시요강을 연구하여 효과적인 대응책을 마련한다. 입학원서를 접수하는 당일의 '눈치작전'도 숙달된 인력과 첨단장비를 동원한 고도의 전술로 치밀하게 전개되어 주변 사람들이 불안한 눈으로 우왕좌왕, 갈팡질팡하는 미개한 눈치작전과는 차원이 다르다.[8)]

그러므로 학원강사가 학교교사보다 더욱 존경과 신뢰를 받는 경우가 많다. 매년 학원이 제공하는 입시정보가 큰 호응을 받는 것이 이를 증명하고 있다. 서울시 교육청의 조사에 따르면 학생의 93%, 학부모의 96%가 사교육의 학력 향상 효과를 인정하고 있다. 지방의 학교들은 교사로 하여금 학생들을 서울로 단체 인솔케 하여 전문학원의 수업을 받게도 한다. 지방자치단체들도 서울 강남구에 대하여 유명학원의 인터넷 강의교재는 물론 강사가 직접 왕림하여 '강남식 공부법'을 가르쳐달라고 공식 요청한다. 그러면 연봉 5억 원 이상의 인기강사들이 지방으로 출장 가서 무료강의를 시혜한다. 결국 학원은 정말로 공부하는 곳이고 학교는 복습하고 낮잠 자고 친구 만나는 장소가 되었다. 학교에서 6시간 잠자고 학원에서 4시간 공부한다는 이른바 '6 대 4 체제'가 성립된 것이다.[9)]

국립 서울대학교의 입학을 위해서는 부유층 자녀들로만 구성되는 '로열패밀리'도 있다. 부모의 지위와 소득, 학생 당사자의 기본성적과 당찬 각오 등을 고려하여 한 패밀리가 구성되면 고1부터 대학입학까지 집중적 · 폐쇄적으로 운영된다. 실제로 국립 서울대학교의 신입생

8) 손주은, 『고3 혁명』, 조선일보사, 2003; 한준상, 『국가과외, 누가 한국교육을 죽이는가』, 학지사, 2005, 315-319.
9) 김용숙, 「실추된 교권의 회복만이 공교육을 살리는 최선의 길이다」, 『교육평론』, 2004. 1.

들이 단과대별로 60～75% 정도가 사교육을 받았다고 공개하고 있다. 공개하지 않는 학생을 포함하면 실제로 거의 100%가 사교육에 의존한다고 볼 수 있다. 현재 한국에서 어떤 학생이 정말로 사교육을 받지 않고 국립 서울대학교에 입학하였다면 분명 경이로운 일로서 큰 뉴스거리가 되고 있다.10)

(2) 사교육의 유해성: 타도 이유

사교육이 경우에 따라 유용한 것이 사실이다. 그러나 이러한 사교육이 현재 우리나라에서는 공식적으로 성토와 타도의 대상이 되어 있다. 주로 사교육의 상업성에 의한 단점이 지배적으로 나타나기 때문이다. 사교육이 타도되어야 할 이유들은 다음과 같이 거론되고 있다. 첫째, 사교육이 공교육을 붕괴시켰다. 둘째, 학생들에게 유해하다. 셋째, 사교육비 부담이 크다. 넷째, 사교육의 기회가 불평등하다는 것 등이다. 그 내용을 잠깐 살펴보면 다음과 같다.

첫째, 사교육이 번성하여 공교육이 공동화되어 붕괴되었다는 것이다. 그러나 이 주장에는 전적으로 수긍할 수 없다. 왜냐하면 사교육이 공교육을 먼저 붕괴시킨 것이 아니라 공교육이 먼저 변질되었기 때문에 변질된 만큼 사교육이 번성한 것이다. 공교육이 그 본래의 교육적 기능을 상실하고 서울대학교의 입학준비 수단으로 전락함에 따라 입시경쟁에서 한 발 앞서 나가는 사교육에 의해 공교육이 자동적으로 공동화된 것이다. 그러므로 공교육을 정상화하기 위하여 사교육을 타도해야 한다는 주장은 원인과 결과가 전도되었다고

10) 김경근, 『대학서열깨기』, 개마고원, 1999, 19-53; 이경수, 「누가 서울대학교에 들어가는가?」, 『월간조선』 2004. 3.

할 수 있다. 사교육을 줄이기 위해서는 공교육이 먼저 정상화되어야 하고 공교육의 정상화를 위해서는 서울대의 독점지배력이 해소되어야 하는 것이다.

전통적 의미의 사교육은 공교육을 보완하여 발생하는 것이지만 현재의 사교육은 공교육과 대체적 혹은 적대적인 관계에 있다. 이것은 일종의 자연법칙과도 같다. 공교육이라는 큰 나무가 병들어 썩게 되어 그 썩은 부분에서 새로운 식물이 자라 본래 나무를 압박하는 것과도 같다. 또는 공교육이라는 원래의 이빨이 부실하여 사교육이라는 틀니를 사용하는 경우와도 같다. 치과의사는 돈을 벌어 좋겠지만 사용자는 거북한 틀니로 씹어 먹자니 여간 불편한 것이 아니고, 틀니를 구입할 수 없는 가난한 사람들은 부실한 생니로 그냥 살아야 한다. 그러나 틀니가 생니를 부실케 한 것은 아니다.

둘째, 사교육이 학생들에게 정신적, 신체적으로 유해하다는 것이다. 과외공부를 말 그대로 '과 외'에 비공식적으로 자유스럽게 한다면 유익할 것이다. 그러나 우리나라의 과외는 본업처럼 되었고 공식적인 제도와 관습이 되어 모든 학생들을 속박하고 있다. 학생들이 학원에 가지 않으면 공부할 수 없다는 소위 학원중독증에 사로잡혀 있는 것이다. 대부분 학생들이 학원을 방문하여 밤늦도록 머무르고 있다. 그러나 실제적인 학습효과를 장담할 수 없다. 오히려 대세와 분위기에 이끌려 자기 주도적인 학습능력이 약화되고 있다. 창의력이 분출되고 재능이 번쩍일 수가 없는 것이다. 또 한창 성장하는 시기에 수면을 정상적으로 취하지 못하므로 정서적, 신체적으로 부정적일 수밖에 없다. 국제비교조사에서도 한국 학생의 자기 주도적 학습능력이 낮게 나타나 있다. 읽기, 수학에 대한 '흥미도'에서는 조사대상국

OECD 20개국 중 19위, '자아개념도'에서는 20위를 기록하고 있는 것이다. 이러한 통계치를 인용하지 않더라도 현 상태의 사교육을 우리 자녀에게 권고할 대한민국 사람이 없을 것이다.

셋째, 사교육비의 부담이 크다는 것이다. 사교육비는 조사기관에 따라 연간 30조 원에서부터 많게는 55조 원으로 파악되며 교육인적자원부의 예산을 능가하여 매년 계속 증가하고 있다. 통계청에 의하면 2006년 1분기 전국 가구의 월평균 소비지출 221만 원 중 교육비의 비중이 14.1%로서 2003년 12.7%, 2005년 13.3%에서 계속 증가하고 있다. 이것은 사교육비 지출이 계속 늘어난 결과인데 전년보다 3.9% 증가한 전체 소비지출 중 사교육비가 14.6% 증가했기 때문이다. OECD의 2006년 통계연보도 우리나라 사교육비 비중이 GDP의 2.9%로 조사대상국 30개국 중 1위이며 평균치 0.7%보다 4배 이상 높다고 한다.

이러한 사교육비 지출은 국민경제 그리고 가계경제에 모두 부정적인 영향을 주고 있다. 먼저 국민경제적으로는 경기가 침체되고 경제성장이 둔화되는 것이다. 그 이유는 사교육시장이 부유층에 의해 독점되어 있으므로 사교육비 지출이 직접 국내소비를 증가시키거나 생산적인 부문에 유입되지 않기 때문이다. 한 연구에 따르면 GDP의 1%가 사교육비로 지출될 경우 소비자물가는 0.45% 상승하는 반면 국민경제의 민간투자와 소비는 각각 0.23%, 0.33%씩 위축되어 결국 GDP는 0.32% 감소하고 있다. 가계경제에 있어서도 부유층을 제외한 모든 서민들에게 사교육비는 감당할 수 없는 부담이 되고 있다. 사교육비를 마련하기 위하여 주부들이 부업을 찾고 빚을 얻어 가계부채가 증대되는 것이다. 경제적 손실 외에 효과에 대한 확신도, 검증도

없이 막연히 자녀에게 사교육을 시켜야만 한다는 심리적인 중압감과 불안감에 시달려야 한다.11)

넷째, 사교육의 기회가 불평등하다는 것은 사교육이 재력에 따라 편중된다는 것이다. 사교육이 상품으로 거래되기 때문에 학부모의 재정능력이 클수록 그리고 특정지역에 거주할수록 더 많은 더 좋은 사교육이 제공되고 있다. 1991년부터 1997년까지 소득상위 20% 이내 고소득층은 소득하위 20% 이내 저소득층보다 3.9배 많은 과외비를 지출하였고, 1999년부터 2001년까지는 이것이 4.6배로 확대되었다. 2005년도 1분기에는 상위 10% 고소득층의 사교육비가 하위 10% 저소득층의 6.3배, 2006년도에는 10배에 달하는 것이 통계청의 발표다. 사교육을 받는 학생의 지역적 비율은 2003년 서울이 75.8%이고 읍, 면지역은 62.1%로 집계되어 있다. 그러나 이러한 통계도 은밀한 고액과외들은 포함하고 있지 않다.12)

이러한 교육기회의 편중으로 부유층 자녀의 서울대학교 입학률이 여타 그룹보다 17배 높은 것으로 나타나 있다. 지역적으로는 30여 년간 서울 출신 입학생이 42%, 이 중에서 강남 8학군만 다시 40%, 전체 입학생 중에는 15%를 차지하고 있다. 서울 내에서도 강남 출신이 다른 지역보다 10배 높은 것이다. 또한 서울대학교 재학생 중에는

11) 김상봉, 『학벌사회, 사회적 주체성에 대한 철학적 탐구』, 위의 책, 326-337; 김용숙, 「'공교육과 사교육' 공생방법은 없는가!」, 『교육평론』, 2004. 2, 41-45; 한준상, 『국가과외, 누가 한국교육을 죽이는가』, 위의 책, 315-319.

12) 송태성, 「차별화되는 시장, 대중화되는 시장」, 『주간경제 682』, LG경제연구원, 2002. 7. 3; 전성일 외, 「공교육 만족도를 결정하는 사교육태도에 관한 연구」, 『경영교육논총』, 제30집, 2003. 4. 30, 187-204 이하; 이은우, 「사교육비 지출행위에 대한 경제분석」, 『경제연구』 제22권 제2호, 한국국민경제학회, 한국경상학회, 2004. 6, 1-31.

80% 이상의 부모가 부유층이다. 빈곤층은 사교육에서 소외되어 서울대학교 입학의 기회를 잃어버렸다고 할 수 있다. 뿐만 아니라 이 기회는 어떤 물건처럼 나중에 돈만 벌면 언제든지 살 수 있는 재화가 아니라 영원히 되찾을 수 없는 것이다. 배움의 기회란 항상 주어져 있는 것이 아니기 때문이다. 결국 우리나라의 대학입시는 학생들의 자유롭고 공정한 학습의 연장이 아니라 돈의 싸움이고 서울대학교는 부유층의 독무대가 되었다고 할 수 있다. 우리 사회는 현재 "고액과외 없이는 일류대 없다."는 법칙이 분명히 지배하고 있음이 부인될 수 없을 것이다.

이러한 사교육이 이제는 국민적 제도로 정착되어 선택사항이 아니라 군 징집과 같은 강제사항이 되었다. 서울대학교를 지망하지 않는, 그래서 사교육이 실제로 필요하지 않은 학생들, 또 재정능력이 낮은 서민층도 참여할 수밖에 없는 상황이 된 것이다. 그러나 서민층이 주변부에서 저렴하게 구입하는 사교육은 핵심대학인 서울대의 입학을 겨냥하기에는 역부족이라 할 수 있다. 결국 국민 대다수는 실질효과가 없는 사교육에 심리적 부담과 함께 소득의 상당부분을 지불하고 있는 것이다. 이 상황에서 빈부격차는 확대되며 다음 세대로 세습되고 있다. 그러므로 우리나라의 사교육은 그 규모와 부정적인 영향을 감안하면 번성보다는 치명적인 전염병에 쓰이는 창궐(猖獗)이라는 표현이 더욱 적합할 것이다.

(3) 정부의 억제정책과 사교육 창궐의 표면적, 내면적 원인

한국정부는 사교육의 창궐을 제압하고 공교육을 개선하기 위하여 지금까지 수많은 정책들을 사용하였으나 사태는 더욱 악화되며 복잡해져 왔다. 2004년 2월에도 "2 · 17 공교육 정상화를 통한 사교육비 경감대책"을 발표하였다. 단기대책으로는 현존하는 사교육 수요를 해소하기 위하여 e-learning체제, EBS 수능과외, 수준별 보충학습, 방과 후 특기, 적성교육 등을 제공하고, 중기대책으로는 사교육을 근절하기 위하여 우수교사의 확보, 수준별 이동수업과 학생선택권 확대, 대입전형제도의 개선 및 진로지도의 강화 등 학교교육의 내실화를 도모하고, 장기적으로는 대입 과열경쟁의 근원인 학벌주의를 극복하기 위한 사회제도의 개선과 의식의 개혁을 추진할 것이라 한다.13)

그러나 이러한 조치에 대한 기대 역시 크지 않다. 왜냐하면 이와 비슷한 대책들이 과거에 이미 시행되었으며 공교육은 이번 조치로 오히려 약화된다는 우려가 있다. 예를 들어 학생들이 TV수능과외에 비중을 둘 경우 학교수업은 종전보다도 더 외면할 것이기 때문이다. 그러면 이미 본래의 목적을 상실한 학교교육은 더욱 입시학원장으로 정착될 것이 분명하다. 사교육 역시 실제로 감소하지 않았다. 2004년 말 학원 수가 약 3천 개 증가하여 지난해보다 15.3% 많아졌다. 대학수학능력시험의 비중이 줄고 학교생활기록부(내신)의 반영비율을 높인다는 정책발표 후 내신과외가 특히 증가하고 있는 것이다. 그리고 논술고사가 도입되자 다시 논술과외가 극성을 부리고 있다. 이러한 현실 앞에 어느 국민도, 그리고 정책 당국자 자신도 솔직히 정책의 실효성을 믿지 않는 것이 사실일 것이다. 그러므로 사교육의 원인을 다시 한 번 확인해 볼 필요가 있다.

13) 교육인적자원부, 「특집 2·17 사교육비 경감대책」, 『교육마당21』, 2004. 3.

우리나라에서 사교육이 창궐하는 원인이 공교육의 부실과 이에 대한 불만족이라는 것은 틀린 말이 아니다. 실제로 부실한 공교육을 보충하기 위하여 사교육을 찾는 경우도 있다. 그러나 이것은 어디까지나 표면적인 이유에 불과하다. 사교육이 계속 창궐하는 내면적인 원인은 국립 서울대학교 입학이라는 한정된 재화에서 발생하는 지대효과로서 이를 전 국민이 서로 쟁취하려는 제로섬 게임의 속성에 있다. 한국 국민의 높은 교육열이라는 것도 서울대학교에 대한 열망이다. 온 국민의 열망이 극히 제한된 서울대 입학으로 돌진하므로 공교육에 만족할 수가 없는 것이다. 왜냐하면 서울대 입학을 위해서는 개인 실력의 절대적 향상이 아니라, 마라톤경주에서 승리를 위하여 남을 제치고 누구보다 앞서야 하는 것처럼, 단지 다른 경쟁자에 대한 상대적인 우위가 요구되기 때문이다. 그러므로 현재의 공교육에 불만족이 전혀 없다 하여도 다른 경쟁자와의 차별적 우위를 위하여 사교육은 필연적으로 발생하게 되어 있다.

이러한 제로섬 게임의 틀 속에서 공교육을 아무리 개선하여도 서울대를 향한 전국적인 입시경쟁이 제거되지 않는 이상 사교육은 계속 발생하고, 이것은 다시 공교육 부실의 요인으로 작용할 것이다. 그러므로 공교육의 개선으로 사교육을 억제하려는 모든 정책이 무효할 수밖에 없고, 동시에 사교육을 억제하면 공교육이 정상화된다는 논리도 성립하지 않는다.

소위 '방과 후 학교'라는 명칭으로 학교가 사교육을 흡수한다는 것도 해결책이 될 수 없다. 상황논리에 따른 편법이고 학교가 타도되어야 할 사교육을 공식적으로, 교육적으로 인정하는 것이 된다. 그러나 학교가 공공연하게 사교육을 행할 교육학적 또는 법적인 근거가 있을 수 없다. 사전에 학생들의 연간 수업일수 및 시간을 제도적으로 정한 이유는 그럼 무엇인가?! 사교육을 타파한다고 하면서 학교가 솔선해서 사교육을 행하는 것은 자가당착이고 모순일 수밖에 없다.

'방과 후 학교' 외에 e-learning체제, EBS 수능과외, 수준별 보충학습 등 역시 국가기관이 사교육을 인정하고 함께 참여하여 오히려 사교육을 더욱 확대·장려하려는 것이지 결코 타도하는 것이 아니다. 그리고 이러한 사교육의 기회가 전국의 경쟁자 모두에게 평등하게 주어지기 때문에 개별적인 사교육 욕구를 충족시킬 수가 없다. 즉 경쟁의 준비가 끝나는 것이 아니고, 사교육에 대한 수요가 감소하는 것도 아니다. 한국의 입시경쟁은 어디까지나 제한된 목적물을 쟁취하기 위하여 상대적인 우위를 점하는 것이기 때문이다. 경쟁에 이기기 위해서는 차별화된 준비, 즉 모두가 하는 준비보다 한층 더 향상된 준비가 필요하고 이를 위하여 계속 차별화된 개별적인 사교육을 필요로 하는 것이다. 전국의 모든 경쟁자들과 차이를 두고 나만이 홀로 더 높은 성적을 거두는 것이 지상과제이기 때문에 사교육은 계속 새로운 형태로 진화하는 것이다.[14)]

학교가 공식적으로 행하는 '방과 후 학교'도 이른바 '황제 보충수업'이라는 소수 정예학생 중심의 우열반으로 편성되어 입시과목에 대한 암기식, 문제풀이식 수업이 심야와 휴일에까지 강제적으로 실시되고 있다. 뿐만 아니라 학교가 방과 후 수업료를 학원보다 비싸게

14) 강태중, 「사교육비 경감대책의 결함을 말한다」,『교육평론』, 2004. 4, 91-93; 김덕영, 『위장된 학교』, 인물과 사상, 2004, 32-48; 김용숙, 「교육부의 사교육비 경감대책 문제 있다」, 『교육평론』, 2003. 8, 34-38; 정진상 엮음, 『교육부의 대국민 사기극, 노무현정부의 교육정책 전면비판과 대안』, 책갈피, 2005, 89-103.

징수하고 추가적으로 교재판매사업에 참여하기도 한다. 'EBS 수능방송' 역시 공교육을 압박하고 사교육을 육성하고 있다. 수능의 일정비율을 수능방송에서 출제하기 때문에 국가에 의한 관제(官製) 사교육인 수능방송과 방송교재를 사용하는 사제(私製) 사교육이 득세하고 학교교육과정은 방송 중심으로 획일화되고 교과시간은 방송시청으로 대체되는 것이다. 뿐만 아니라 EBS는 수능교재값을 원가의 5배로 책정하여 수백억 원의 독점적 부당폭리를 취하여 임직원들이 성과급, 특별격려금 등 합법적인 명목으로 나눠 가졌다.

이와 같은 형태로 학교와 국가기관이 공식적으로 참여하므로 사교육은 더욱 확대되고 있다. 그리고 사교육의 양적 확대에 따라 사교육 공급자간의 경쟁은 더욱 치열해질 수밖에 없다. 이들이 모두 궁극적으로는 서울대학교 입학생을 최대한 많이 배출하는 것을 목표로 하기 때문이다. 그러나 현실적으로는 극히 소수만 서울대 입학생을 배출할 수 있다. 이러한 학원이 유명학원이고 강사는 스타강사가 된다. 이들이 사교육시장의 핵심을 형성하며 그 외 주변의 일반 보습학원들과 격리, 차별화되는 것이다. 핵심그룹은 엄청난 부를 획득하며 정규학교 이상의 권위와 영향력을 행사할 수 있지만, 나머지 주변그룹에 속하는 공급자들은 단지 시장에서 탈락하지 않기 위하여 온갖 노력을 경주해야 한다.

사교육 번창의 원인이 표면적인 것과 내면적인 것으로 구분되는 것과 같이 사교육 서비스도 핵심적인 것과 주변적인 것으로 구분되는 것이다. 표면적 원인에 의한 사교육이 일반적이고 보편적인 것으로 주변적인 재화라 할 수 있다. 공교육이 부실하여 얻지 못한 지식을 보충하는 것이기 때문에 어디서나 손쉽게 구할 수 있는 기본적인 재화에 속하며 완전경쟁 조건하의 동질적인 재화이기도 하다. 이러한 사교육은 공교육과 보완적으로서 유해하기보다는 유익하며 타도의 대상이 될 수도 없다.

그러나 내면적 원인에서 창출되는 사교육 서비스는 더 이상 일반적인 것이 아니고 차별화된 특수한 재화이다. 국립 서울대학교의 입학이라는 지상과제를 놓고 상대적인 우위를 확보하기 위해서는 보편성을 뛰어넘는 차별성이 요구되기 때문이다. 이 차별화된 사교육 서비스는 더 이상 완전경쟁시장의 동질적인 재화도 아니다. 새로운 제도가 도입될 때마다 '창조적인 파괴'를 통하여 새로운 서비스를 공급하는 슘페터의 '혁신적 재화'인 것이다. 이러한 혁신적 재화는 유일한 독점적 상품이기도 하며 사교육시장의 핵심으로서 사교육 성장의 기본 축으로 작용하게 된다. 교육 당국에 의해 대입전형방법이 바뀌고 서울대 입학의 지대값이 높아질수록 더욱 전문화되고 이러한 추세가 다시 주변시장에 파급되어 사교육은 번창 일로에 있는 것이다. 그리고 혁신적인 사교육 공급자는 독점적인 핵심그룹으로서 사교육시장을 선도하고 여타 사교육 공급자들은 주변그룹으로서 이에 추종하게 된다. 사교육의 핵심시장이 심화, 발전할수록 주변시장도 확대되며 사교육시장 전체가 성장하는 것이다.

결론적으로 정부가 공권력으로 시장질서를 위반하며 지대를 조성한 후 지대효과가 발생한 경우에 지대효과를 억제하려는 모든 정책은 오히려 지대효과의 심화, 확대를 가져올 뿐이다. 유해한 지대효과를 제거하는 유일한 방법은 정부가 조성한 지대를 제거하는 것이다.

3. 칼 럼

(1) 초·중등교육에서의 자유주의

초·중등교육이 자유주의에 입각해야 하는가 아니면 평등주의에 입각해야 하는가에 대한 논쟁이 치열하다. 자유주의 입장에서는 초·중등교육에 경쟁과 시장원리를, 평등주의 입장에서는 경쟁불가와 국가의 보호를 주장하고 있다. 동일한 대상에 대하여 이념이 이렇게 다를 수 있다는 것이 놀랍다. 그렇지만 오랫동안 논란을 거듭하다 보니 논쟁 자체가 진부한 느낌을 주는 것도 사실이다. 필자는 스스로 자유주의자임을 자처한 지 오래되었다. 교육에서의 자유만이 아니라 부족한 대로 자유에 대한 철학적 기반을 천착해 온 지도 오래되었다.

자유를 설명하기는 쉬운 일은 아니다. 그러나 아주 간단히 말한다면, 자유란 아무런 제한 없이 스스로 무엇이든지 사유할 수 있는 인간능력과 그런 존재에 대한 긍정이라고 할 수 있다. 다시 말해 인간이란 의식적 존재이고 그 의식의 흐름이 만물에 존재와 의미를 부여해 주는 것이다. 이를 두고 흔히 만물을 창조하고 주재하는 능력 운운 하는 것이다. 역으로 그런 능력이 있는 자라면 그는 자유가 있다고 말할 수도 있다.

여기서는 자유의 의미를 깊게 다루려는 것이 아니라 자유가 초·중등교육에 어떻게 적용되는 것인가를 살펴보려 한다. 필자는 우선 초·중등교육에 자유가 가감 없이 적용되어서는 안 된다는 입장이다. 초·중등교육은 자유를 이해하고 구현하는 것을 배우고 준비하는 과정이라고 본다. 능력을 키우는 과정 속에 있다는 말이다. 그러니까 훗날의 자유를 위해 자유를 제한받아야 한다는 다소 모순된 논리를 옹호하는 입장이다. 미성년인 어린이는 자유를 충분히 이해하지 못하고 있으므로 초・중등교육이 자유를 이해하는 과정이라고 봐야 한다고 보기 때문이다.

사람은 누구나 자유를 충분히 이해하고 있는 것은 아니다. 성인마저도 자유를 잘 이해한다고 할 수는 없다. 어쩌면 자유란 영원히 이해하기 어려운 것인지도 모른다. 그러나 한 사람이 성장하는 과정에는 자유를 이해하는 정도를 기준으로 시간적 매듭이 필요하다. 미성인과 성인을 구분하는 제도가 자유에 대한 이해의 그 시간적 분수령이라 할 수 있다.

인간사회에서는 성인이 중심이고 성인사회의 구성원은 자기 행위에 대해 자기가 책임져야 한다는 바윗덩이 같은 법칙이 적용되어야 한다. 자유란 성인이 지는 자기 행위에 대한 무한책임의 다른 이름이라고 할 수도 있다.

우리는 이런 자유의 원리를 미성인인 어린이에게도 무차별적으로 적용하려는 경우를 본다. 사람은 성인과 미성인을 나누기 전에 다 같은 원리가 적용되어야 한다는 관점이라 할 수 있다. 물론 그런 점도 있다. 어린이는 물론 태아에게도 일정한 조건을 갖추면 인격을 부여하는 것이 법의 정신이다. 그러나 이처럼 천상천하 유아독존으로서의 인간은 사회 속의 인간, 구체적이고 현실적인 인간과는 다르다. 그것은 구체적이고 현실적인 인간문제를 근본에서 규정지어 주는 철학적・신학적 접근이지 실제 생활은 아니다.

어린이와 성인을 구별하는 것은 인간사회의 구성과 발전을 위해 필요하다. 성인으로 구성된 인간사회에서 자유로운 존재로서 살아가는 것과 그렇게 하기 위해 일정한 준비기간을 둔다는 것이 오래된 인류의 경험이자 지혜이고 자연의 순리이기도 하다.

서두가 너무 길어졌다. 다만 교육문제를 바라볼 때 자유에 대한 이해를 기준으로 성인과 미성인을 나누어 보아야 한다는 점을 이해해 주었으면 하고 바랄 뿐이다.

그러면 이제 미성인인 어린이들에게 자유를 얼마큼 유보하고 또 허용할 것이며 자유를 이해시키기 위해서는 어떤 노력을 기울여야 할 것인가 살펴보기로 하자.

필자는 초·중등교육을 교육과정과 교육재정 문제로 크게 나누어 보아야 한다고 생각한다. 자유주의자들이 어린이들에게 자유로운 교육이 이루어져야 한다고 주장할 때는 그것이 교육과정에 대한 것으로 필자는 이해한다. 다시 말해 초·중등교육에서 자유를 가르쳐 잘 이해하는 인간으로 성장시키는 것이 교육과정의 근본이어야 한다는 말이다. 그러나 그를 주장하는 자들이, 다시 말해 자유주의론자들이 교육재정에 대해서는 발언을 잘 하지 않거나 입장이 분명치 않은 경우가 많은 것 같다. 왜 그런지 이유가 무척 궁금하다.

필자는 초·중등교육의 재정문제에 대해 매우 간명한 입장을 견지하고 있다. 즉 아이들이 돈 문제로부터 해방되었을 때 자유로워진다고 생각한다. 부모의 경제력과 관계없이 교육받을 수 있을 때 자유로운 교육이 비로소 가능해진다고 본다. 아이들이 교육비로부터 자유롭다는 것은 교사들도 돈으로부터 자유롭다는 것을 의미한다. 국가가 교육비를 전적으로 책임진다면 아이들과 교사들은 돈 문제에 구속을 받지 않게 될 것이다. 학부모들도 소득세나 법인세처럼 세금을 납부하고 더 이상 교육을 목적으로 하는 목적세를 지출하지 않게 된다면 교육비로부터는 자유로워지는 셈이다.

어떤 제도가 자유로운 교육에 더 바람직할까? 초·중등교육비를 국가가 책임지는 게 나을까, 아니면 학부모들이 직접적으로 책임지는 것이 나을까? 자유주의론자들은 학부모들이 아이들의 교육비를 직접 책임지게 하는 것이 낫다고 보는 것 같다. 그렇게 했을 때 교사들의 사기를 진작시키고 열과 성을 다하게 하는 유인책도 될 수 있다고 보는 것이다. 한마디로 말해 돈의 위력을 동원하자는 것이다. 학부모들이 유능한 교사에게 인센티브를 주고 잘 가르치는 학교를 선택하게 하고 고액과외교사를 찾아다니게 하더라도 나은 교육이 될 수만 있다면 허용하자는 것이다.

물신(物神)이 지배하는 자본주의 사회에서 돈의 위력을 외면하는 어떤 주장도 허구라는 말이 설득력이 없는 것은 아니다. 그러나 처음 논쟁의 분기점, 즉 돈이 아이와 교사와 학부모를 자유롭게 할 수 있는가 살펴보자. 같은 말이지만 아이와 교사와 학부모들이 돈을 의식하게 하는 것이 과연 그들을 자유롭게 할 수 있을 것인가.

아이나 교사나 학부모가 돈 문제를 잊고 국가가 전적으로 책임지는 교육이 자유로운 교육일까, 아니면 아이와 교사와 학부모가 돈의 위력을 인정하고 그에 이끌리는 교육이 자유로운 교육일까?

사실 이 문제는 이미 결론이 난 문제이다. 근대 이후로 세계 각국은 초·중등교육에 국가책임을 인정하고 이를 이행하기 위하여 진력하고 있다. 우리나라만이 아직도 이런 문제에 대해 국민적 합의를 도출하지 못해 표류하고 있을 뿐이다. 우리나라처럼 중등교육에 국가책임을 소홀히 하는 경우는 세계적으로 유례를 찾기 어려울 정도다. 통계를 들 것도 없는 일이다. 초등교육에는 국가책임을 다한다고 할 수 있으나 중등교육은 거의 반 정도에 그치고 있다.

교육재정이라는 측면 즉 누가 교육비를 부담해야 하는가 하는 실질적인 면 말고도 원리적으로 어느 것이 보다 자유로운 교육을 위한 근본조건인가 하는 점을 살펴보아야 한다.

자유주의 교육론자들이 성인교육으로서의 대학교육에 대해 자유주의를 적용시켜야 한다는 주장은 옳다. 원래 대학이란 자유라는 공기를 마시며 살아가는 곳이기 때문이다. 그러나 이런 원리를 초·중등교육에도 가감 없이 무차별적으로 적용시키자는 주장은 이해하기 힘들다. 예컨대 자유주의론자들은 학부모가 교사와 학교를 평가하고 나아가 교사와 학교를 자유롭게 선택할 수 있게 하자는 것인데 내용적으로 대학사회와 똑같이 그리고 일반사회와 똑같이 하자는 것이다. 그리고 그 속을 돈이라는 혈액이 흐르게 하자는 것이다. 자본주의 사회이니 돈을 앞세운다면 가능할 것이고 그것이 곧 자유로운 교육을 위한 필요조건이라는 것이다. 그 어디에도 초·중등교육과 고등교육을 구분하는 의식은 발견할 수 없다.

필자 역시 성인교육에서 돈의 유인을 적극 옹호하는 사람이다. 그러나 초·중등교육에서 즉 미성인교육에서 돈을 앞세운 자유는 누구를 위한 자유인가? 교육의 세 주체라고 할 수 있는 아이와 교사와 학부모 중 누구란 말인가? 돈을 제공하는 자가 학부모이니 학부모의 자유란 말인가? 돈이란 근본적으로 한계상품이고 무한한 것이 아니다. 그렇다면 자유란 가진 자들의 자유란 말인가?

학부모들의 자녀사랑은 무한하다. 그러나 그 무한한 사랑 속에는 이기심과 편애와 탐욕이 함께 하고 있음을 알아야 한다. 순수한 사랑은 그 자체로 숭고하지만 성인으로 자라는 과정에 있는 어린이들에게는 부모의 사랑도 절제되고 타인의 조력도 받아야 한다. 그리고 정말 중요한 것은 자유를 잘 이해하고 소중히 여기는 자로 성장하게끔 훈련시켜야 하지 않겠는가. 이런 과도기적 가치를 인정하지 않는다면 초·중등교육이라는 공간 자체가 무의미해진다. 그리고 그렇게 자란 아이들이 자유를 잘 이해할 수 있을 것이라고 보기도 어렵지 않겠는가.

현재 우리나라 학부모들의 초·중등교육에 대한 적극적 관심은 강남 선호, 특목고·자사고 열풍, 유명학원 지향, 유학, 이민 등등으로 나타나고 있다. 이 모두는 병리현상으로서 국가책임하에 이루어지는 공교육의 실패를 나타내는 것이고 또 공교육 실패의 원인으로 작용하기도 하는 것들이다. 우리가 국가의 발전과 개인의 행복을 희망한다면 공교육의 내실을 먼저 생각해야 하고 그것은 자유를 잘 이해하는 성인으로 키우는 것에서 찾아야 한다. 자유를 잘 이해하는 자들만이 책임도 잘 이해할 수 있는 것이다. 성인사회에 요구되는 자유가 미성인사회에도 그대로 적용되어서는 안 되는 것이다. 특히 교육재정이라는 측면을 두고 보면 더욱 분명해진다.

(2) 고교평준화의 타당성과 고교등급제의 부당성

고교등급제를 일부 대학들이 수년간 적용해 온 사실이 밝혀졌다. 중등교육 현장에서는 전국의 중등학교가 대학처럼 서열체제로 개편되는 게 아닌가 하고 우려하고, 재학생들은 선배들의 점수가 자기 점수에 가감되니 수긍하기 어렵다고 항의하고 있다.

고교평준화와 고교등급제는 어떤 관계에 있을까? 고교평준화는 이미 30년이 넘은 제도이고 고교등급제는 이제 불거져 나오기 때문에 직접적인 관계가 없어 보인다. 그러나 고교등급제가 고교평준화 정책의 실패를 전제하기 때문에 관계가 없을 수 없다. 만일 평준화 정책이 실패했다면 대학이 자신의 위상을 확보하기 위해 서열 상위의 고교를 우대하려는 것은 예상할 수 있다.

과연 고교평준화는 실패한 정책인가? 실제로 평준화 정책은 실패한 정책으로서 철회되어 마땅하고 학생들의 학교선택권과 학교의 학생선발권을 보장해야 한다는 주장이 있다. 이런 주장을 펴는 쪽은 대체로 현실에 안주하려는 경향을 보인다. 적극적으로 교육이념을 확립하기보다는 현실론을 내세우는 것이다.

반대 측은 평준화 정책이 미흡한 것은 사실이나 이는 정부의 의지가 부족한 결과이고 따라서 이제라도 더 강력하게 평준화 정책을 밀고나가 군 단위까지 실시할 것을 주장하고 있다. 중등학교 평준화 정책이 절반의 성공과 절반의 실패를 가져왔지만 대안은 절반의 실패를 성공으로 돌리자는 것이다. 정부 당국도 평준화 정책을 보완할 수는 있어도 철회는 없다고 공언하고 있다.

평준화 정책은 공립학교는 물론이고 사립학교도 공립처럼 간주하고 동일한 학군에 편입시켜 입학과 졸업은 물론 교육과정도 동일하게 운영하게 한 것을 말한다. 대도시부터 순차적으로 시행했으나 중소도시에서 중단된 채로 20년이 넘었다. 평준화 정책을 실시한 이유는 여러 가지가 있지만 상급학교를 향한 입시경쟁은 치열해졌으나 공립학교 수는 적고 정부는 교육투자를 방기한 것이 드러난 가장 중요한 이유다.

필자는 지금도 사립고교의 비율이 50%나 된다는 것은 국가의 평준화 정책의 의지를 의심스럽게 하는 것으로 보고 있다. 정부는 경제발전에 따라 확대해야 하는 중등교육의 공교육화를 게을리 했다. 사립학교를 그대로 두고 평준화라는 이름으로 가두려 했다. 그러면서 중등학교의 서열화를 부정하고 있는 것이다. 그러나 사립학교는 언제나 시장 가운데 서야 하며 서열은 인기의 척도를 나타낼 뿐이다. 따라서 사립중등학교를 평준화 속에 묶고 서열을 부정하는 것은 어떤 이유로도 정당화될 수 없는 것이다. 그렇기 때문에 이번처럼 대학들로부터 정부정책에 대한 불신과 질타를 받은 것이다. 겉으로는 대학이 고교등급제를 실시하지 않은 것처럼 수세적으로 말하지만 실제로는 정부정책에 대한 분노가 담겨 있는 것이다.

고교평준화 정책은 유지되어야 한다. 중등학교 재학생들은 아직도 미성인들이다. 그들을 무한경쟁에 밀어 넣어서는 안 된다. 그렇게 하기 위해서는 우선적으로 사립중등학교와 공립중등학교를 분리하는 게 우선이다. 그런 후 공립 중등학교에 대해서는 보다 강력하게 평준화 정책을 밀고 나갔으면 한다. 그때의 중등학교는 수업강도도 낮추고 수업시수도 줄이고 생활 속의 여유를 확충해 주었으면 한다.

그래서 남는 시간을 친구들과도 사귀고 이웃도 찾아보며 산과 들을 벗 삼고 여유롭게 성장하게 해야 한다. 인생에 필요한 전문적인 지식은 대학에 가서 배워도 늦지 않고 오히려 그때 가서 배워야 효과적이다. 이제는 대학교육도 보편교육이고 누구나 가는 곳이라면 전문지식을 그곳에서 습득하면 되는 게 아니겠는가?! 만일 그렇게 되었을 때 사립중등학교도 공교육체제를 벤치마킹할 것이라고 본다.

한편, 사립학교 설립자들이 경쟁을 우선시하거나 수월성 추구를 최우선시한다고 할지라도 그에 대해서는 간섭해서는 안 된다. 왜냐하면 사립학교는 평준화 정책의 외곽에 존재하는 순수한 사적 교육기관이기 때문이고 또 그러해야 하기 때문이다. 사립중등학교에 대해서는 국가의 간섭을 최소한으로 줄이고 사학운영진의 의사가 최대한으로 투영되어야 한다.

지금처럼 평준화 지역이건 비평준화 지역이건 간에 그리고 공립이건 사립이건 간에 중등학교 학생들에게 지워지는 태산 같은 학습량은 터무니없는 것이고 정말 이해하기 어려운 일이다. 그들이 배운 지식을 사회에서 얼마만큼 활용할 것인가를 조금이라도 생각해 보았으면 한다. 아니 대학교육에는 또 얼마만큼 유효한 것일까. 대학문을 넘는 순간에 대부분이 무용지물이 되고 마는 것들이 아닐까. 그렇다면 중등학교를 등급화하거나 서열화해 무한경쟁하게 하고 사교육의 홍수에 노출시키고 아이들의 창의력을 소진시키는 것은 비난받아 마땅하다. 물론 그것은 사립과 공립을 나누지 아니한 관점이며 평준화 정책은 우선적으로 공·사립이라는 설립주체에 따른 구별을 한 후 비로소 논해야 하는 것들이다. 공립 초·중등학교는 평준화하고 사립 초·중등학교는 등급제가 적용되거나 말거나 간에 시장에 맡기는 것이 옳다고 본다.

필자가 생각하는 이상적인 중등교육이란 최대한 사립중등학교를 축소하고 공립중등학교를 확대하며 그 가운데 국가예산이 균등하고 여유 있게 학생들에게 배분되게 한 후, 단위학교에서 자유롭게 교육과정을 편성하고 교재를 선정해 교육하는 것이다. 그렇게 한다고 해도 중등교육의 속성상 전국 고교의 커리큘럼이 크게 다르지 않을 것이다. 물론 똑같을 수야 없지만 문제될 정도는 아닐 것이라고 본다. 왜냐하면 전문교육 수준이 아닌 이상 크게 다를 수 없기 때문이다. 그렇다면 그런 교육환경 속에서 아이들이 돈 모르고 자유롭게 크면서 꿈을 키울 수 있으면 되지 않겠는가?! 이제라도 전력을 다해 고교평준화를 성공시키고 우리 교육의 이상을 실현했으면 한다.

(3) 네티즌과의 대화: '평준화 쇼'를 걷어치워라!

*박인성(ID pyx97): 애당초 되지도 않을 교육 평준화를 한다며 결국은 '평준화 쇼'를 하고 있다는 지적은 이곳(중앙일보 열린마당)에서 몇 차례 제기한 바 있다. '평준화 쇼'를 방치하는 것은 악이다. 아직도 평준화가 필요하다고 말하는 자들은 지적 능력에 심각한 결함이 있거나 '평준화 쇼'의 장막 뒤에서 자신의 이익을 챙기려는 사기꾼들이라고 생각한다. 오늘은 길게 이야기할 것 없이 가장 심각하다고 생각되는 대표적인 문제 하나에 초점을 맞추어 이야기하고자 한다.

현행 고교평준화의 가장 큰 문제점은, 내가 가고 싶어 하는 고교에 갈 수 없는 이유가, 자신의 노력이나 능력 때문이 아니고, 순전히 부모님의 경제적 능력과 여건상 내가 원하는 고등학교가 있는 동네의 집을 사거나 전세를 얻어서 이사 갈 수 없기 때문이라는 점이다.

그리고 그 점을 중학교 시절에 깨닫고, 강남의 대치동이나 조기유학 가는 또래 아이들을 보면서 사회란 원래 이런 곳이라고 스스로 깨닫고 인정하도록 제도적으로 강요받고 있다는 점이다. 이보다 더 한심하고 해로운 교육제도가 있을 수 있을까?

평준화 쇼를 30여 년 간 하고 있지만, 서울 시내 나아가 전국에는 많은 고등학교가 있고 그 학교들간에는 실제로 다양한 측면에서 차이가 있다. 물론 차이가 있는 건 당연하고 자연스럽고 좋은 현상이다. 30여 년 간 '평준화 쇼'를 해오면서도, 아직까지도 평준화시키겠다는 머저리 또는 사기꾼들이 문제일 뿐이다. 중학교 다니는 아이들 입장에서 장차 가고 싶어 하는 고교에 관심을 갖고 비교하고 선호의식을 갖는 것은 당연한 일이고 동기부여의 하나로 격려해 주어야 할 일이다. 아이들이 갖는 선호의 기준도 각자 다르고 다양할 것이다. 명문대 진학률은 누구에게나 중요할 것이겠지만 그 외에도 학교시설과 분위기, 교사진, 동문선배들과의 유대감, 특별활동, 제2외국어 선택범위 등등 각자 목적과 취향에 따라 선호기준도 다양하게 차이가 날 것이다.

가령 운동장, 수영장을 포함하여 상대적으로 좋은 시설을 갖추고 있는 고교와 벽돌 공장 같은 건물에 공식규격 축구골대 하나 제대로 설치하지 못할 정도로 좁은 운동장밖에 없는 고교도 있는 게 현실이다. 이런 상황에서 아직도 평준화가 필요하다고 하고, 자사고 확대는 바람직스럽지 않다고 말하면서, 자기들끼리는 사석에서 자기 자식을 민사고(자사고)나 해외 조기유학 보내려고 서로 정보교환하고 의논하는 교육지도자와 교육부 관리와 여야를 막론한 정치지도자들을 보고 있으면 저게 바로 사기꾼들이라는 생각이 들게 되어 있다.

이 나라 교육지도자와 교육부 장관을 포함한 관리들, 그리고 각계 각층의 사회지도자들과 여야 정치권 지도자들, 그들은 결코 머리가 나쁜 분들은 아닐 것이다. 그들은 평준화를 하고 있다지만, '평준화'란 현실적으로 불가능하다는 것 정도는 확실하게 알고 있을 것이고, 자기 자식만은 결코 '평준화'되지 않는 우수하고 경쟁력 있는 인재로 키우려고 고민하고 노력할 것이라고 생각한다.

그렇다면 이들은 도대체 뭐하는 자들인가? 도대체 이 나라 교육판에서 무슨 짓을 하고 있으며 언제까지 이런 짓을 계속 하겠다는 건가? 나는 이들 사기꾼, 위선자들의 가증스러운 행태에 더 이상 인내할 수 없기에 강력하게 비난하고 규탄한다. 그리고 요구한다. 망국의 '평준화 사기쇼'를 당장 걷어치워라!

우연히 한겨레 토론마당에서 본 글에 동감하기에, 그 글 내용 일부를 아래와 같이 소개하고 이 정도에서 맺고자 한다.

"돈 없는 우리 집안은 돈 없는 동네에서, 아무리 열심히 공부해도 절대로 들어갈 수 없는 좋은 고등학교를 포기하고, 동네 고등학교를 다니다가 특출한 천재나 처절하게 노력한 아이들이 수능 잘 봐서 서울대라도 가면 다행이지만, 못 가면 또다시 이 동네를 벗어나기 어려워지게 될 것이고, 내 아들은 또다시 자신이 아무리 열심히 공부해도 대학에 가기 전까지는, 학교란 것이 절대로 편안한 곳이 아니며, 벽돌 공장 같은 곳에서 아이들이 부대끼며 공부만 열나게 하는 곳이라고 생각하며 살게 될 것이다. 대체 누굴 위해서 이런 불공평을 계속 이어가야만 하는 것인가?"

"고교평준화는 지나친 사교육 방지와 부동산 안정화 정책 등 원래 목표로 했던 순기능은 하나도 제대로 살리지 못한 채, 반대로 그 역기능만 기세를 더해 가고 있는 실패하고 무능한 정책이다. 평준화라는 미명하에 중학교 때부터 우리 아이들에게 자신의 노력이나 능력보다는 부모의 돈과 능력이 먼저라고 제도적으로 길들이는 정책이다. 따라서 노력하는 사람이 잘될 수 있는 사회를 만들고 그런 사회가 바람직하다는 것을 우리 아이들에게 알리기 위해서라도 고교평준화는 폐지되어야 한다. 현실적으로 모든 고등학교를 같은 수준으로 만들 수 없고, 분명히 차이가 존재함을 인정한다면, 또한 아이들에게 모든 사람이 똑같이 평등하게 살 수 없지만, 최소한 헌법에 보장된 평등권, 기회의 균등이라는 평등권만은 존재한다는 사실을 알리고 싶다면, 그래서 아이들이 소외감을 느끼지 않게 하고 싶다면 고교 평준화는 지금 당장 폐지되어야 한다."

**이공훈: 박인성 님이 '평준화 쇼'를 걷어치우라 하니 가만히 못 있겠습니다. 저도 30년 넘게 평준화 정책을 옹호하고 있기 때문입니다. 평준화 반대이유를 두 가지 지적했군요. 하나는 가고 싶은 학교에 가지 못한다는 것이고, 다른 하나는 평준화 속에서도 부모들의 부의 경쟁과 국가에 대한 배신이 일어난다는 것입니다. 그럼 제 의견을 말해 볼까 합니다.

첫째, 가고 싶은 학교에 못 가는 것에 대한 것입니다. 평준화는 중학교가 먼저 되었고 고등학교는 나중에 되었지만 둘 다 평준화 교육입니다. 그렇다면 님이 말하는 가고 싶은 학교에 중학교도 포함하는지 고등학교만 포함하는지 모르겠습니다.

만일 중학교 선택권까지 부여해야 평준화 해제가 되는 것이라고 한다면 초등학교 아이들이 중학교를 선택하기 위해서 많은 노력을 기울여야 하겠군요. 중학교가 매우 많으니 엄청난 정보를 초등학생들이 다루어야 하는 문제가 발생합니다. 평준화 해제 대상이 고등학교라고 한다면 왜 중학교는 아니고 고등학교여야 하는가에 대해 설명이 먼저 있어야 할 것입니다. 다음에 그렇다 치더라도 중학생들이 가고 싶은 고등학교에 대해 정보를 얻기 위해서 역시 많은 노력을 기울여야 하는 문제가 남습니다. 가볍게 일류고등학교는 다 아는 사실이니 그저 그 학교를 선택하면 그만이고 거기에 가게 해주자고 해서는 얘기가 안 됩니다. 왜냐하면 평준화를 해제하고 가고 싶은 학교에 가게 해주자고 할 때는 그에 맞는 충분한 이유가 있어야 하기 때문입니다. 적어도 고등학교를 졸업하는 자들이 대학을 선택할 때 고심하는 만큼의 고심할 이유를 대야 할 것입니다. 저는 고등학교를 선택하는 문제가 그렇게 중요하다고 생각하지 않습니다. 물론 중학교를 다니거나 고등학교를 다니다가 적응하지 못하는 문제가 생길 때 학교를 바꿔 주는 유연성은 필요합니다. 그러나 그것은 평준화를 보완하는 것이지 해제 이유가 될 수는 없습니다. 아이들이 어느 중학교나 어느 고등학교를 가고 싶다고 할 때 실은 아이들의 의견이 아니고 학부모들의 의견일 경우가 많습니다. 아이들은 이제 조금 세상을 배우는 정도에 불과합니다.

둘째, 학부모들의 부의 경쟁에 대한 것입니다. 실제로 강남선호가 여전하며 해외유학과 교육이민이 이루어지고 있는 상태에서 평준화유지는 사기이거나 그 비슷한 것이라고 했는데 맞습니다. 평준화 속에서 가진 자들의 일탈이 자행되고 있는 건 사실입니다. 이 부문에 대해 저도 가슴이 아픕니다만 그것은 평준화 정책의 책임이 아닙니다. 평준화가 이상적으로 정착되어도 그런 일탈은 있을 것이며 평준화 제도가 도입되기 전에도 부의 경쟁과 유학과 이민은 있었습니다. 사교육을 유인하고 필요케 한 것은 입시 위주의 교육제도라고 생각합니다. 다시 말해 평준화 제도에 문제가 있는 것은 아니라는 말입니다.

평준화란 시설과 여건을 의미하며, 교육과정에 대해서는 성립하지 않습니다. 교육과정에 대해서는 획일주의 혹은 획일성 교육이라고 말해야 하며 그런 교육과정의 경직성을 비난할 수는 있습니다. 그러나 아이들의 지적 수준을 비슷하게 하는 것을 평준화로 이해하고 그걸 목적으로 하는 교육이 존재하는 것처럼 여기고 비난하는 것은 타당하지 않습니다. 왜냐하면 그런 목적(지적 수준의 평준)의 교육이란 세상에 존재하지 않기 때문입니다.

학교운동장에 수영장이 있는 학교와 운동시설도 제대로 없는 학교의 불균형을 지적하며 평준화를 비판했군요. 그런 현실을 받아들인다면 학교 선택기회를 박탈한다는 것은 불의에 가깝습니다. 그러나 그런 학교의 불균형을 방지하는 것이 옳지 그것을 수용하는 게 옳겠습니까? 다 같은 세금을 내는 국민이라면 비슷한 수준의 시설과 여건에서 교육받는 것이 옳다고 봅니다. 평준화 정책이 초·중등교육의 중심을 이루고 자사고나 특목고처럼 일부 예외를 인정하는 정도면 충분하다고 생각합니다. 부모들의 경제력이 다르니 그에 따라 학교의 차별화를 옹호해야 한다는 주장보다 부모의 경제력이 다름에도 불구하고 아이들은 국가의 보호 속에 다 같은 조건에서 교육받게 하는 것을 보다 옹호하기를 바랍니다. 왜냐하면 아이들은 사회의 부의 편재에 책임이 없기 때문입니다.

(중앙일보, 열린마당, 2006. 4. 5)

(4) 김 부총리의 자사고 설립 반대를 지지함

김진표 교육부총리가 2006년 3월 23일 국정브리핑에서 자립형 사립고의 확대는 부당하다고 했다. 이유는 초·중등교육에서의 입시 지옥의 활황 때문이다. 이에 대해 자사고의 증설을 주장하는 측에서 반론을 제기하기는 어려울 것이다. 중등교육의 다양성, 수월성, 특성화 교육의 필요성 등을 내세울 수는 있다. 자사고의 설립목적이 평준화된 중등교육의 부족한 점을 보완한다는 명분을 제시했기 때문이다.

사실 중등교육의 다양화, 특성화, 수월성의 추구는 시급한 과제다. 천편일률적인 교육과정 운영이 우리 교육을 파탄으로 몰아가고 있다. 그러나 자사고나 특목고가 대안이 될 수는 없다고 본다. 그런 소수의 학교는 어디까지나 예외적인 것으로서 공교육의 보완 역할 이상을 할 수는 없다. 진정한 문제는 자사고의 확충보다 2천여 개나 되는 중등학교 자체의 위상과 역할을 확립하는 것이다. 이들 학교의 교육과정이 경직성과 획일주의에 빠져 시대적 요구에 부응하지 못하기 때문이다. 전국의 중등학교와 학생들은 정부가 규제하는 교육과정이라는 단 하나의 커리큘럼에 갇혀 신음하고 있으며 죽은 교육을 한다고 할 수 있다. 자사고 확대는 이에 대한 반성의 일환이라고 할 수 있다.

이런 자사고 확대보다 더 포괄적인 대안이 제시되고 있다. 평준화 해제 요구가 그것이다. 그러나 창의성과 수월성 같은 덕목을 위해 평준화 해제를 요구하는 것 또한 초점이 맞지 않는다. 왜냐하면 평준화 정책이란 교육과정의 획일화를 의미하는 것이 아니라 교육환경과 여건의 균등화를 의미하는 것이기 때문이다.

평준화를 교육과정의 획일화로 이해하고 이를 타파하기 위해 특목고나 자사고가 설립되어야 한다는 주장은 평준화의 진정한 의미를 오해한 것에 불과하다.

거듭 말하지만, 평준화란 교육과정을 의미하는 것이 아니다. 어떤 경우에도 아이들에게 교육수준과 내용을 '평준화'시키는 것을 목적으로 하는 교육이란 존재하지 않는다. 모두에게 동일한 교과서로 공부하게 한다고 할지라도 그것이 평준화를 목적하는 것은 아니기 때문이다.

교육은 어떤 경우에도 수월성을 포기하지 않는다. 단지 그것을 잘 실현시키지 못할 뿐이다. 누구에게나 천자문을 가르친다고 그것이 평준화를 목적으로 한 것이라고 할 수 있을 것인가? 결과의 평준화란 허구일 뿐이다.

평준화된 중등학교 안에서 다양성과 수월성을 추구해야 하는 것이 백번 옳은 일이고, 또 그것이 가능하다고 생각하며 우리는 그런 방안을 추구해야 한다. 문제는 어떻게 교육과정의 다양성과 수월성과 특수성을 살리는가 하는 것이다. 필자는 중등교육과정이 자유주의에 입각해야 한다고 주장하는 바이다. 구체적으로는 교육과정 운영상의 자유주의라고 할 수 있다.

평등은 기회의 평등이고, 그런 평등은 시설과 여건이 평준화된 가운데 주어져야 한다. 평준화란 용어에 대한 오해도 많지만 자사고란 말도 오해받고 있다. 자사고란 자립형 사립고란 말인데 얼마나 모순된 표현인가? 사립고란 근본적으로 자립형을 의미한다. 그런데 자립형 사립고란 뭔가?!

사립학교란 원래 뜻있는 자가 민간자본으로 육영을 위해 설립한 교육기관이다. 따라서 정부의 자금지원으로 운영되어서는 안 된다. 만일 정부가 지원한다면 사립학교라는 딱지를 떼야 한다. 지금처럼 사립중등학교 운영비의 60% 내외를 지원하는 제도에 문제가 있다는 말이다. 무엇 때문에 그런 지원을 하는가? 중등교육의 큰 책임은 국가에 있다. 따라서 이 문제를 풀기 위해서는 국가의 책임이행이 전제되어야 한다.

이제라도 중등교육의 국가책임을 다하는 가운데 문제를 풀어 갔으면 한다. 그것은 사립중등학교를 국가에서 흡수하는 것이다. 그러니까 운영비의 60%가 아니라 100% 지원은 물론 중등사립학교 법인의 재산을 국가에서 유상으로 인수해야 한다.

그와 동시에 민간영역의 창의도 살려 말 그대로 순수한 사립고의 길을 열어 주어야 한다. 교육입국을 꿈꾸는 자들의 의지도 살려야 한다는 말이다. 이들에게 '자립형' 사립고란 말은 구차한 표현일 뿐이다. '사립고'이면 족하지 않겠는가?! 필자는 국가책임을 초등교육처럼 중등교육에도 실현하고 동시에 민간의 창의도 살려 순수한 중등사립학교가 출현하기를 기대하고 있다.

(5) 사학법 개정에 고려할 사항들

1) 사학법의 개정 방향

사학법 개정에 대하여 중요한 관점 하나를 제시하고자 한다. 막연히 사학이라 하면 범위가 너무 넓고 그 속에 국가책임이라는 측면에 모순이 내재하여 이를 해결하기 어렵다. 책임이라는 측면에서 볼 때 중등사학과 고등사학을 분리해야 한다는 말이다. 즉 사학은 영·유·초·중등학교부터 대학교까지 모두 포함하는데 이는 국·공립학교에 대해 중등 공교육기관과 고등 공교육기관을 나누어 중등교육법과 고등교육법으로 대응하는 것과 일치하지 않는다. 사립학교도 법의 규제와 보호를 받아야 한다. 그렇다면 사립학교법도 중등교육법과 고등교육법처럼 중등사학법과 고등사학법으로 나누어야 한다. 그래야 법의 구조에 맞는다.

무엇 때문에 국·공립학교를 중등교육법과 고등교육법으로 나누었을까? 중등교육은 본인의 의사를 배제한 강제교육이고, 고등교육은 자유선택에 의한 교육이기 때문이다. 우리가 초·중등교육에 국가 예산을 투입하는 이유는 본인의 의사를 묻지 않고 교육받게 하기 때문이다. 국민으로서 책임과 의무를 다하게 하기 위하여 성인 이전 단계에 교육시키고자 한다면 그 비용을 국가가 부담해야 한다.

이는 고등교육이 성인교육이고 자기 선택에 의한 자기 부담 교육이어야 하는 것과 반대되는 결정적인 이유다. 근대국가는 국민국가를 지향했고 초·중등교육에 대한 국가책임을 실현하는 것이었으며 이 과정에서 사립학교는 어디까지나 예외인 것이 세계 공통이다. 단지 우리나라에서만(일본이나 대만도 포함) 중등교육에 사학의 비중을 높여 국가책임을 다하지 못하고 있을 뿐이다.

그렇다면 사학을 중등사학과 고등사학으로 나눌 필요성은 더욱 증가한다. 중등사학은 사학이기 이전에 중등교육이므로 국가책임 강화 방향으로 나아가고, 고등사학은 시민사회의 영역에 속하는 이상 사학 본연의 입장에 충실토록 자기 책임이 강화되는 방향으로 나아가야 한다. 이를 가능케 하기 위해 우선 중등사학법과 고등사학법으로 나누어 대상을 구분하여야 한다. 지금처럼 사학의 틀 속에 중등사학과 고등사학을 포함시켜 하나로 묶는 것은 국·공립에 대칭되는 교육기관이라는 점은 나타낼 수 있으나 중등교육과 고등교육에 대한 국가책임의 유무 내지 경중에 대한 고려는 담길 수가 없다.

지금처럼 사학에 투명성을 높인다는 명목으로 영·유·초·중등 학교부터 대학까지 개방형 이사를 두자는 것은 사학의 범위가 지나치게 넓기 때문에, 그리고 사학의 자기 책임을 경감시키는 동시에 국가 책임마저 경감시키는 것이기 때문에 그 의도를 달성할 수 없게 될 것이다. 필자는 사학에 개방형 이사를 두자는 발상 자체를 이해하지 못하고 있다. 사학을 사학답게 하는 것을 포기하자는 말로밖에 들리지 않는다. 물론 사학(중등사학)을 공립화해야 한다는 명제(命題)도 사장시키기에 족한 말일 뿐이다.

2) 중등사학의 공립화

중등사학의 전국 평균이 중학교 26%, 고등학교 45% 정도 된다고 한다. 대도시의 사립 비율은 더 높아 서울의 경우 각각 40%, 70%라 한다. 이로써 중등의 사학 비중이 얼마나 큰가를 알 수 있다. 그런데 대부분의 사학들이 재정적인 어려움에 처해 있다. 이를 어떻게 해결할 것인가.

사립중·고는 자립형 사립고처럼 재정적으로 독립한 사립이 되도록 하는 것이다. 명실 공히 민간자본으로 운영하는 중등사학이 되게 해야 한다. 교육과정과 교육재정에 대해서도 정부는 간섭하지 않아야 한다. 지금도 일부 중등사학에서 대학에 버금가는 등록금을 받고 있는데 그렇더라도 간섭해서는 안 된다. 도대체 간섭할 명분이 무엇이 있을 것인가.

문제는 우리는 사학이면서도 자립형이기를 원치 않는 중등사학에 대하여 어떻게 할 것인가이다. 사학의 설립의지는 훌륭하고 존경받아 마땅하지마는 그에 부합되게 운영할 수 없다면 안타까운 일이다.

중등교육의 보통교육화를 위해 정부는 1968년도에 중학교 무시험 입학제와 함께 평준화 정책을 도입하였고 1974년도에 연합고사 추첨제를 하면서 고등학교 평준화 정책도 실시하였다. 그것은 국가가 개교육(皆敎育)을 지향함을 나타내는 것이다. 그러나 대도시를 제외하고는 시행되지 못하였다. 이유는 사학의 비중이 높아 많은 재정투자가 필요했고 중학교 평준화는 의무교육을 전제로 진학 희망자를 전원 수용했지만 고등학교는 그렇지 못했기 때문이다. 그러나 당시의 국민소득이 불과 300달러 정도였던 것을 감안한다면 놀라운 의지였다고 할 수 있다. 동시에 2만 달러 소득을 넘보는 아직까지도 사학에 의지하고 중등교육에 대한 국가책임을 다하지 않는 것도 놀라운 일이다.

이제라도 공립을 원하는 사립은 국가가 수용하여 공립화하자. 중등사학의 소유권을 법인으로부터 국가로 이관하고 운영도 국가 혹은 지방자치단체가 담당하자. 이는 소유와 경영의 분리가 아니라 소유와 경영의 주체를 바꾸는 것을 뜻한다.

사학의 재산은 수익용 재산과 교육용 재산으로 나눌 수 있는데, 이 중에서 수익용 재산은 재단에 돌려주고 학교부지, 교사 및 시설 등 교육용 재산은 감정원 평가를 기준으로 보상하고 국가가 수용하라는 말이다. 강제수용이 아니라 가능한 대로 사학 측의 의견을 존중하면서 유상원칙하에 해결방안을 모색하는 것이다.

재단이 출연한 교육용 재산은 공익을 위하여 사회에 제공된 것이므로 재단에 되돌려줄 수 없다는 견해가 있지만 그런 것에 너무 집착하지 말고 사회에 기여한 공로를 인정하여 보상했으면 한다. 전액을 보상하지 않더라도 사학 측에서 응할 가능성이 많다. 왜냐하면 설립자의 후계자 혹은 경영진들은 설립자와 건학의지에서 차이가 있을 수 있고 중등사학의 사회적 위치가 예전 같지 않기 때문이다. 적절하게 보상하고 증여세도 특별법을 만들어 면제해 주었으면 한다. 이렇게 중등사학법인을 해체한 후 국가가 교육시설과 환경을 개선해 보통교육의 여건을 향상시켰으면 한다.

이때 해당하는 돈의 조달이 문제가 되지만 당해 학교의 재산을 국가에 귀속시키는 것이므로 국유재산의 증가를 가져오기 때문에 문제가 안 된다고 본다. 또 연불(延拂) 지급방식으로 재정압박을 완화하는 것도 생각해 볼 수 있다. 거대한 공적 자금을 부실 금융기관에 투입했던 예에 비하면 아무것도 아니고 적자거래가 아닌 이상 그 자체만으로도 훨씬 경제적이라고 할 수 있다.

필자는 국립대학의 법인화도 주장하는데, 국립대 법인화 이후 절약된 교육예산을 초·중등학교에 집중 투입할 수 있고, 대학입학시험 제도도 폐지한다면 국민이 부담하는 천문학적인 사교육비도 줄일 수 있어 초·중등교육에 추가재원 마련이 한결 수월해질 것이다.

우리는 중등 사학을 국가로 흡수할 수 있는 좋은 기회를 두 번이나 잃었다. 두 차례의 평준화 정책 시행이 그것이다. 그동안 중등 사학에 대해 사학의 설립자나 경영진도 재정 빈약으로 어려움을 겪었고 정부도 한정된 재원을 분배하면서 최소의 원칙을 견지해 부실화를 막지 못했다. 따라서 이번에 사학법을 개정하면서 이런 문제를 풀 수 있는 좋은 기회가 다가오고 있다고 보는 바이다.

이 땅에 태어난 2세들이라면 경제적으로 아무런 어려움 없이 시민사회에서 살아가는 데 필요한 기본교육을 우선적으로 받게 해야 한다. 일제시대나 건국 초기에는 중학교나 고등학교를 나와도 사회가 요구하는 인력수요를 감당할 수 있었지만 이제는 적어도 대학교육 정도는 마쳐야 사회의 수요에 대응할 수 있다. 시대가 바뀌었는데도 건학의지를 중등교육 정도에 머무르게 하는 것은 아쉬운 일이다.

(6) 교원평가제를 철회하기 바람

전교조가 교원평가제 도입에 반대한 것은 옳다. 학부모나 아이들이 교사를 평가해 교사의 대우를 차별하는 나라는 이 세상에 없다. 교사에 대한 평가는 임용권자가 하고 그를 보좌하는 전문가 집단에서 도우면 된다. 이런 간단한 원칙을 회피하는 것은 참 이해하기 어려운 일이다.

학부모들이 수업을 참관하고 앙케트에 응답하거나 의견을 제시하는 것은 이미 있어 온 일이고 아이들에게도 설문조사 형식으로 페이퍼를 돌려 교사의 수업방식에 참고하는 것은 바람직하다. 그러나 이를 두고 교원평가라는 말을 쓰지는 않는다. 이번 교원평가는 교사의 수업태도와 능력을 평가해 그에 따라 대우에 차등을 두겠다는 것이 근본 목적이다. 아이들을 만인의 만인에 대한 투쟁으로 몰아넣은 것도 직성이 풀리지 않아 교사들도 그렇게 하겠다는 것과 다름이 없다.

정부와 교사단체 간의 협의과정에서 학부모와 아이들만의 자료만으로 평가하겠다는 것도 아니고 근평을 대신하는 것도 아니라고 하지만 근본은 학부모와 아이들의 눈으로 교사들을 저울에 달겠다는 것이고 그를 통해 교사들을 통제하겠다는 것이 아니겠는가.

그게 교육이론상 허용될 수 있는 일인가? 교사를 그런 방식으로 통제할 수 있을 것인가? 그것은 교육의 세 주체인 교사와 아이들과 학부모 가운데 전통적인 교사 우위의 교육관을 학부모와 아이들 우위로 대체하겠다는 것으로 교사관의 근본적 전환을 의미하는 것이다.

자, 우리 모두 생각해 보자! 교사보다 아이들과 학부모의 지위가 우위에 서게 될 때 교육이 제대로 될 수 있을 것인가를. 그들의 눈에 맞춘 교육이 존재할 수 있는가를. 그리고 교사의 전문성을 부정하는 교육이 성공할 수 있는가를.

아무리 책임의식이 부족하고 실력도 없는 부적격 교사가 넘쳐날지라도 이런 문제를 해결하기 위하여 학부모와 아이들의 시각이라는 잣대를 들이대는 것이 교육적으로 과연 타당한지를 생각해 보아야 한다.

필자는 우리 교육의 많은 문제를 인정하지만 그런 식으로 해결책을 찾는 것은 반대한다. 유일한 대안은 우리 사회의 건전한 상식과 공론이 교육을 지지하는 것이어야 한다. 여론의 중심이 학부모와 학생들은 아니다. 필자는 전교조를 전폭 지지하지 않는다. 그러나 우리 교육을 이 지경으로 만든 책임을 교사들에게 전가하는 것은 동의하기 어렵다.

우리 모두 이 기회에 교사가 서 있는 땅이 얼마나 척박한지 살펴보기 바란다. 무엇보다 사교육이 존재하는 한 교사들이 제 역할을 하는 것은 원초적으로 불가능하다. 언제나 사교육 교사들과 비교되는 현실에서 자신의 소신과 정열이란 애초부터 기대하기 어려운 일이 아니겠는가? 입시 위주 교육 풍토는 또 얼마나 살벌한가?!

필자는 아이들이 학교공부 끝나고 과외교사나 학원을 찾아가는 것은 이유 불문하고 무조건 잘못이라고 생각한다. 일본과 대만 등 동아시아 일부 국가를 제외하고 이런 교육을 하는 나라는 세상에 없다. 사교육이 만연한 교육은 학교를 무력화시키고 교사들의 존재를 부정하는 것이다. 이런 점부터 해결해야 한다. 사교육을 없앨 방안을 강구하지도 않고 그들과 경쟁해서 이기라고 하니 정말 문제의식이 없는 대한민국 어른들이다.

아이들이 학교 공부 끝나고 과외 받는 것이 무슨 잘못인가 하고 묻는다면 되묻고 싶은 것이 있다. 그렇다면 학교는 무엇 때문에 없애자고 하지 않는 것인가? 학교를 없앤다고 할지라도 아이들이 교육받을 기회가 널려 있거늘. 무엇이 올바른 교육인가를 생각해 볼 때다. 필자는 아이들이 학교 공부만으로 충분한 교육체제를 만들어 내는 것만이 궁극적 대안이라고 생각한다. 그리고 최우선적인 방안으로는 교사들의 위치를 확립시키는 것이라고 믿는다.

대학입학제도 - 칼럼

1. 대학입학전형의 혼란과 본고사 파동
2. 내재적 한계와 대학의 권력기관화
3. 내신을 수호하라!
4. 네티즌과의 대화 Ⅰ: 내신을 믿을 수 있는가?
5. 네티즌과의 대화 Ⅱ: 무시험전형이 공정할 수 있나?
6. 네티즌과의 대화 Ⅲ: 논술시험이냐, 내신선발이냐?

1.
대학입학전형의 혼란과 본고사 파동

우리나라의 대학입학 전형제도는 건국 후 지금까지 크게 15번, 적게는 30번 이상 바뀌어 왔다. 변화의 큰 흐름은 대학별 본고사에서 국가고사로 이행하여 입학전형의 가치 중심이 대학의 자율성에서 교육의 공공성으로 옮겨 왔다고 할 수 있다. 처음에는 대학의 학생선발권이 최대한 보장되었으나 중등교육에서의 사교육 과열, 공교육 붕괴, 대학들의 입학시험 관리의 불완전성 등의 이유로 국가고사가 도입되며 대학의 학생선발권이 제한되어 왔다. 그러나 대학수학능력(수능)시험이라는 획일적인 국가고사가 도입되었음에도 사교육은 감소되지 않고 오히려 증가추세를 보이고 있다.

그러므로 교육인적자원부는 2008년부터 획일적인 수능성적 중심을 탈피하여 학교생활기록부(내신) 중심으로 학생들의 적성과 특기를 고려한 다양한 학생선발방식을 유도한다는 입시안을 발표하였다. 수능의 비중을 축소하고 내신의 비중은 확대하므로 학교교육을 정상화하고 사교육을 억제하는 동시에 논술, 면접 등으로 대학들의 학생선발권도 보장한다는 것이다. 단지 대학별 본고사, 기부금 입학, 고교등급화를 금지하는 소위 '3불'의 원칙을 고수하여 대입전형의 객관성 및 공정성을 계속 유지한다는 것이다. 이와 같이 2008학년 입시안은 공교육 정상화, 사교육 억제, 대입전형의 객관성 및 공정성 확보 등 교육의 공공성을 유지하고 동시에 대학의 자율권을 보장하여 그동안의 교육쟁점들을 모두 만족시킨다는 정부의 의도이다.

그러나 이것은 어디까지나 희망사항이고 현실적으로는 그 어느 것도 만족시킬 수 없는 것이다. 왜냐하면 오늘의 교육적 갈등은 단지 표면적인 현상이고 근본적인 원인은 교육의 공공성과 대학 자율권이 서로 조화를 이룰 수 없게 하는 학교제도의 모순에 있기 때문이다. 교육의 공공성을 위하여 교육부가 제시한 3불 정책도 모두 나름대로 현실적인 이유는 있겠으나 원칙적으로는 모두 대학의 자율권을 제약하는 조치이다. 여기다가 앞으로는 전국 고등학교 내신성적이 9등급으로 분류되고 수능의 결과 역시 9등급으로 표시하도록 하였다. 그러므로 어차피 신뢰도가 낮은 내신과 변별력을 상실하게 되는 수능 하에서 대학들이 풀어야 할 과제는 학생선발권을 구체적으로 어떻게 행사하느냐 하는 것이다.

이 과제를 풀기 위하여 국립 서울대학교는 지역균형선발, 특기자 전형, 정시모집으로 각각 정원의 3분의 1씩 선발하되 수능은 자격고시화하고 정시모집에서 '통합교과형 논술고사'를 실시하기로 하였다. 선도대학인 서울대가 이러한 결정을 공표하자 주변의 대학들도 이를 추종하기로 하였다. 이와 같이 갑자기 논술이 입시의 주요변수로 또다시 떠오름에 따라 사교육시장에는 논술과외 태풍이 일어났고 학부모들은 크게 동요하게 되었다. 전국교직원노동조합, 참교육전국학부모회 등 시민단체들은 서울대의 입시안을 성토하며 대학들이 3불 정책을 엄격히 준수토록 하는 법제화를 건의하였다. 교육인적자원부와 열린우리당도 서울대의 2008학년도 입시계획을 '본고사 부활의 시도'로 규정하고 모든 수단을 동원하여 저지키로 하였다.

그러나 서울대는 이것이 사회 일각의 오해이고 대학의 자율성을 제한하는 처사라고 대응하며 당초계획을 고수하고 있다. 서울대는 "다양하게 학생을 뽑겠다는 계획에 잘못이 없으며 논술고사 강화가 본고사 부활이라는 것은 오해이고, 사회가 잘 알지도 모르면서 대학에 간섭하는 것은 학문과 대학발전에 도움이 되지 않는다. 대학의 자율에 맡겨야 한다."며 후퇴할 의사가 없음을 밝혔다. 교내에서는 야당으로 자처한다는 서울대 교수협의회도 두 번의 성명서를 통해 "논술고사가 공교육에 창의력교육을 진작시키려는 방안이고 정치권이 대학 자율성을 부당하게 침해하여 정책실패와 학교교육붕괴의 책임을 호도하려는 것"이라고 동조하였다. 전국 45개 국 · 공립대가 참여하는 전국국공립대학교수회연합회도 "서울대 입시안 파동은 대학의 순수한 교육적 개혁조치를 정치적으로 확대 해석, 호도한 결과로 헌법에 보장된 대학의 자율성을 침해하는 것"이라고 가세하였다. 이것이 소위 '서울대 본고사 파동'의 겉모습이라 할 수 있다.

파동은 이처럼 정부가 서울대의 '통합교과형 논술고사'를 철회시키려는 입장과 이것을 관철하려는 대학의 입장이 대립한 것이다. 정부는 교육의 공공성 측면에서 본고사에 따르는 사교육의 번성과 공교육의 붕괴를 우려하고, 서울대는 우수학생 선발을 위한 대학의 자율권을 주장하고 있다. 이러한 양측의 입장이 표면적으로는 모두 타당하다. 대학이 자율권을 주장하는 것도 옳고, 대학자율권이 정부의 교육방침 안에서 보장된다는 것도 옳다. 특히 세금으로 운영되는 국립대학의 경우는 더욱 그렇다는 것이다. 이와 같이 현재 양자의 주장은 어느 쪽이 옳다고 명백하게 판가름하는 것이 불가능하다. 그러므로 왜, 특히 '국가의 대학'인 국립 서울대가 정부와 맞서는 사태가 발생하였는지 제도적으로 관찰하는 것이 유익할 수 있다.

서울대는 해방 후 일본의 경성제국대학을 계승하여 처음부터 한국 최고의 국가 독점 대학으로 설립되었고 국립대학 중에서도 특별한 대우와 지원을 받음으로써 독점지배력을 강화해 왔다. 우리나라 최고의 대학으로서 모든 고등학교들과 모든 대학지망자들의 제1차 목표가 된 것이다. 이에 따라 전국 최고의 학생들이 입학하고 졸업 후에는 사회의 요직을 석권하므로 역시 최고의 학벌을 형성하였다. 서울대는 이제 한국에서 모든 세력을 능가하는 교육 권력으로 성장한 것이다. 정부를 제압할 수 있을 뿐 아니라 사회 전반에서 지배력을 행사하며 국민을 기만할 수도 있다. 우리나라에 서울대와 맞설 수 있는 세력은 존재하지 않는다. 다만 국가통수권을 행사하는 과정에서 정부가 때때로 서울대와 잠정적인 갈등을 야기할 수 있을 뿐이다. 잠정적일 수밖에 없는 이유는 정부가 정부기관을 장악한 서울대 학벌의 영향하에 있기 때문이다.

실질적인 최고 권력기관으로서의 서울대를 향한 전국적인 입시경쟁의 강도는 극도로 높아질 수밖에 없고, 이에 따른 대학입학전형의 혼란은 매년 연례행사가 되었다. 중등교육은 본래 목적을 상실하고 입시 위주로 변질되어 공교육 붕괴, 사교육 창궐, 교육기회의 불평등 등 심각한 교육문제들이 발생하였다. 그러므로 정부의 입장에서는 개입이 불가피하기도 하다. 그러나 교육문제의 원인을 도외시하고 지엽적인 현상들에 대응하면서 개입의 내용은 점점 복잡다기하게 되어 마치 주정뱅이처럼 자가당착, 진퇴양난의 수렁에 빠진 것이다. 이 속에서 허우적거리며 '3불 정책', '2008학년도 입시안' 등도 고안해 내었으나 이 과정에서 교육 권력인 서울대의 심기를 건드려 정부에 대한 공공연한 저항을 불러왔다. 이러한 경우는 저항이라기보다 항명이고 정부를 자신의 뜻에 복속시키려는 반역에 해당한다. 마치 '꼬리가 개를 흔들려는 격'이고, 주정뱅이의 개가 주인을 자기의 종으로 삼고 자신이 '주인이 되려는 격'과 같다. 서울대는 국가에 직접 종속된 국가기관으로서 국가의 지시에 따라야 한다. 따를 수 없을 때는 국가적 특혜와 국가기관이기를 포기해야 함에도 불구하고 공공연한 세력다툼이 발생한 것이다. 이 세력다툼은 자연계의 먹이사슬과 위계질서를 결정하는 생활양식이기도 하다. 그리고 승패는 양측이 동원한 명분과 수단에 의해서가 아니라 쌍방간의 세력에 의해서 결정된다. 국민의 입장에서는 각자의 명분만으로 우열을 판단하는 것이 불가능하다. 그보다는 현 우리나라 고등교육의 학교제도와 서울대가 행사하는 독점지배력의 타당성 여부를 가리는 것이 중요하다.

우리나라의 고등교육은 국립체제와 사립체제가 뒤섞여 이원화된 혼합체제에서 국가의 편파지원으로 국립대학이 경쟁우위를 누리는 중에 특히 국립 서울대학교가 독점지배 대학으로 부상하였다. 서울대의 독점지배력은 국가의 특혜, 즉 국민 혈세라는 자양분으로 배양된 것으로 정부실패의 표본작품이라 할 수 있다. 결과적으로 애초 잘못된 정부개입이 초래한 문제를 정부개입의 확대로 해결하려는 것은 마치 마약환자를 고단위 마약으로 치유하려는 것과 같이 더욱 큰 정부실패를 자초할 뿐이다.

지금은 국가가 직접 국립대학교를 운영하는 것이 타당한 것인지, 더구나 등록금의 할인조치 등 국립대학에 대한 정부의 편파지원이 합리적인지 검토되어야 한다. 왜냐하면 정부의 편파지원이 사립대학에 대한 국립대학의 허구적 경쟁우위를 조성하기 때문이다. 정부는 원칙 없이 이원화된 고등교육체제를 일원화하여 공정한 경쟁질서를 수립해야 하고, 국립대학도 공정한 경쟁질서하에서 책임경영에 임할 필요가 있다. 현재 논의되고 있는 국립대학의 법인화도 책임경영을 이룰 수 있다면 한 해결방안이 될 수 있을 것이다. 서울대도 진정한 자율권을 행사하기를 희망한다면 편파적인 국가특혜로부터 독립하여 공정경쟁에 참여할 자세를 갖추어야 할 것이다. 이번에 불거진 '본고사 파동'에 나타난 서울대의 주장은 진정한 교육을 위한 것이라기보다 독점지배력의 유지를 위한 하나의 실력행사라 할 수 있다. 그들이 아무리 진지한 얼굴로, 또한 순수한 마음으로 명분을 내세운다 해도 실제로는 반칙에 의해 얻은 특권을 계속 유지하려는 기득권층의 무의식적인 관행일 뿐이다.

2. 내재적 한계와 대학의 권력기관화

사회적 행위가 법과 제도로 승화될 때에도 인간행위인 이상 인간의 본성과 인격이라는 가치를 벗어나서는 안 된다는 내재적 한계를 갖는다. 이는 행위가 사회 속에서 일어나고는 있지만 언제나 인간 목적을 향해야 하기 때문이다. 인간을 전적으로 사회적 존재로만 파악할 수는 없다. 전(前)사회적 혹은 외(外)사회적 모습의 인간에서 보다 인간적인 모습을 찾을 수도 있기 때문이다. 결국 인간의 모습은 사회적 존재이면서도 동시에 그 이상이라고 하는 것이 보다 정확한 표현일 것이다.

내재적 한계란 이처럼 인간이 사회적 존재임을 인정하는 '사회'라고 하는 장에서 일어나는 행위이면서도 동시에 그 이상의 존재라고 하는 데서 발생하는, 법적·제도적·규범적 행위에 대한 어떤 제한을 말한다. 법과 제도를 통한 직접적인 규제 외에 행간에 담긴 간접적 혹은 묵시적으로 의도하는 규제가 있으며 어떤 행위에 대하여 보편적

양심에 따르는 것이 보다 타당하다고 보는 경우에 해석학적 판단에 맡기는 제한이라고 할 수 있다.

대학이 신입생을 선발하는 데 있어서도 정부는 정부대로 대학은 대학대로 법령으로 혹은 학칙으로 규정을 두고 있다. 그러나 그 역시 사회 속에서 일어나는 행위이기 때문에 내재적 한계를 갖지 않을 수 없다. 대학의 선발 행위는 어떠한 경우에도 인간목적이라는 교육적 성격을 벗어날 수 없다. 신입생을 선발할 때도 이런 한계를 벗어날 수는 없다. 아무리 승자와 패자를 명쾌하게 가를지라도 그것이 교육목적을 일탈할 수는 없는 일이다.

그동안 정부나 대학이 입시요강을 발표하고 그에 맞추어 선발한 일련의 행위들이 과연 교육목적에 부합되는지 심히 의심스럽다. 통계를 보면 많은 사람들이 우리 교육에 대하여 크게 불만족하고, 그중에 으뜸이 대학입학제도이다. 필자는 대입제도가 갖는 내재적 한계를 우리 국민들이 무시하기 때문에 좋은 입학제도가 정착되지 못한다고 생각한다. 그것은 대학이 시험을 보아 신입생을 선발하는 방법을 선호하는 것을 보며 늘 생각하는 문제다. 대학이 도대체 무슨 권리로 중등학교 졸업생들을 상대로 그가 무엇을 얼마만큼 보고 배웠는지를 공개적으로 알아보려 할까? 비공개적으로 알아보면 안 될까?

대학에 신입생을 선발하는 권리가 있는 것은 당연하다. 그러나 그 권리가 대학지원자의 학업과 적성과 기타 사항을 공공연히 공개하는 권리까지도 포함하는 것일까? 입학의 기회를 얻은 자는 또 모르지만 그런 기회를 얻지 못한 자들에게 인격적 침해는 없는 것인가? 우수자를 선발하겠다는 대학의 의도가 기회를 얻은 자와 얻지 못한 자들의 중등학교 시절의 학업 등 기타 사항을 백일하에 노출시키는 행위에 어떤 사회적 정당성을 부여해 줄 수 있을 것인가?

대학은 그런 공개선발에 스스로 참여한 이상 인권침해라고 볼 수 없다고 말할지 모른다. 대상자가 스스로 동의했다면 부당성은 탈색된다는 말이다. 과연 그럴까? 교육의 장에서 일어나는 행위는, 예컨대 선발행위라고 해도, 비록 대학이 최우수자를 선발했다는 자기 목적은 달성할지 몰라도 인격이 보호되어야 한다는 교육목적은 침해 당했다고 보아야 한다. 자기 성적을 공개해야만 대학교육 이수기회를 제공하겠다는 이런 야만을 필자는 통탄해 마지않는다.

성적을 공개하는 것은 대학이 사회의 신분질서 형성에 기여하기 때문이며 그 이상도 이하도 아니다. 아무리 인격침해를 해서는 안 된다고 말해도 막무가내인 것은 입학 장치를 이용하여 신분질서를 창출하고 그 속에서 스스로를 권력기관화하기 때문이다. 성적을 공개하는 것이 신분질서를 만드는 게 아니고, 또 신분을 생산하는 기관이 권력기관이 아니고 무엇이란 말인가?!

대학은 단순히 고등교육 기회만 제공하는 것이 아님을 우리는 잊고 있는 것은 아닌지? 많은 사람들과 대학들이 20세 전후의 젊은이들에게 신분을 부여하는 장치로 대학입학제도를 활용하고 있는 것을 모른다. 그저 우수한 자를 선발하려는 갸륵한 노력으로 보는 데 그친다. 그러나 대학은 언제나 신분부여의 역할을 해 왔으며 스스로 권력기관을 지향해 왔다. 그런 사실을 모르는 국민들이 안타까울 뿐이다.

이제라도 대학이 학생을 선발하는 데 있어 결코 인격을 침해해서는 안 된다는 내재적 한계를 인식하고 준수했으면 한다. 왜냐하면 그것은 교육목적을 벗어난 것이기 때문이다.

3. 내신을 수호하라!

우리나라는 대학입학제도 중 특이한 방식인 입시제도를 운영하고 있다. 그래서 우리나라 사람들은 입학제도(入學制度)와 입시제도(入試制度)를 동일한 것으로 알고 있다. 다시 말해 입시제도가 아닌 대학입학제도에 대해서 모른다고 할 수 있다는 말이다. 필자의 생각이기는 하지만 지금같이 세계화 시대에 살면서 다른 나라의 '대학입학제도'에 대해 그토록 모르는 것이 놀랍기만 하다. 북한사회가 세상을 잘 모르는 것과 다르지 않다.

대학제도를 만든 서구에서는 입시제도를 모른다. 그런 제도를 운영하는 나라가 단 한 나라도 없다. 많은 사람들이 외국에서 공부했고 지금도 하고 또 준비하고 있지만 그들 누구도 외국에서 입시(입학시험)를 본 적이 없는데 무슨 이유로 그 사실을 말하지 않고 침묵하고 있는지 그 속을 모르겠다.

최근에 민사고 등 몇몇 학교에서 아이비리그를 비롯한 미국의 여러 대학에 많은 학생들을 입학시켰는데 그때 제공한 자료는 내신(종합생활기록부만을 말하는 것이 아님)뿐이다. 그들이 시험을 치기 위하여 미국으로 간 적도 없고 문제지가 배달된 적도 없으며 시험날짜도 없고 시험과목도 없었다. 그렇지만 내신만으로 얼마든지 대학에 갈 수 있음을 여실히 보여준 것이다. 이게 선진 제국의 대학입학제도이다.

만일 세계의 유수한 대학들이 시험을 보아 학생들을 선발한다면 전 세계의 젊은이들이 세계의 곳곳을 찾아다니느라 난리를 칠 것이다. 그리고 몇몇 대학들은 학교가 미어터질 정도로 학생들이 몰려들 것이다. 어찌 상상이나 할 수 있는 일인가.

입시는 풀어 말하면 공개경쟁시험 선발제도다. 옛날의 과거제도와 크게 다를 것이 없다. 한국과 중국에서 왕조시대에 행해지던 선발제도(인적 충원 제도)가 아직까지 살아있는 것이다.

대학교육은 고등교육을 베풀고자 하는 자와 그를 받고자 하는 자 모두 자유의사에 기초한 계약으로 성립하는 것이다. 즉 각자의 자기의 자유의사에 따라 가르치고 배우는 것이지 강제적인 것도, 의무적인 것도 아니다. 진리를 탐구하는 곳이라면 더욱 그래야 한다. 대학교육 이수기회를 얻는 것은 대학과 지원자 사이의 사적 계약일 뿐이다. 서로의 조건이 일치하는 만큼을 계약하고 그 내용을 이행하면 된다.

따라서 대학이 누구를 입학시키는 것을 제삼자가 알 필요가 없고 지원자가 어느 대학을 지원하는 것도 제삼자가 알 필요가 없다. 그러나 우리나라에서는 그게 통하지 않는다. 대학이 누구를 가르치고 싶어 하는지 공개해야 하고, 또한 지원자도 공개지원을 통하여 어느 대학에서 배우고 싶어 하는지를 모두가 알게끔 공개해야만 한다. 공개되지 않으면 난리가 난다. 왜 그럴까?

먼저 공개경쟁의 실상을 좀더 살펴보자. 그것은 대학지원자들을 한자리에 모아 놓고 시험을 보아 성적이 우수한 자를 공개하는 것이다. 성적을 공개하는 것은 한참 다음의 일이고 그 전에 지원의사부터 공개적으로 밝히도록 한다. 즉 누군가가 어느 대학 어느 학과에서 이수하고 싶어 하는가를 다른 사람들 예컨대 동료나 친지나 이웃이나 사회가 알게 해야 한다. 경쟁의 장소에 머리를 내밀어야 하는 것이다.

무엇 때문에 그의 개인의사가 노출되어야 한단 말인가. 대학 측이 이수 희망자와 교육내용에 대해 의사가 합치되면 계약을 하고 서로 그 내용대로 이행을 하면 그만인 것을.

이는 기회를 얻은 자와 얻지 못한 자 사이에 이익과 불이익의 차이가 크기 때문이다. 기회를 얻은 자는 학벌사회에 편입되고 기회를 얻지 못한 자는 학벌이라는 준신분을 얻지 못하기 때문이다. 대학 4년간 무엇을 얼마만큼 배울 것인가와는 무관하게. 그 차이가 얼마만큼 큰 것인가를 간과하는 자들은 한국사회를 알지 못한다고 말할 수 있다.

대학교육 이수기회를 얻은 자는 그가 무엇을 앞으로 공부할 것인가와는 상관없이 이미 어떤 신분상의 이익을 얻는다. 물론 그런 기회를 얻지 못한 자는 신분상의 불이익을 당한다. 따라서 그런 차별을 합리화하기 위해서는 합법적 절차가 필요하다. 그래서 공개전형을 하고 그 결과에 대해 대학과 이수 희망자 말고 제삼자의 판단을 구하는 것이다.

이 제삼자가 있을 때에만 기회를 얻지 못한 자들이 차별에 승복하고 물러서기 때문이다. 그 제삼자란 동료들이고 친지들이고 교사들이고 사회이고 국가라고 할 수 있다.

그래서 권력기관화한 대학은 차별을 정당화하기 위하여 제삼자를 끌어들이고 공적인 행사로 격상시킨다. 제삼자는 이를 빌미로 간섭에 나서고 사욕을 채운다. 학벌의식과 사교육시장과 권력기관화한 대학의 권위주의가 이 틈을 비집고 들어와 우리 교육을 분탕질치는 것이다.

입시는 우리나라에서 대학과 지원자 사이의 문제 이상으로 우리 사회 모두의 관심사항이 되어 있고 국가마저도 깊숙이 개입해 있다. 입시철에 온 나라가 들뜨는 것은 그것이 공적(公的)인 행사이기 때문이다. 수십 만 명을 승자와 패자로 가르고 서열체제를 해마다 새롭게 수립하는 대대적인 공식행사인 것이다.

언제나 개인의 의사는 보호받아야 한다. 그게 민주사회다. 지금과 같이 공개경쟁에서 대학교육 이수기회를 얻지 못했을 때 직접적으로 학업을 이루지 못하는 불이익 말고도 추가적으로 신분상으로 서열체제에 강제 편입되어야 하는 불이익만은 막아야 한다. 어찌 정당화할 수 있단 말인가?! 과거에 공산당 간부들의 당 서열이 공개되는 것을 본적이 있는데 당 상층부의 권력을 서열로 매겨 분배하는 것은 그 나름대로 이유가 있을 것이다.

그러나 민주사회에서 수십 만 명의 성적을 석차화해 공개하고 그에 맞추어 서열화된 대학에 배분하는 행위는 의심의 여지없는 인격침해이다. 꽃다운 청춘들이 스러져가는 건 대학교육 이수기회를 얻지 못한 것보다 그의 좌절을 본인의 의사와 관계없이 공개하는 입시구조의 영향이 더 클 것이라고 생각하는 바이다.

계약에 대해 조금 더 언급하고자 한다. 대학교육을 베풀고자 하는 대학 측과 이수하고자 하는 지원자 사이의 관계는 사적인 계약관계이고 이때 제공되는 자료가 내신자료이다. 사적 계약이란 계약의 주체가 자유로운 의사에 기초해 내신을 바탕으로 계약조건을 임의롭게 제시하고 당사자 사이에 의사가 합치되면 성립되게 하는 것이다. 따라서 교육과정을 사이에 두고 계약을 했다고 했을 때 누군가가 승리감에 도취될 이유도 없고 계약이 이루어지지 않았다고 했을 때 패배감에 젖을 이유도 없다. 대학이 제시하는 조건과 이수 희망자의 조건이 합치되지 않았을 뿐이다.

만일 계약이 이루어지지 않았을 때 누가 더 아쉬움을 느낄 것인가. 만일 대학 측이 아쉬움을 느끼면 대학이 계약조건을 완화시키고 이수 희망자가 아쉬움을 느끼면 그가 계약조건을 완화시킬 것이다.

지금의 대학교육 이수 희망자들이 이처럼 대학과 대등한 관계에서 계약을 하고 있다고는 생각하기 어렵다. 그러나 계약은 원래 대등한 당사자 사이에서만 성립될 수 있는 것이다.

공급이 수요보다 적을 때는 공급자 우선 시장이 나타나고 공급이 많을 때는 수요자 우선 시장이 나타나는데 대학시장에서도 이 원리는 그대로 적용된다.

그리고 그 모두의 밑바탕에는 사적 자치의 원리가 관통하고 있는 것이다. 우리나라의 대학들이 공개경쟁으로 신입생들을 선발한다는 것은 대학교육 이수 희망의사를 본인의 의사와 관계없이 공개하도록 요구한다는 데에서 사적 자치의 원칙을 인정하지 않는 것이다. 나아가 국가와 사회가 보장하는 신분경쟁이고 민주사회가 금기시해 마지않는 특권과 특혜를 인정하는 것이며 불평등사회와 사회의 분열에 기여하고 있다는 것을 뜻한다.

우리는 기본적으로 대입제도를 대학 측과 이수 희망자 사이의 사적 계약관계로 전환할 필요가 있다. 그리하여 누군가가 입학했다는 사실이 승리로 비쳐지지 않고(무심해지고) 입학 못했다는 사실이 패배로 간주되지도 않는(알려지지도 않는) 그런 사회를 만들었으면 한다.

그리하여 대학들이 더 이상 특혜를 누리는 기관도 아니고 시혜를 베푸는 기관도 아니며 민주사회의 한 조직구성체로서 맡은 바 역할을 충실히 하면 그뿐인 그런 대학이 되었으면 한다. 그리고 수십 만 명의 대학교육 이수 희망자들을 성적과 석차로 줄 세우고 합격, 불합격이란 문신을 새기지 않는 사회가 되었으면 한다.

그건 입시제도라는 말을 입학제도로 바꾸고 내신을 중요자료로 삼는 그런 입학제도 본연의 모습을 찾는 데서 비로소 가능하게 될 것이다.

입시라는 말이 얼마나 그릇 사용되고 있는지 한 예를 들까 한다. 필자와 오랫동안 교육개혁운동을 함께 했고 지금은 한국교육개발원장으로 있는 고형일 교수는 교육 전문가들마저 입시와 대학입학제도를 혼동하는 것을 개탄하면서 입시란 결코 세계 보편적 대학입학 방식이 아님을 다음과 같이 설명하고 있다.

"한국에서 사용하는 잣대를 외국에 적용해서 '외국의 입시제도'를 연구한 보고서들이 많음을 보고 놀라지 않을 수 없다. 그 보고서들은 하나같이 미국의 SAT나 독일의 라이풍이나 프랑스의 바깔로레아나 일본의 대학입시센터 시험이 바로 '입시'라고 보고 비교한다. 그리고 거기에 근거해서 '입시제도'를 개발해서 건의하기도 한다. 입시의 개념을 확실히 이해하지 못한 채 그것을 정책연구에 적용한 전형적인 예라고 할 수 있다. 우선 프랑스와 독일의 시험들은 고등학교의 졸업자격을 검증하는 시험이지 대학입시가 아니다. 고등학교를 졸업한 자 중 대학에 진학할 자격이 있음을 가린다고 보면 그것을 대학입학자격시험이라고 해석할 수가 있으리라. 그러나 '입시'라는 개념은 대학입학자격을 가리는 시험이 아니다. 대학입학자격이 있는 자들 가운데 누구를 받아들일지를 가리는 시험이다. 미국의 SAT는 그것을 사용하는 대학에서 우리 대학에 들어오려면 이 시험에서 적어도 몇 점 이상 받아야 한다는 관점에서 이용하는 것이니까 역시 자격시험이다. 일본의 대학입시센터 시험만은 거기서 얻은 성적을 학생선발의 기준으로 삼는 대학이 있는데 그런 경우에는 '입시'에 해당한다." (고형일, 「평준화—자유화 논쟁과 국가수준의 교육정책 연구」, 2004, 41쪽)

4.
네티즌과의 대화 Ⅰ: 내신을 믿을 수 있는가?

*이공훈: 이곳(교육혁신위원회)에 글을 남기는 분들은 대체로 내신에 대한 거부가 많은 것 같습니다. 그러나 저는 내신이어야 한다고 생각합니다. 아니 내신 말고는 대안이 없다고 생각합니다. 그 이유를 여섯 가지로 분석해 봅니다.

1. 내신만큼 성장하는 아이들의 실상을 잘 담은 기록이 있을 수 없습니

다. 아무리 수능이나 학력고사나 자격고사나 실기나 면접이 아이들을 잘 드러내는 내신만큼은 못 됩니다.

2. 아이들이 무제한적인 점수경쟁을 탈피하기 위해서는 비교과목을 중시해야 하며 그 부분을 잘 기록해 주어야 합니다. 이를 할 수 있는 분은 교사밖에 없습니다.

3. 내신 반대론자들은 내신이 불공정하고 편파적이고 주관적이기 때문이라고 합니다. 그러나 교사를 불신하고 이룰 수 있는 것은 아무것도 없습니다. 아무리 내신이 그렇더라도 교사에게 전권을 한번 주어 보실 생각은 없으신지요.

4. 대학은 내신성적만으로 학생들을 충분히 뽑을 수 있으나 학부모들이 인정을 안 합니다. 무슨 기준으로 뽑았는지를 밝히라는 것이지요. 이처럼 대학의 권위를 묵살하는 학부모들이 안타까울 뿐입니다. 대학의 권위를 부정하고 대학에 기대할 것은 아무것도 없습니다. 대학은 그들의 교육철학과 내적 기준을 가지고 내신을 살펴 선발하면 그만입니다. 잘 뽑았는지 잘못 뽑았는지는 4년 후 사회에서 평가를 받습니다.

5. 선발에 공정성을 기해야 한다고 합니다. 공정의 기준은 객관적이고 투명하고 누구도 이의를 달 수 없는 것이어야 하며 흔히 이를 입시요강이라고 합니다. 그러나 어떻게 성장 중에 있는 아이들의 실력과 성품과 적성과 꿈과 낭만을 입시요강이라는 잣대로 (객관적이고 투명하게) 잴 수 있다는 말입니까. 먼 훗날이 되어 봐야 비로소 알 수 있는 것을.

6. 선발은 궁극적으로 배우려는 자와 가르치려는 자의 주관적 판단에 맡길 수밖에 없다고 생각합니다. 이 부분의 설명이 어렵군요. 그렇지만 한번 생각해 봅시다. A가 89점이고 B가 90점이라면 B가 선발되어야

합니까. 그렇게 생각한다면 그것은 진실한 의미에서 대학이 선발한 것이 아닙니다. 가르칠 자가 선발한 게 결코 아닙니다. 학원선생이 선발한 것입니다. 아니 학원선생이 학생들을 대학에 밀어 넣은 것입니다. 선발의 미학이란 말을 혹시 들어보셨는지요. 우리나라 국민 모두 선발과정에서 공정성이라는 망령에서 벗어나 가르치는 자에게 전권을 줍시다. 어려워도 그 길을 갈 때만이 교육을 살릴 수 있고 나라를 살릴 수 있다고 생각합니다.

**이현주(ID hyunju36): 저 아래 내신제 철폐를 주장하는 글을 올렸던 사람입니다. 또 이곳과 자유게시판뿐만 아니라 교육인적자원부, 청와대 등에 올려진 글들을 관심 있게 보고 있습니다. 대부분이 내신제 철폐를 주장하는 데 반해 내신제의 필요성을 역설하신 글을 읽고 의외라는 생각이 들었습니다.

우선 저는 현재 중학생자녀를 둔 학부모입니다. 2008년에 바뀌게 될 새로운 입시제도의 앞으로 수혜자가 될지 수해자가 될지 모르는 미래의 입시생 부모이기 때문에 교육부와 교육혁신위의 입시제도 변경안에 대해서 누구보다도 관심 있게 근심어린 마음으로 지켜보고 있는 사람입니다. 저를 포함해서 내신제 자체가 빗나간 정책이라고 믿는 사람은 없을 줄 압니다. 다만 내신제가 미치게 될 파장이 과연 우리나라의 입시제도에 어떤 영향을 미치게 될지를 주목하면서 내신제가 과연 성공할 수 있는 제도인지 비판하고자 합니다.

첫 번째 말씀: 내신만큼 아이들의 실상을 잘 기록하는 것이 없다고 하셨습니다. 하지만, 혁신위에서는 교육이력철을 도입하여 학생들의 학습 및 생활태도, 리더십 등등의 평가항목을 누가 기록하여 내신을 강화하겠다고 하였습니다. 그런데 교육부에서도 아직은 시기상조라고 합니다. 이유가 무엇이라고 생각하십니까? 그것은 교사 1인당 학생 수가

평가하기에는 너무 많다는 것입니다. 아무리 평가항목을 세분화해서 공정하게 평가하고자 노력한다고 해도 교사가 어떻게 그 많은 학생들을 객관적인 눈으로 평가하겠습니까? 그 아이를 평가하기 위해서는 그동안 자라온 환경과 내면세계, 정서상태 등등을 평가하고 그러기 위해서는 학생 하나하나마다 장시간의 대화가 필요한 것입니다. 과연 우리나라 같은 과밀학급에서 그것이 가능하다고 보십니까? 교육부에서도 교사 1인당 학생 수가 30명으로 줄어들 때까지는 곤란하다 하였습니다.

*이공훈: 저는 혁신위 사람이 아니란 점을 먼저 밝힙니다. 단지 내신이 대입전형 자료로서 절대적이어야 한다고 주장하는 사람입니다. 교사 1인당 학생 수가 너무 많아 내신기록을 할 수 없다는 것은 충분한 이유가 되지 못합니다. 교사는 교육을 담당한 전문가입니다. 학생 수가 너무 많다면 줄이는 방안을 강구해야지 그렇다고 해서 내신을 외면해서는 안 될 것입니다. 과밀학급의 문제는 저도 인정합니다.

**이현주, 두 번째 말씀: 지나친 점수경쟁으로 전인교육은 상실될 것이며 교육은 유사교육이라고 말씀하셨습니다. 내신제의 당위성을 설명하기 위해 하신 말씀이십니다만, 설득력이 부족합니다. 제 생각으로는 내신제야 말로 학생들을 점수의 노예화로 전락시키기 위한 전략이라고 생각됩니다. 교사와 학생들의 관계가 수평적 친화단계에서 수직적 종속관계가 될 것은 뻔하고 학생들 사이에서도 심지어는 가장 친한 친구들 사이에서도 점수차에 의한 갈등이 빈번해질 것입니다. 학생의 성적뿐만 아니라 일거수일투족이 전부 점수화, 평가화되는 이런 분위기에서 전인교육을 기대하십니까? 또 아이들의 장래는 부모나 친구, 형제들보다 교사가 더 잘 아니까 교사에게 평가권을 주어야 한다는 말씀은 더더욱 받아들이기 힘이 듭니다. 과연 교사가 한 학생의 인생에 관여할 만큼 그렇게 상호교류가 깊이 이루어지고 있습니까?

*이공훈: 내신기록은 점수 위주가 아닙니다. 훌륭한 내신은 문장입니다. 교사와 학생 사이는 수평적이어야지 수직적 종속관계여서는 안 된다는 말도 적절한 표현은 아닙니다. 제가 생각하는 훌륭한 교사란 친구이기도 하고 부모이기도 하고 그리고 선배이기도 하여야 합니다. 학생들의 일거수일투족을 점수화하고 비교 평가하는 그따위 내신이라면 제가 당장에 불 질러 버리겠습니다. 그런 내신은 생각해 본 적이 없습니다. 학생과 교사의 긴밀한 교류를 저는 눈물겹도록 기대합니다. 함께 방안을 찾았으면 합니다.

**이현주, 세 번째 말씀: 내신평가의 불공정성, 이것은 내신강화를 주장한 교육혁신위에서도 우려하고 있는 사항입니다. 그것을 보완하기 위해서 외부평가도 고려하고 있다고 말한 만큼 혁신위 스스로도 인정하는 문제입니다. 세계 어느 나라에 그러한 전례가 있습니까? 학교의 평가의 공정성에 문제가 크다고 인식했다면 그것을 개선시키든지 아니면 폐지를 해야 옳지 굳이 외부평가라는 방식의 도입을 운운하는 것은 내신제를 합리화시키기 위한 말장난입니다. 학부모, 지역사회 등을 평가에 개입시킨다면 교사의 권리는 또 어떻게 되는 겁니까? 그리고 어떤 방식으로 누구를 평가에 참여하게 해서 공정한 평가가 가능하다는 말씀이십니까? 지극히 유치하고 졸렬한 발상에 혀를 찰 지경입니다. 혁신위도 인식한 공정성 문제는 학교에 다녀 본 학생, 또 그들의 학부모라면 누구나 불안을 느끼는 부분이고 위기의식을 느끼게까지 하는 부분입니다.

*이공훈: 혁신위에서 외부평가방식 도입을 검토하겠다고 했는지는 몰라도 저하고는 상관없는 일입니다. 그런데 교육부건 혁신위건 평가의 공정성이라는 미망에서 벗어나지 못하기는 마찬가지입니다. 공정성이란 것은 선발권자와 피선발권자를 무시한 것으로 제삼자의 승인을 의미합니다. 당사자가 아닌 자들이 콩 심어라 팥 심어라 하는 것과 무엇이 다르겠습니까. 국가나 사회나 이웃이나 동료가 승인해야만 대학에 합격

한 것으로 인정하겠다는 무지막지함을 어떻게 비판해야 할지 모르겠습니다.

**이현주, 네 번째 말씀: 학부모가 내신을 인정하지 않고 대학의 권위에 도전한다구요? 무엇을 근거로 그런 말씀을? 심히 우려스럽습니다. 내신을 신뢰하지 않는 것은 대학입니다. 고등학교의 내신 퍼주기식 부풀리기에 질린 대학들이 더 이상 내신을 신뢰할 수가 없어서 암암리에 고등학교 등급을 매겨 가며 우수학교 학생들을 받아들이고 그렇지 못한 하급학교의 학생들은 선출하지 않는 또 하나의 차별이 발생하고 있습니다. 그래서 내신의 변별력을 보기 위해 대학 자체적으로 논술 및 면접 비중을 강화시키는 겁니다. 그리고 우리가 이 부분에 대해서 말을 해서는 안 됩니다. 입시에 있어서 고등학교는 공급자이고 대학은 수요자입니다 경제원리에서도 수요자가 공급대상의 양과 질을 선택합니다. 그런 대학이 무얼 믿고 내신점수에 의존해서 학생을 선출하겠습니까? 입학시켜봐야 수학이고 과학이고 다시 재교육을 시켜야 할 정도로 학력이 형편없는데요. 학생의 선출권은 대학자율에 맡겨야 한다고 생각합니다. 그래서 내신을 폐지하고 각 대학별로 원하는 인재를 선출하기 위한 기준을 자체적으로 만들게 하고 고등학교부터 전공에 필요한 과목을 심도 있게 공부하고 들어오도록 제도를 바꾸어 가야 합니다. 국가에서는 수요자인 대학의 자율권을 강제규정해서는 안 됩니다. 고로 내신제 강화의 강제규정은 반드시 철폐되어야 합니다.

이 외에 끝의 두 가지(5, 6번) 사항은 님께서 주장하시는 내신제 도입의 필요성을 주장하기 위해 어떤 설득력을 가지고 있는지 이해할 수 없는 난해한 글이라 반박은 생략하겠습니다.

*이공훈: 내신을 대학이 불신한다고 했는데 대학뿐만 아니라 교육관련 단체 모두가 불신하고 있습니다. 그 이유는 객관적이고 공정하다고

여기는 시험선발방식이 있는 것이 첫째고, 둘째는 내신의 가치를 모르고 내신의 중요성을 강조하지 않고 훌륭한 내신을 개발하지 않았기 때문이라고 생각합니다. 민족사관고 학생들이 예일대학에 입학한 사실을 저는 알고 있습니다. 그 대학이 전적으로 내신만 가지고 선발한 것을 또한 알고 있습니다. 그들은 시험선발은 아이들을 점수기계로 만드는 것을 잘 알고 있으며 그런 학생들을 특히 싫어하기 때문입니다.

**이현주: 끝으로 덧붙일 말씀은, 공급자인 고등학교가 아무리 자체 평가를 통해서 수요자인 대학에 공급을 해도 대학이 원하는 평가기준에 만족스럽지 못한 학생, 더 나아가 사회에서 만족스럽지 못한 학생들만 대거 양산한다면 그건 실패한 교육이고 실패한 제도라고 할 것입니다. 교육부와 교육혁신위는 이러한 후대의 심판을 염두에 두어야 할 것입니다.

*이공훈: 대학에서 원하는 평가기준에 만족스럽지 못한 학생을 중등학교에서 양산한다면 실패한 교육이라고 하셨는데 동의할 수 없습니다. 중등학교는 그 나름대로 교육목표가 있고 거기에 충실하면 그만입니다. 오히려 그동안 중등학교가 자신의 목표를 잃어버리고 대학이 제시하는 기준에 맞추려고 급급하면서 우리 중등교육이 황폐화했다고 생각합니다. 중등학교와 대학 중 교육적으로 더욱 중요한 곳은 중등학교입니다. 해마다 대학에서 입시요강을 발표하면 고교 교실이 술렁대는 이런 야만을 저는 개탄해 마지않습니다.

**이현주: 교육혁신위에서 입시개선안을 마무리하고 대통령의 승인을 기다리고 있는 줄로 압니다. 이제 곧 발표를 앞두고 있는데 교육부의 의견과 얼마나 절충된 안이 발표가 될지 기대 반 우려 반의 심정으로 기다리고 있습니다.

혁신위에서 이미 봄에 개혁안의 큰 틀이 내신강화에 있음을 발표하였듯이 교사에게 평가권을 줌으로 해서 내신평가를 기본으로 대학입학선발을 하도록 추진하는 줄로 알고 있습니다만, 아직 발표가 나지 않은 상황이기 때문에 교육부와 혁신위가 좀더 여론수렴을 하기를 바라고 있습니다. 교육부 홈페이지에 비해 이곳은 그다지 많은 글들이 올라오고 있지도 않고 자료실이나 설문, 공청회, 토론 등의 기능이 취약한 혁신위 홈페이지를 자주 들러보고 지켜보면서 과연 혁신위가 그동안 얼마나 효과적인 방식으로 여론을 수렴했는지 의문이 듭니다. 국민제안이나 자유게시판 어디에도 관리자의 답글 하나 찾아볼 수 없고 자료실이나 토론실 공청회란 등이 텅텅 비어 있는 것을 보고 어디에서도 각계각층의 여론을 수렴했다는 흔적을 찾아볼 수가 없다는 것이 참으로 유감입니다.

아울러 님이 저에게 답글 달아 주신 내용에 대한 저의 답글입니다. 글을 보고 님께서 우리나라의 교육 미래를 위해 참으로 여러 면에서 좋은 의견도 제시해 주시고 힘쓰시고 계시구나 하는 생각이 들었습니다. 님께서 구상하고 계시는 내신제는 그야말로 우리가 지향해야 할 이상적인 교육방식임에는 저도 동감입니다. 하지만 2008년도 입시개혁의 시점을 코앞에 두고 그 이상을 실현시키기에는 너무나 시기상조라는 생각이 듭니다. 교사에게 평가권을 줘 보지도 않고 어떻게 아느냐고 하셨지만 지금도 내신이 실시되고 있고 교사가 학생들을 평가하는 제도가 실시되고 있습니다.

님께서는 내신에 있어서 점수화가 아닌 서술적 평가방식을 원한다고 하셨습니다. 하지만 그 서술적 평가에 얼마나 교사 개인의 주관이 배제된 객관성이 뚜렷한 평가가 가능할 것이며 평가주체인 각 교사들이 가지는 독특한 개성과 능력을 어떻게 획일적으로 신뢰할 수 있게 될까요? 교사가 학생들을 서술적으로 평가하기 위해서는 고도의 전문성이 필요합니다. 교사는 각자의 전공과목에 갖고 계신 전문성 외에도 학생들의 능력과 성향을 파악할 수 있어야 합니다. 그런데 과연 미술교사가 학생의 수학적 사고능력을 발견할 수 있을까요? 과학교사가 학생의 예술가적 잠재력을 발견할 수 있을까요? 학생을 세밀하게 관찰하고 공정하게 평가하려면 과연 교사들에게 이런 전문성을 일일이 요구할 수 있을까요? 그리고 그 시간과 수고로움에 정작 전문성을 발휘해야 할 과목들의 수업이 소홀해지지 않을 만한 시스템이 갖추어질까요? 내신에 불만을 품은 학생과 학부모들에게 휘둘려질 교권은 상상해 보시지 않으셨나요?

그동안 내신의 내재가치가 상위의 수능과 같은 점수서열화 제도에 의해서 제대로 발휘를 못하였다고 하셨습니다. 하지만 이제 수능과 같은 전국규모의 평가방식이 축소되거나 폐지가 된다면 이제 내신이야 말로 그동안 수능이 가졌던 점수로서의 서열적 평가방식을 물려받게 되지 않겠습니까? 아무리 좋은 제도가 생겨난다 해도 변치 않는 것이 하나 있습니다. 학생들은 원하는 대학에 들어가기 위해 치열한 경쟁을 피할 수 없는 것입니다. 님이 말씀하시는 내신에서의 점수화를 지양하고 서술로서 학생의 가치를 평가한다면 대학에서의 학생선발의 변별력은 어떻게 확보가 될까요? 결국은 대학이 원하는 학생을 추려내기 위한 독자적인 변별방식이 보완되어야 할 것이고 이것은 내신평가방식의 또 다른 혼란을 일으킬 것입니다. 즉 대학에서 실시하게 될 변별력 테스트가 내신평가제의 방향을 좌지우지하게 될 것입니다. 이래도 우리나라의 상위교육기관인 대학의 NEED를 무시한 채 중등학교 자체의 프로그램에 의한 중등학교만의 고유한 특성교육이 가능할까요?

누구나 유토피아를 꿈꿀 수는 있어도 그것이 현실이 될 수는 없습니다. 그것이 허구에 지나지 않기 때문입니다. 누군가 기득권을 얻게 되면 누군가는 패배자가 되기 마련입니다. 사회가 팽팽하게 경쟁하고 발전하려면 경쟁은 꼭 있어야 하는 필요악입니다. 그렇다면 대학에서 원하는 학생을 공급하기 위한 교사와 학교의 경쟁력도 반드시 요구되어질 것입니다. 결코 대학과 무관한 중등학교만의 교육프로그램이 실현될 수 없다는 이유가 바로 이것입니다.

님께서 민사고의 예를 들어 주셨습니다만, 민사고는 우리나라 평균의 고등학교가 아닌 누구나 공인하는, 특수한 요건을 갖춘 우수한 수재들만 모인 학교입니다. 그리고 그 학교 학생들이 내신만으로 미국의 아이비리그에 진입했다는 것은 사실과 다릅니다. 그 학교는 자체적으로 해외유학반을 따로 개설하여 토플과 SAT, 에세이 등 미국 대학의 까다로운 합격조건을 충족시키기 위해 준비를 시켜온 것으로 알고 있습니다. 미국이 대한민국의 일개 고등학교의 내신만으로 학생을 선발했다는 것은 저로서는 금시초문입니다. 아무리 우리나라의 고등학교와 내신이 우수해도 미국 대학이 요구하는 각종 자격조건 없이는 미국 대학에 합격할 수 없는 것으로 알고 있습니다. 미국이 한국 학생만 뽑는 것이 아니지 않습니까? 전 세계의 각 고등학교의 특성을 어떻게 일일이 파악하겠습니까? 그리고 미국의 명문대학들은 입학사정을 담당하는 인력 숫자의 규모가 굉장한 것으로 알고 있습니다. 하지만 우리나라의 대학 현실에서 고등학교 교사가 학생을 서술적으로 평가한 내용을 일일이 검토할 만한 시간과 인력규모가 가능할까요?

먼저도 말씀드렸듯이 대학이 학생선발의 자율권을 가져야 합니다. 내신으로 뽑든, 본고사로 뽑든 향후 교육을 담당할 대학에서 자신의 대학에 적합한 가능성이 무한한 인재들을 뽑아 잘 교육시켜 사회의 적재적소에 배출시키는 기능을 담당해야 합니다. 앞으로 혁신위의 발표가 어떻게 나올지 모르겠지만 대한민국 역사상 가장 획기적인 새로운 개혁안이 될 것이라는 말이 공공연히 떠돌아다닙니다. 기대해 보겠습니다.

*이공훈: 누군가가 대학에 입학하는 것은 지극히 사적인 행위입니다. 한 개인이 운명을 걸고 고심해서 선택하는 것입니다. 이들의 선택에 국가가 제한을 가해서는 안 됩니다. 이런 개념이 우리나라에는 도통 없습니다. 또 대학도 누군가를 선택할 때 대학의 자존심을 거는 것입니다. 그렇다면 그런 선택에도 제삼자가 개입해서는 안 됩니다. 물론 이런 개념도 우리나라에는 존재하지 않습니다. 지금의 대학선발은 컴퓨터가 하고 교수들은 입실해서 고개를 둘러보면서 비로소 그들이 입학한 줄을 알게 됩니다. 대학이 제 뜻대로 단 한 명이라도 입학시킨 적이 있다면 제가 이런 글을 안 쓰겠습니다. 이런 얘기는 그만합시다.

만일 대학이 누구를 선발할지 그 기준을 제시하지 아니하고 고교졸업예정자가 어느 대학에 지원했는지 누구도 알지 못하게 한다면 얼마나 우리 사회가 평온하고 밝아질지 생각만 해도 가슴이 뛥니다. 그런데 이런 대학입학방식을 이해해 주는 분들이 너무나 희소합니다. 그런 사회를 만듭시다. 기회가 있으면 '학벌없는 사회만들기'(학사만) 사이트(www.goodbyehakbul.org)를 한번 방문해 주시기 바랍니다.

**이현주: 님과의 토론이 내신에 대한 찬반양론으로 시작된 것으로 알고 있었는데 결국 대학신입생 선발의 주체는 대학이며 대학에 자율권을 두어야 하다는 결론에서 드디어 일치를 본 것에 대해 그나마 만족스럽습니다. 물론 혁신위에서 개개인의 의견을 얼마나 관심 있게 받아들이느냐에 달렸겠지만 이 기회를 통해서 보다 많은 문제점에 대한 저의 의견을 구체적으로 전달한 것 같아 다행으로 생각합니다. 그런데 아직도 한 가지 아쉬움이 남아 있습니다. 대학이 선발기준을 비공개하여 누구도 알지 못하게 하자고 하셨는데 과연 그것이 왜 필요하고 실현 가능성은 있는가에 대해서 묻고 싶습니다.

첫째, 선발기준을 아무리 비공개로 감춘다 해도 그 해에 합격한 학생들의 실력이나 성향을 분석해 보면 대학이 어떤 기준으로 학생들을 선출하였는지가 만천하에 드러나게 될 것이고 이것이 다음 해 신입생 선발에 있어서 학생들이 그 학교를 지원하기 위한 잣대가 될 것입니다. 여기서 또 다른 경쟁이 생겨나게 되겠지요.

둘째, 학생들이 중·고등학교를 지내오면서 나름대로 인생의 계획과 포부를 세우고 대학의 전공을 선택하기 위한 준비를 해왔을 겁니다. 그러한 목표를 달성하기 위해서는 자신의 능력과 적성에 맞는 대학을 선택하여 지원할 수 있는 권리를 가져야 합니다. 그런데 학생의 선발기준을 알려 주지 않는 것은 학생의 권리를 무시하고 대학에게만 권위를 주는 비인격적 제도가 될 것입니다. 불합격자들은 자신이 왜 받아들여지지 않았는지에 대해서 깨끗하게 승복할 권리도 박탈당하게 되는 것입니다. 예민한 청소년기의 학생들이 거기에서 받게 될 정신적 충격과 마음의 상처는 어떻게 치유가 되겠는지요? 누구든 자신의 결과에 깨끗하게 승복할 수 있는 제도가 되어야 합니다. 갈수록 복잡해지는 세상에서 비공개경쟁이 낳게 될 또 다른 입시부정과 차별에 대한 가능성은 생각해 보지 않으셨습니까?

셋째, 세상에는 경쟁 없이 편하고 자유롭게 살고자 하는 부류들도 있겠지만 이와는 반대로 경쟁을 즐기며 경쟁에서 이김으로써 자신의 욕구를 표출하여 쾌락을 느끼는 사람도 있습니다. 이러한 부류들에게는 경쟁할 대상도 목표도 방향도 모르고 살아야 하는 밋밋한 사회에 환멸을 느끼게 될지도 모릅니다. 이런 사람들이 자신의 실력을 남과 겨루게 하기 위해서는 오직 공정하고 공평하며 공개된 장소에서의 투명한 선발기준밖에는 없습니다. 승자는 자신의 결과에 뿌듯해 하고 패자는 아쉽지만 결과에 깨끗이 승복하여 다음에 주어질 기회를 향한 또 다른 의욕을 불태우게 될 것입니다.

전에도 말씀드렸듯이 누구나가 유토피아를 꿈꾼다면 그것은 결코 현실화되지 못하게 되어 있습니다. 사회논리가 그렇습니다. 승자와 패자, 가진 자와 못 가진 자는 항상 함께 존재하게 되어 있습니다. 모든 것을 함께 누리는 유토피아에서는 행복할 수가 없습니다. 승자와 기득권을 인정하지 않는 것도 차별입니다. 이상입니다.

*이공훈: 대학 측에서 사전에 선발기준을 제시하지 않으면 어떻게 선발할 것이며 실제로 비공개로 선발했더라도 사후적으로 조사해 보면 그 기준을 알 수 있게 될 것이라는 말이군요. 좋습니다. 사후적으로 알게 된 그 기준이 뭘까요. 저는 중등학교에서 충실히 학업을 수행하고 인성을 키우며 자연을 이해하고 자부심을 키운 자일 것이라고 생각합니다. 사전기준이 도대체 왜 필요하단 말입니까? 좋은 교육이란 시공을 초월하는 것입니다. 그때의 대학의 선발기준이란 영어의 최고우등생이 아니고 수학의 천재가 아닙니다. 대학교육을 잘 소화하고 학문적 자질이 있어 그를 통해 사회에 이바지할 자가 아니겠습니까. 그런 기준을 뭣 때문에 제시할 것이며 제시한들 무슨 소용이 있겠습니까. 우리나라에서 입시요강 대강을 정부가 발표하고 입시요강 세부를 대학이 발표하는 것은 우수한 학생을 선발한다는 세계 공통의 보편적 기준이 아니고, 유치하기 짝이 없고 우리만이 갖고 있는 대학간의 입학시점에서의 서열경쟁의 근거로서 사용하는 것일 뿐입니다. 사전기준을 제시한들 안 한들 결국 마찬가지라는 사실을 유념하기 바랍니다.

다시 한 번 언급하지만, 사전기준(입시요강)은 공정성을 담보하는 것이지만 그런 기준에 만족하는 자들은 대학과 지원자가 아니라 제삼자이고 정작 대학 당국과 대학교육 이수 희망자는 그 기준에 구속되고 학문적 다양성과 창의성과 자율성을 빼앗기고 만다는 것을 살펴주기를 바랍니다.

(대통령자문 교육혁신위원회, 2005. 6)

5.
네티즌과의 대화 Ⅱ: 무시험전형이 공정할 수 있나?

*김진위(ID nadoijen): 점심식사는 하셨는지요? 봄이라 그런지 졸음이 제법 쏟아지네요. 학교 다닐 때 졸음을 이기지 못해 괴로웠던 수업시간이 생각이 나네요. 흐…

이공훈 님이 대학입학제도에 있어 무시험전형이라고 하셨는데, 지금처럼 객관성이 어느 정도 보장이 된 수치화된 성적에 의한 선발도 비리의 온상이 되다시피 되었는데 그것을 어떤 방법으로 막을 수 있으신지요?

**이공훈 : 미국의 예를 들어 죄송하지만, 그들이 시험선발을 하지 않는 이유는 그 방식이 중등교육의 원리와 목적에 맞지 않기 때문입니다. 우리는 오랫동안 시험선발을 해와 그게 교육원리에 맞지 않는 것도 모릅니다. 그러니 교육이 제대로 될 리가 없지요! 시험선발이 왜 교육원리에 맞지 않는가 하면 중등교육은 전문교육이 아니고 그 전단계입니다. 따라서 어느 분야를 너무 깊이 들어가서는 안 되고 다양한 분야를 얕게 경험하게 해야 합니다. 전공 선택을 늦출수록 대학에서 성공 가능성이 높아집니다.

참고로 이퇴계는 43세가 되어 『주자대전』을 읽고 나서 비로소 학문에 정진했습니다. 매우 특수한 예이지만 중등학교에서 배운 지식분야를 공개경쟁시험으로 검증하는 것은 중등교육의 목적을 일탈하는 것입니다. 그렇기 때문에 미국의 대학들은 감히 중등교육을 이수한 자를 시험이란 잣대로 재려고 하지 않습니다. 주변에 미국에서 대학공부한 분 있으면 시험보고 들어갔었는지, 있다면 무슨 과목을 몇 점 받았는지

물어보세요. 단 한 명이라도 있다면 제 주장을 당장에 철회하겠습니다.

저도 시험선발방식이 객관성과 공정성과 투명성과 변별력을 확보하는 제일 좋은 방안이라고 생각합니다. 그렇지만 그런 방안이야말로 우리 교육을 이 지경으로 만든 주범이라고 생각합니다. 그래서 객관성과 공정성과 투명성과 변별력을 포기해야 한다고 역설합니다. 이해하기 어렵겠지만 시험선발제도가 우리 교육을 망쳐 놓은 것을 살피기 바랍니다. 대학은 시험점수 59점도 선발할 수 있고 61점도 낙방시킬 수 있을 때 비로소 교육적 선발이라고 할 수 있습니다. 61점을 선발하고 59점을 낙방시키는 것은 선발이 아님을 생각해 주기 바랍니다. 그런 건 그저 가위질일 뿐입니다.

*김: 경쟁이 없는 사회가 발전은커녕 지속할 수 있다고 생각하시는지요? 경쟁에 뒤처진 자를 배려하는 제도를 말씀하시는 건 이해가 되고 바람직하지만 경쟁 자체를 죄악시하는 것은 이해할 수가 없습니다.

**이: 무시험선발이 경쟁이 아니라는 말은 성립되지 않습니다. 또 비공개선발이 경쟁이 아니라는 말도 성립되지 않습니다.

*김: 공정한 룰이 적용되는 경쟁이라면 당연히 장려되어야지 죄악시될 사안이 아닙니다. 그런 의미에서 제가 공교육이 정상화되어야 한다고 주장하는 이유가 있습니다. 공교육이 지금처럼 죽고 사교육이 횡행하는 상황에서는 부모의 경제적 지위와 사회적 지위가 고스란히 자녀들에게 상속됩니다. 이것이 사회통합을 해치고 정의에도 어긋나기 때문에 무엇보다 공교육이 정상화되어야 한다고 주장합니다.

**이: 저도 공교육의 정상화를 바랍니다. 문제는 공교육이 왜 비정상적인가 하는 것입니다. 사교육이 존재함에도 불구하고 공교육의 정상화

가 가능하다고 전제하는 것 같아 말씀드립니다. 공교육과 사교육은 하나의 공간 안에 함께 있으며 서로를 배척하는 관계로 보아야 합니다. 둘을 별개로 볼 수 없습니다. 그렇기 때문에 사교육의 존재근거를 공개경쟁시험 선발제도에서 찾는 것이고, 이런 선발방식을 없애 사교육의 존재근거를 없애야 한다고 주장하고 있는 것입니다. 흔히 얘기하듯이 공교육이 부실해 사교육이 존재한다는 논리를 거부합니다.

*김: 물론 님의 말씀처럼 공교육이 제대로 된다고 해서 사교육이 전면 없어질 것이라고는 주장하지 않습니다. 하지만 공교육의 목적이 사회적 구성원을 길러내는 것이라면 최소한 그 정도 수준의 교육은 이루어져야 한다고 주장합니다. 지금은 교과과정의 지식도 학교가 아니라 학원에서 배우고 있습니다. 그렇다고 도덕과 사회적 규칙을 학교에서 가르치는 것도 아닙니다. 학교 선생님은 폭력이라 해서 일정 수준의 체벌도 못하지만 학원에서는 허용이 되고 있습니다. 이런 것이 다 공교육을 말살시키는 행위들이 아닐까요?

**이: 공교육 내에서도 최선을 다하지 않는 경우를 생각할 수는 있습니다. 그러나 그게 중요한 것이 아닙니다. 사교육이 공교육을 압도, 접수한 상황에서 사교육 문제를 해결하는 게 우선입니다. 이 기회에 한마디 하자면, 국민들이 교육에 관하여 아주 잘못된 견해를 너무나 보편적으로 가지고 있다고 봅니다. 시험만능주의가 사람들의 머리 속에 너무 깊이 각인되어 있습니다. 그러나 시험은 그리 공정한 것도, 객관적인 것도, 투명한 것도 아니고 변별력이 있는 것도 아닙니다. 그래서 조광조가 과거제도가 아닌 현량과(賢良科)로 인물을 선발해야 한다고 주장했던 것입니다. 이런 인터넷 공간에서 너무 많은 얘기를 할 수는 없지만 우리 국민 모두가 틀렸거나 제가 틀렸거나 둘 중 하나인 것 같습니다.

(중앙일보, 열린마당, 2005. 9. 4)

6.
네티즌과의 대화 III: 논술시험이냐, 내신선발이냐?

*김창진(ID sangrack): 지난 30년 간 대학은 제 구실을 못했습니다. 서울대도 나태하고 무책임했습니다. 이제 정운찬 총장이 나와서 좀 제대로 된 책임 있는 서울대를 만들어 보려고 하니까 몰지각한 사람들이 이렇게도 반대하고 나서는군요. 우리나라는 바보들의 천국입니다. 통탄할 일입니다.

통합형 논술이 창의력 및 표현력 증진에 좋다는 점은 인정하십니까? 그렇다면 지금까지 그것을 가르치지 않은 고등학교가 잘못 아닙니까? 제가 고등학교 선생하다가 그만둔 이유가 바로 그것이었습니다. 국어를 수능 때문에 객관식 찍기로 주입식 교육을 해야 하는데, 제가 못 견디겠기에 그만두었습니다. 그러니 창의성과 표현력을 기르는 교육을 하지 않아 온 고교교육이 반성해야지요. 어디에 그 잘못을 뒤집어씌우려고 합니까? 물론 그것은 수능이 객관식 찍기였던 데 원인이 있습니다. 그러므로 이제부터 대학이 올바른 형식인 논술을 낼 터이니 고교에서도 그렇게 교육하십시오. 그게 바로 고교교육 정상화입니다.

저는 대입시험에 논술이 옳고 따라서 고교에서도 논술식 교육을 해야 한다고 생각합니다. 또 그것이 오히려 수능보다 사교육도 줄이고 고교교육도 정상화할 수 있다고 믿습니다. 제 생각을 좀더 알고 싶으신 분들은 조선일보 블러그 '김창진의 방송언어 바로잡기'나 같은 이름의 다음 카페를 찾아 주시기 바랍니다.

**이공훈: 고교에서 논술수업을 하고 시험을 보는 것 대찬성입니다. 그것이 창의성을 키워 준다는 주장에도 동의합니다. 그러나 입학시험으

로서의 논술과 중등학교에서의 논술수업과 시험을 동일평면에 두고 보질 않습니다. 왜냐하면 중등학교에서의 수업과 시험은 반성과 발전의 계기로 활용되는 것이고, 대학입학시험으로서의 시험은 반성과 발전의 기회를 박탈하는 데 사용되는 것입니다. 교육목적으로 보는 시험이 아니고 기회를 잡는 자와 못 잡는 자를 가르는 승복의 기제로 사용하는 것입니다.

다음에 대학의 논술시험이 어떻게 중등교육을 침해하는가 하는 것인데 대학이 시험을 보아 성적을 공개하면 중등학교 교사와 이해관계자들이 본의 아니게 저울에 달리게 되는 게 아닌가요? 또 논술시험을 본다면 단순히 시험만 보는 것일까요? 시험은 언제나 그 범위와 요강과 채점방식을 사전에 제시해야 합니다. 그럴 때 중등학교가 그 요강으로부터 자유로운 논술수업이 가능할까요? 또 수능처럼 논술고사 후 여론이 의견을 제시하면 대학이 그 여론을 수렴할 테고 그 후에는 그 내용대로 중등학교 논술이 진행되겠지요.

중등학교 논술교육 의지가 결국 대학의 논술요강에 따르지 않을 수 없게 된다면 그게 중등교육을 침해한 것이 아니란 말인가요? 대학입학시험이란 주관적이건 객관적이건 중등교육을 침해하게 되어 있습니다. 긴 세월 그런 풍토에서 중등교육이 이루어졌지만 이제는 고등교육으로부터 해방시켜야 합니다. 더 이상 중등교육을 대학교육을 위해 잠시 스쳐가는 곳으로 삼지 않게 해야 합니다. 교육에 관한 한 그곳이 대학보다 더 중요한 곳이라는 것을 정말 알게 해주고 싶습니다.

*김: 그렇게 말씀대로 하세요. 누가 못하게 말립니까?

**이: 님이 “이제부터 대학이 올바른 형식인 논술을 낼 터이니 고교에서도 그렇게 교육하십시오. 그게 바로 고교교육 정상화입니다.”라고

쓰셨군요. 저는 그게 바로 고교교육 비정상화라고 생각합니다. 제가 고교에서 논술수업을 하지 말라는 것으로 오해하지 않기 바랍니다. 저는 중등학교가 독자적으로 판단해 논술수업을 하고 모의고사를 보든지 말든지 하라는 것입니다. 대학에 끌려다니지 않아야 한다는 것입니다. 이런 주장을 하는 분, 어디 없나?!

*김: 대학은 대학 나름대로 학생을 선발할 자유와 권리가 있습니다. 어떻게 고교가 만든 내신을 제외한 모든 전형방식은 폐기하라는 폭언과 망언을 할 수 있습니까? 도대체 대학이 고교에 그런 식으로 종속되어야 한다는 법이 어디 있습니까? 대학을 고교의 자식뻘로 보는 비정상적 사고를 버리세요!

**이: 저의 중등교육 정상화의 요체는 대학이 학생들을 선발할 때 내신을 가장 중시하라는 것입니다. 내신이 무시되는 상황에서의 정상적인 중등교육이란 결코 있을 수 없습니다. 그러나 지금 상황에서 대학이 내신 중심으로 선발할 수 없는 것 또한 움직일 수 없는 사실입니다. 내신의 부풀리기를 막을 방도가 없기 때문이지요. 모든 중등학교가 자기 학교 단위로 학생들의 학업과 활동 등 성장사를 교육자적 안목에서 충실히 작성하고 대학이 이를 소중히 여기는 것이 저의 꿈입니다.

이게 불가능한 결정적인 이유는 대학이 공식적으로 차별화되어 있기 때문입니다. 국가의 차별지원으로 수업료가 싼 국립대학과 비싼 사립대학이 함께 존재합니다. 따라서 국립대학에 들어가 싼 수업료를 지불하는 자들에게 어떤 형태로든 정당성을 부여해야 합니다. 그게 국가가 공식적이고 일률적으로 실시하는 수능 같은 국가고시입니다. 그 시험에 우수한 자가 국립대학에 들어간다고 해도 그게 수업료 할인혜택에 정당성을 부여하는 것은 아니지만 그것 말고 정부수혜의 정당성을 찾을 길이 없습니다.

생각해 보면 참으로 우스운 일입니다. 그런 시험에서 성적이 우수한 자라고 해서 국가의 수혜를 받을 수 있는 근거가 될 수 있겠습니까? 성적우수자에게 국가가 지원한다는 법이 있을 수 없습니다. 결국 국립대학에 수혜가 돌아가는 것은 아무런 근거가 없으나 현실적으로 그런 차등이 존재하니 점수와 석차가 드러나지 않는 내신이 활용되지 않는 것입니다. 따라서 내신제도가 성공하기 위해서는 모든 대학이 동등한 입장, 즉 모두 국립이 되거나 모두 사립이 되어야 합니다. 그런 대학간의 차등이 없어질 때 내신이 성공할 것입니다. 대학이 일원화되어 있고 내신이 학교단위로 작성된다면 대한민국 교육이 정상화될 것이라고 저는 생각합니다.

*김: 글을 읽으면 '내신교'라는 신흥종교 광신도를 보는 것 같습니다. 도대체 내신에 그런 가치가 있나요? 그저 대학이 참고할 가치는 있지만 그 이상은 아닙니다. 예를 들면 회사에서 신입사원 뽑을 때 최종학교 성적을 보기는 하지만 그것이 전부는 아니지 않습니까? 회사가 중시하는 기준은 다른 데 있습니다. 그것은 회사마다 업무성격이나 경영자의 생각에 따라 다를 것입니다. 어떤 회사는 어학 능력을, 어떤 회사는 기획력을, 어떤 회사는 추진력을 볼 것입니다. 대학도 마찬가지입니다. 자기 기준에 따라 학생을 선발할 권리와 자유가 있습니다.

님이 주장하는 것은 마치 기업체에게 입사지원자들의 최종학교 성적만 보고 뽑으라고 강요하는 것 같습니다. 도대체 그런 강요가 어디 있습니까? 그건 무리고 또 무례한 요구입니다. 제발 정신들 차리세요. 여러분 사위나 며느리 뽑는 데 외부인의 간섭을 받아들이겠습니까? 고교교육은 고교가 알아서 책임지고 하면 됩니다. 도대체 왜 자기가 할 일을 남에게 떠넘기는 것입니까? '잘되면 고교 덕이요, 못되면 대학 탓'입니까? 자기 할 일은 자기가 합시다. 고교교육은 고교가, 대학교육은 대학이.

**이: 제가 내신교 광신도라…?! 매우 재미있는 표현을 쓰셨습니다. 사실 오랫동안 내신 제일주의론을 펴오다 저도 모르게 오버한 게 있을 겁니다. 그런데 제가 내신을 활용하자는 것은 단순히 점수와 석차만을 보고 선택하라는 것은 아닙니다. 앞에서 기업이 어떻게 뽑아야 하는지 예시를 했는데 그게 바로 내신에 의한 선발을 의미합니다. 내신선발과 수능선발의 차이는 내신에는 선발권자의 재량이 허용되고 수능에는 재량이 허용되지 않는 것입니다. 아무튼 저는 그렇게 내신을 이해하고 주장한 것입니다. 내신선발은 종합생활기록부와 에세이와 추천서와 가정환경에 대한 자료와 면접을 모두 포함하는 것입니다.

고교교육은 고교가, 대학교육은 대학이 알아서 하면 얼마나 좋겠습니까? 고교교육을 잘 나타내는 게 교육과정입니다. 지금은 7차인지 8차인지가 있지요. 그러나 그거 껍질만 남아 있습니다. 교실현장은 그거 관심 없습니다. 정부와 대학이 해마다 연초에 발표하는 입시요강이 교실을 지배합니다. 입시요강이 중등교육을 지배하는 한 고교교육과 대학을 분리할 수 없습니다. 저도 진정으로 분리되어야 한다고 생각합니다. 그러기 위해서는 좋은 입시요강이 아니라 입시요강 자체가 없어져야 합니다. 미국은 그 많은 대학들이 설립 이래 한 번도 입시요강을 발표한 바가 없습니다.

*김: 님이 주장하듯 '내신선발이 종합생활기록부와 에세이와 추천서와 가정환경에 대한 자료와 면접을 모두 포함하는 것'이라고 할지라도 대학은 자기 나름의 다른 것을 요구할 수도 있습니다. 예를 들면 예체능은 예체능 실기능력을, 이공대는 수학능력을, 인문계는 작문능력을 보고자 할 수 있습니다. 이럴 때 본고사든 심층면접이든 대학이 스스로 필요하다고 판단한다면 그 무언가를 다시 시험할 권리와 자유가 있다는 말입니다. 그것 때문에 고교가 비정상적인 교육을 하게 된다고 주장하시는데, 제 말은 왜 꼭 모든 학생들이 서울대만 가려 하느냐 말입니다.

그럴 필요도 없고 그럴 수도 없습니다.

그러므로 서울대 갈 학생만 거기 맞춰서 공부하고, 서울대 입시형식이 마음에 안 드는 학생은 자기 마음에 맞는 대학을 가라는 것입니다. 그러지 않고 무조건 서울대만 지향하면서 왜 서울대를 욕하냐는 것입니다. 이것이 바로 남을 탓하는 나쁜 거란 말입니다. 서울대가 싫으면 가지 말지 왜 꼭 서울대에 가려 하냐고요?! 그리고 서울대가 어디 사람 망치게 하는 시험형식을 제시하느냐고요?! 사물에 대한 이해력과 표현력을 가장 잘 알아볼 수 있는 통합논술은 수능과는 비교할 수도 없게 좋은 시험입니다. 수능은 학생을 망치는 시험이고 논술은 살리는 시험입니다. 왜 좋은 시험을 비판하고 야단입니까? 정신들 좀 차리세요.

왜 서울대를 그렇게 욕하면서 또 반대로 서울대는 그렇게 가고 싶어 하십니까? 이것이야말로 이중심리요 잘못된 생각입니다. 저는 서울대 나온 사람 아닙니다. 그러나 이번에 서울대가 하고자 하는 시험은 절대로 옳다고 판단합니다. 그러나 서울대가 틀리다고 생각하는 사람이면 다른 대학 가면 되지 않습니까? 왜 당신도 자유가 있는데, 누가 서울대 안 가면 죽인다고 강제를 했습니까? 안 가면 그만인 것을 그렇게도 가고자 안달을 하면서 서울대의 자율권을 침해하십니까? 서울대에 요구하려면 어떻게 뽑는 것을 시비하지 말고, 뽑은 뒤에 제대로 교육하라는 것을 요구하세요. 저도 그것은 찬성입니다.

학생 선발권은 대학의 고유 권한이고, 대학 응시권은 학생의 자유입니다. 서로 자기 자유대로 하면 되는 것입니다. 서울대 입시요강이 싫다고요? 그러면 서울대 안 가면 그만입니다. 자기가 알아서 선택하면 됩니다. 왜 이 자유민주주의 사회에서 그렇게 남(대학)의 고유 권한까지 침범하면서 간섭을 하는 겁니까?

**이: 내신의 의미도 저하고 조금 차이가 있습니다만 서울대학교를 왜 희망하면서 욕을 하느냐 하고 말씀하시는데 그건 서울대학교가 지닌 사회적 위상과 관계가 있는 것이고 대학입학 방식 문제하고는 다른 문제이며 저는 서울대에 대한 희망을 비난한 적이 없습니다. 학부모의 과욕도 인지상정이라고 생각합니다. 서울대도 예체능능력, 논술능력 혹은 수리능력을 알아보기 위해서 시험보다 가능하면 내신자료에서 찾으라는 것입니다. 그 이유는 시험선발이 능력자 선별기능보다는 대학 간의 차별과 기회의 배분수단으로 더 활용되기 때문입니다. 지금 우리나라의 입시는 능력판별 기능보다 승복의 기제로 더 중시되고, 대학서열의 정당화 기제로 기능하는 면을 주목하지 않을 수 없습니다. 성적과 석차와 그에 의해서 서열화된 대학에의 입학 여부가 만천하에 공개되므로 이 점수와 석차는 현실에서 지우기 힘든 낙인일 것입니다. 아무런 정당성도 없고 비난받아 마땅한 주홍글씨일 뿐입니다.

*김: 내신의 개념도 님이 글 쓴 그대로 따옴표로 갖다 넣어도 자기하고 조금 차이가 난다고 하니, 그런 엉터리 내신기준을 가지고 무슨 내신 광신도가 되십니까? 그리고 그런 광신도가 되려면 내신이 100% 완전무결하고 지고지순하다는 보증이 되어야 합니다. 그런데 별로 신통치도 않은 고교내신을 무슨 신처럼 받들면서 왜 그리도 내신에 집착하십니까? 지겨워서 이제 저도 글 그만 쓰겠습니다. 이공훈 님이 그렇게 이치에 안 맞는 글을 쓰기 때문에 별로 추천을 못 받는 것입니다. 전혀 현실성이 없는 공상과 망상에 사로잡혀 있습니다.

우리는 기업체에서 사원 뽑을 때 대학이나 지원자가 시비하지 못합니다. 가고 싶으면 그 시험에 들도록 노력해야 하고, 싫으면 지원 안 하면 그만입니다. 신입사원 선발권은 그 회사에 있습니다. 마찬가지로 대학도 학생선발권은 대학에 있으며, 누가 시비하거나 할 성질이 아닙니다. 더군다나 믿지 못할 내신은 거의 가치가 없습니다. 그저 참고나 고려사항 정도밖에 되지 않는 고교내신을 무조건 받아들이라는 이공훈 님의 주장은 주장을 넘어서 대학의 고유권한에 대한 침해며, 더 이상 저는 그 무리한 주장에 대꾸하는 데 "쇠귀에 경 읽기"의 한계를 느꼈습니다. 이만 마칩니다.

**이: "여러분이 주장하는 것은 마치 기업체에게 입사 지원자들의 최종학교 성적만 보고 뽑으라고 강요하는 것과 똑같습니다."고 님이 말했기에 제가 생각하는 내신과 다르다고 한 것입니다. 내신선발이란 기본적으로 학교 성적으로 뽑는 것이 아니고 그것을 기초로 해서 대학이 자신의 소신에 따라 가중치를 두어 뽑는 것을 말합니다. 그동안 많은 논쟁이 있었습니다. 이곳에 참여하는 많은 분들이 함께 보았고 또 보게 하기 위해서 한 논쟁이지 님과 저의 둘만의 논쟁이 아니라고 생각합니다. 그동안 거론되던 많은 주제가 논술고사를 시작으로 해서 거론되었습니다. 의미 있었다고 생각합니다. 특별히 개인간에 감정 가질 필요 없습니다. 모두 우리 교육을 통탄해 마지않는 충정은 같으니까요. 좋은 교육이 되기만을 바랄 뿐입니다.

(중앙일보, 열린마당, 2005. 7. 21)

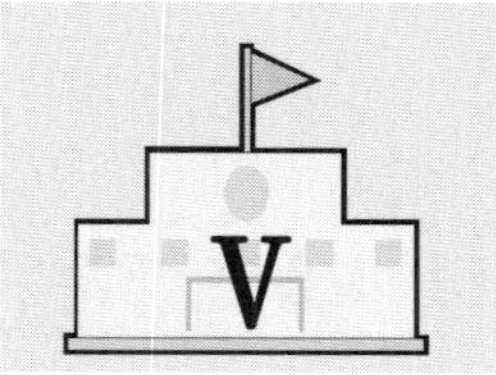

고등교육의 현장

1. 국립대학의 상황
2. 사립대학의 상황
3. 칼 럼

1. 국립대학의 상황

(1) 국립대학의 수월성, 실용성, 면학분위기 및 운영상태

중등교육이 파행적으로 운영되는 상황에서 고등교육이 정상적으로 이루어진다는 것은 기대할 수 없다. 중등교육이 고등교육의 전단계로서 준비과정이라고 할 수 있기 때문이다. 그러나 실제로는 비정상적인 고등교육제도가 중등교육의 파행을 초래했다는 것이 더욱 정확한 진단이다.

2005년 우리나라의 4년제 일반 대학교 191개 중에서 사립이 157개(82.28%)이고 국·공립은 34개(17.8%)이다. 학생 수는 총 183.7만 명 중 사립대생이 143.9만 명(78.4%)이고, 국·공립대생은 39.7만 명(21.6%), 그리고 이 중에서 국립 서울대학교 학생이 3만 2천 명(1.7%)이다. 이와 같이 우리나라에 국립대학과 사립대학이 병존하는 것은 교육기본법 제11조 ① "국가 및 지방자치단체는 학교 및 사회교육시설을 설립, 경영한다." 그리고 ② "법인 또는 사인은 법률이 정하는 바에 의하여 학교 및 사회교육시설을 설립, 경영할 수 있다."라는 조항에 의한 것이라 할 수 있다.

그러나 대학들이 이처럼 국립·사립 이원체제로 운영되고 있음에도 불구하고 교육 관련법에는 국립과 사립 간의 역할분담에 관한 조항이 없다. 다만 교육기본법 제18조에 "국가 및 지방자치단체는 신체적, 정신적, 지적 장애 등으로 인하여 특별한 교육적 배려가 필요한 자를 위한 학교를 설립, 경영해야 한다."고 명시되어 있으나 이 조항을 이행하는 국립대학은 없다. 단지 국립대학은 사립대학과 동일한 교과과정을 제공하며 학생유치를 위하여 사립대학과 경합하며 국가지원에 의한 경쟁우위를 누리고 있을 뿐이다.

우리나라의 대학은 양적으로 크게 성장하여 대학진학률이 81.3%로서 일본 49.1%, 미국 62.3%를 제치고 단연 세계 제일이다. 그러나 스위스의 국제경영대학원(IMD)이 발표한 우리나라 대학교육의 경쟁력은 2004년 조사 대상국 중 최하위였다. "대학교육이 경쟁사회의 요구에 부합하는 정도"로 나타난 고등교육의 질도 조사에 응한 60개국 중 59위로 확인되었다. 최근 5년간 취업률도 56% 정도로서 전체 실업률 4% 중 20대 청년실업률은 8%를 기록하고 있다.[1)]

국립대학이 추구하는 일반적인 목적은 고등교육법 제28조에 명시된 "심오한 이론과 그 응용방법, 인격의 도야"에 따라 첫째, 학문의 수월성, 둘째, 그 실용성, 셋째, 면학분위기 그리고 국립대학도 하나의 조직이므로 넷째, 대학운영의 효율성으로 나누어 볼 수 있다. 그리고 이 네 가지 관점에서 우리나라의 국립대학을 잠깐 살펴보면 다음과 같다.

첫째, 국립대학이 수행하는 학문의 수월성은 낮은 것으로 입증되고 있다. 국립대학의 대표인 서울대학교의 경우도 개교 반세기가 지났지만 노벨상 수상자를 한 명도 양성하지 못하였다. 한국인의 두뇌가 일본인의 두뇌보다 매우 불량하다고 할 수는 없을 터인데 일본의

1) 어윤대, <대학교육 개혁과 국가경쟁력, "교육의 시장화, 개방화">, 대토론 주제 강연, 국회 시장경제와 사회안전망 포럼, 2005. 4. 26; 김영철, <대학 경쟁력 강화방안>, 한국경제학회 2005년도 제1차 정책포럼 주제발표 1, 2005. 5. 20.

경우는 같은 기간에 12명 이상의 수상자를 배출하였다. 서울대는 오히려 황우석 사태로 세계를 떠들썩하게 하며 유감스럽게도 나라에 큰 수치를 안겨주었다.

세계적 석학 6명으로 구성된 서울대 최고자문위원단(블루리본패널)은 서울대의 경쟁력을 종합분석하고 “서울대는 미국의 중하위 주립대 수준”으로 결론지었다. 미국에 3천여 개의 대학이 있으니까 서울대의 미국 내의 순위만 가늠해도 어느 정도에 자리매김될지는 짐작이 갈 수 있다. 그러나 서울대는 박사를 양산하여 그 수가 하버드 대학의 1.6배인 900명 수준에 육박하고 있다. 그렇지만 서울대의 교수임용에 있어서도 서울대 자체의 학위보다 외국의 학위가 더 인정받고 있는 것이 현실이다.[2)]

서울대 총장은 서울대 출신이 사회요직을 독차지하여 한국 발전에 기여가 지대했다고 하지만 지난 세월을 자루 뒤집듯 뒤집어 볼 수 없기 때문에 할 수 있는 호언이라 할 수 있다. 그동안 가장 ‘우수한’ 학생들을 독점하여 이룩한 성과가 사회요직의 독차지일 뿐이다. 이것도 서울대가 ‘평범한’ 학생들을 모집하여 교육을 통하여 이룬 것이라면 그 성과가 인정될 수 있겠지만 성과의 원인은 단지 ‘우수한’ 학생들에 대한 사전 독점일 뿐이다. 서울대 아닌 어느 대학도 처음부터 ‘우수한’ 학생들을 독점할 수 있다면 최소한 동일한 성과를 이룩할 것이다.

2) 한겨레신문, “화려한 외양 뒤엔 초라한 연구풍토, 서울대 개혁 어떻게 할 것인가”, 2002. 1. 17; 중앙일보, “‘박사공장’ 서울대 박사 2,684명 분석해 보니”, 2005. 3. 30.

실제로 서울대에 입학하는 학생들의 그 '우수성'도 참된 것이라 할 수 없다. 왜냐하면 중등교육이 입시 위주로 변질되었고, 불법 · 고액과외 등 사교육에 의하여 파행적으로 이루어지기 때문이다. 교육환경이 비정상적이므로 정상적인 환경이라면 합격했을 학생이 탈락되고, 탈락될 학생들이 입학한 것이다. 역사적으로도 참다운 천재들은 보통 한 분야에 재능을 보였고, 타 분야에서는 평균 이하인 경우가 많았다. 그들은 왕왕 가난하게 자랐고 순수했으며, 무엇보다 인간의 개성과 취향을 말살하는 제도적인 집단강요를 몹시 경원하였다. 아인슈타인, 에디슨, 링컨, 처칠, 페스탈로치, 모차르트 등 수많은 천재들의 유형은 서울대학교에 입학도 졸업도 못하고 재능도 발휘하지 못했을 것이다. 진정한 천재는 사회적 실리만을 추구하여 모든 과목에서 수단과 방법을 가리지 않고 최고점수를 득하는 인간형과는 분명히 다른 것이기 때문이다.

둘째, 국립대학이 제공하는 학문의 실용성도 희박하다는 견해가 지배적이다. 고학력 실업이 심각한 사회문제로 대두되고 있는 중에 기업들은 대졸자의 자질이 산업사회의 수준에 크게 미달한다고 한다. 고등교육의 유용성에 대한 국내 기업인의 평가가, 구체적인 기준과 그 타당성 여부는 몰라도, 100점 만점에 26점으로 매우 낮다. 기업인들은 대학이 '불량품'을 양산하므로 신입사원에 대한 재교육을 위하여 막대한 투자비용이 든다고 불만을 토로하고 있다. 그리고 이처럼 국내에는 원하는 인재가 없기 때문에 외국인 두뇌를 적극 유치하기로 계획을 세우고 있다 한다.

내로라하는 대기업은 대졸자의 무자격을 거침없이 성토하고 있지만 구인란을 호소하는 중소기업에는 서울대 출신이 지원하지도 않고 기업주가 채용하지도 않는다. 기업 내에서의 인간적 화합과 인력관리가 불가능하기 때문이다. 어쩌다 잘 모르고 입사한 경우에는 학벌이 주는, 또 학벌이 받는 심리적 압박을 감당할 수가 없다. 본인은 자신의 처지에 만족할 수가 없고, 주위사람들은 그의 실체를 의심하는 것이다. 그러나 중견기업이 대기업으로 도약하기 위해서는 서울대 출신의 확보가 필수적이다. 왜냐하면 정계, 관계, 법조계, 재계, 금융계, 언론계 등에서의 전 방위 로비를 위해서는 서울대 출신이 반드시 필요하다. 즉 '발바닥으로 뛰는' 근무가 아니라 '손가락으로 돌리는' 근무가 요구되기 때문이다.

서울대학교의 학생 역시 89%가 학교교육이 취업준비에 도움이 되지 않는다 한다. 공대의 경우는 교육의 적절성에 대해 100점 만점 중 39.3점으로 평가하고 있다. 전체적으로는 60%가 전공의 부적합을 느껴 전공을 등한히 한 채 대부분 국가고시, 대기업 입사시험의 준비 등 가시적이고 빠른 출셋길에 몰두하고 있는 실정이다. 결과적으로 국립 서울대학교는 '고시열풍'에 휩싸인 거대한 고시학원으로 변모되었다. 그럼에도 불구하고 서울대 출신 모두가 자신의 의도대로 출세하는 것도 아니다. 이러한 경우에 학교에 걸었던 당초의 기대와 자신감이 무너지며 깊은 좌절 속에 정상적인 대인관계 및 사회생활이 불가능하게 된다.[3)]

셋째, 이러한 상황에서 국립대학의 면학분위기도 양호할 수가 없

3) 김진표, <특성화를 위한 대학혁신방안>, 한국경제학회 2005년도 제1차 정책포럼, 2005. 5. 20; 중앙일보, "서울대출신 교육만족도 매우 낮아, 공학한림원, 6개대 공대졸업생 519명 조사", 2005. 1. 13; 동아일보, "한국 대학개혁 10년 허송, 고학력자 비중 30개국 중 3위, 교육경쟁력 28위", 2005. 1. 29.

다. 서울대학교의 경우 강의는 요식행위로 전락했고 한 학기의 수업량은 하버드대학의 2주 분량과 맞먹는다. 진도가 상대적으로 느릴 수밖에 없고, 따라서 주중 강의시간에 졸아도 주말 몇 시간이면 따라갈 수 있다. 학생 69%의 수업시간 외 하루 전공 공부시간은 1~2시간으로 보도되고 있다. 시험문제는 예전에 출제되었던 문제를 다시 내므로 쉽다 혹은 어렵다는 평가대상도 되지 않는다. 숙제는 학우의 것을 베끼거나 아니면 인터넷 내용을 프린트하면 된다. 이와 같이 느슨한 강의에 꼬박꼬박 참석케 하는 수단이 출석점수이다. 결석하면 감점을 당하기 때문이다. 그렇지만 대리출석은 언제나 가능하다. 학기가 끝나면 교수는 연락처도 없이 사라져 버려 학점에 불만이 있거나 면담이 필요한 학생들은 속수무책일 수밖에 없다.[4] 어차피 교수들은 교내보다 교외에 더 많이 종사하고 정년으로 퇴임하는 교수들은 희귀한 변종으로 보도되고 있다.

출세를 위한 시험준비 장소로 전락한 도서관에서는 폭행사건이 발생하여 가해자는 입건되고 안전에 비상불이 켜졌다. 캠퍼스에는 유행패션이 활보하고 대학촌의 풍경도 변하였다. 한때 이념 소리가 들리던 어두운 녹두거리가 이제 네온이 빛나는 '녹두베가스'로 재개발된 것이다. 룸살롱, 카페, 레스토랑, 당구장, 여관 등이 번창한 가운데 매일 밤 술이 강같이 흐르고 도박이 벌어지고 있다. 그래서 ㄱ, ㅅ, ㄷ모형의 철제정문은 계집, 술, 도박의 상징이라 한다. 유흥비는 풍부한 장학제도와 수험생 과외지도를 통해서도 언제든지 조달할 수 있다. 부유층의 학생들로 구성된 폐쇄적인 귀족서클도 수십 개에 달하고, 여기에는 엄청난 사교비용이 들어 사전지식 없이 가입했다가

4) 장미정, 『하버드 vs 서울대, 하버드생이 공개하는 미국식 공부방법』, 답게, 2005, 139-202.

중도 탈락하는 경우도 드물지 않다. "한국의 대학생들은 공부는 안 하고 놀기만 한다는 얘기는 수없이 들었지만 이 정도일 줄은 상상도 못했다."는 것이 교환학생으로 서울대에서 수학한 한 하버드 대학생의 체험담이다.

넷째, 국립대학의 조직과 운영도 불투명하고 비효율적이라는 것이 일반적이다. 교원과 행정공무원과 기성회 직원의 세 종류로 구성된 조직 내에서, 우선 교권과 행정권 간에 갈등과 반목이 존재한다. 각각 자신의 고유권을 주장하며, 전자는 행정의 비능률을 성토하고 후자는 행정질서의 준수를 경고하는 것이다. 그리고 공무원 신분이 아닌 기성회 직원들은 교원과 공무원이란 두 고래등 사이의 틈바구니에서 그들대로 노동조합을 결성하여 법적, 경제적 지위향상을 위한 파업도 불사하며 투쟁을 계속하고 있다. 그러나 주요 사립대의 경우 행정직원 1인당 학생 수가 99명인 데 비하여 서울대는 59명에 불과하다.

일반회계, 기성회계, 발전기금 등 장부도 여러 가지이다. 그리고 공식장부에 잡히지 않는 것도 많아 연간 수입과 지출의 정확한 규모가 얼마인지 아무도 모르는 실정이다. 서울대의 경우 수십 억 원에 이르는 각종 공개강좌의 수입, 계절학기의 수강료는 국고에 넣지 않고 총장을 위시하여 보직자들의 각종 수당명목으로 자체 배분하기도 한다. 보도된 것만 보아도 보직에 대한 급여는 사립대의 6.5배, 총장의 판공비는 4억 5천만 원이며, 선물 · 식대만 2억 원이다. 감사가 이루어져도 형식적인 수준에 그친다. 서울대학교를 실질적으로 감사할 수 있는 세력은 존재할 수도 없는 것이 한국의 현실이다. 어쩌다 낭비나 유용이 발견되어도 당사자가 변상하거나 해직되지도 않는다. 물론 학교도 변상하지 않고 국민의 혈세로 충당하고 운영이 아무리 부실하

여도 학교가 파산하거나 퇴출되는 일도 없다.[5)]

(2) 국립대학이 교내외에 미치는 영향

현실적으로 국립대학을 대표하는 서울대학교는 "수재 뽑아 범재 만드는 학교"로 회자되며 교수의 84%, 학생 90%, 시민 74%가 서울대에 대하여 불만 내지 위기의식을 토로하고 있다. 그러나 더욱 큰 문제는 이러한 국립대학의 병리현상이 국립대학 내부의 병리로 그치는 것이 아니다. 잘못된 제도와 조직으로서 앞에서 본 것처럼 중등교육의 파행을 초래하고, 뿐만 아니라 소속 학생들에게 그리고 국립대학과 경쟁관계에 있는 사립대학들에게, 나아가 사회 전반에 부정적인 영향을 주고 있는 것이다.

부조리한 제도와 조직을 만들어 정작 피해를 보는 것은 우선 그 조직 속에 있는 자연인인 다수의 개인들이다. 서울대학교 학생과 학벌 소유자들은 한국 최고의 대학과 최고의 학벌이 주는 압박에 의해 희생될 수 있기 때문이다. 마치 '히틀러 청년단'의 단원처럼 최고의 성취감으로 최고의 오만과 독선에 빠져 겸손과 헌신의 덕목을 상실하는 것이다. 대인관계에 있어서도 소탈하고 진솔한 인간미는 학벌에 눌려 말살된다. 솔직한 인간관계가 서울대 출신들 상호간에는 가능할지 몰라도 '잡대' 출신에 대하여는 학벌이 노출되면 불가능하게 된다. 쌍방간에 심리적인 벽을 느끼기 때문이다.

부자가 천국 들어가는 것이 낙타가 바늘구멍으로 들어가는 것보다

5) 박거용, 위의 책, 109-119; 동아일보, "정부-서울대 마찰의 함수, 주류세력 교체의 그늘인가, 심층분석, 2005. 5. 23.

어렵다면 서울대의 학벌 소유자는 공룡보다 더욱 어려울 수 있다. 왜냐하면 부자는 돈만 소유하였으나 서울대 학벌 소유자는 돈과 힘과 명예를 모두 소유하고 국가를 장악했기 때문이다. 모든 사고방식과 결정이 무의식적으로, 또 제도적으로 자기중심적 내지 자기과시, 옹호적으로 이루어지는 것이다. 그러므로 서울대 출신의 애국심, 종교심 등은 일본제국주의의 관료나 북한 종교인들의 경우와 같이 그 순수성이 의심스러울 수밖에 없다.

반면에 자신과 타인의 기대에 합당한 업적을 보이지 못할 때는 최고의 낙망과 좌절 속에 정서적, 인격적으로 파탄하여 정상적인 사회생활이 불가능하고 심지어는 처자식을 두고 스스로 목숨을 끊어 세상을 등지는 예도 있다. 이러한 심리적 기복은 원칙적으로 모든 사람에게 공통되지만 한국 최고의 경쟁을 제패하고 획득한 최고 학벌의 경우는 그 경지도 한국 최고일 수밖에 없다.

부조리한 제도와 조직의 희생자는 일차적으로 그 조직의 구성원이고 이차적으로는 그와 인접한 조직들, 서울대의 경우는 서울대를 지망해야 하는 중·고등학교들, 또한 서울대에 대하여 경쟁열위에 있는 사립대학들이다. 궁극적으로는 그 폐해가 사회적으로 납세국민 모두에게 발생한다. 국립대 학생에 대한 국가지원은 우선 '파괴적인 복지'로서 교육과 소득의 양극화를 심화시킨다. 국가적 손실이 발생하는 또 하나의 요인은 국립대 학생들이 자기의 전공을 포기하는 것이다. 서울대생의 60%가 전공의 부적합을 느끼는 만큼 전공을 떠날 확률도 그만큼 높다. 그러나 국립대학 출신이 자기 전공을 버리는 것은 바로 국가적 손실을 의미한다. 왜냐하면 국가적 필요에 의하여 국립대학의 전공분야가 설정되고 국가예산으로 이를 지원하였기 때문이다. 사관학교의 경우 졸업과 동시에 일정 기간 해당부서에서 군복무를 하는 것과 대조되는 것이다.

국립대 출신이 전공을 포기하는 데서 발생하는 첫째 손실은 그 사람에게 직접 지원되었던 모든 예산액이다. 둘째 손실은 그 사람에게 제공되었던 모든 교육시설, 교수들의 강의용역 등이다. 셋째 손실은 그로 인해 상실된 값비싼 교육기회이다. 그가 아닌 다른 더 유능한 사람이 그 기회를 사용하였다면 노벨상을 수상하는 등 국가에 대한 기여가 컸을 것이다. 결국 그는 보다 유능한 사람으로부터 귀중한 교육기회를 빼앗아 쓸모없게 유기한 셈이다. 이러한 기회비용의 가치는 화폐액으로 표시할 수도 없는 것이다. 그러므로 국립대 출신이 자기 전공을 포기하면 최소한 첫째, 둘째 손실을 현재 화폐가치로 환산하여 변상해야 한다. 그리고 변상이 불가능한 셋째 손실에 대하여는 국민 앞에 정중히 사죄하고 국립대 학벌을 포기해야 한다.

전공을 포기하지 않았더라도 국립대 출신은 국민에 대하여 항상 고마움 내지 채무의식을 가져야 한다. 그리고 국민 중에 단 한 사람이라도 굶는 사람이 있다면 자신의 끼니로 그 굶는 사람부터 먹어야 한다. 왜냐하면 국립대 출신은 그 국민의 희생으로 공부했기 때문이다. 뿐만 아니라 국립대 출신이 국법을 위반하면 군인에게 군법이 적용되듯 특별법이 적용되어 가중처벌이 실시되어야 한다. 왜냐하면 자신을 키워 준 국민을 배반했기 때문이다. 그럼에도 불구하고 국립대 출신이 전공을 포기하며 국가에 막대한 손실을 끼치고, 주위에 가난한 국민들이 헐벗고 굶주려도 어떤 죄의식이나 책임감도 없이 학벌의 힘으로 사회적 강자의 지위와 명예를 계속 유지하는 것은 사회가 인식 못하는 시대적 오류임에 틀림이 없다.

2. 사립대학의 상황

(1) 사립대학의 재정 및 경쟁력

한국 제일의 대학인 국립 서울대학교가 만족할 수 없는 수준이라면 '잡대', 특히 사립대학교의 상황도 만족할 수준일 수가 없다. 즉 사립대학의 경쟁열위가 등록금과 국고지원의 차이 등으로 처음부터 제도화되었기 때문이다.

교육기본법 제25조에 "국가는 사립학교를 지원, 육성해야 한다."고 명시되어 있으나 정부의 재정지원은 거의 없고 그 대신 입학정원, 교과과정, 학사운영 전반을 통제하고 있다. 대부분의 경우 재단전입금도 미미하다. 그러므로 교육여건의 유지, 개선을 위해서는 학생들의 등록금에 의존해야만 한다. 그것도 만성적인 인플레이션하에서 매년 가능한 한 높게 인상할 수밖에 없다. 실제적으로도 지금까지의 등록금 인상률은 일반 물가 상승률보다 높았다. 예를 들어 지난 30년간 쌀값이 36배 오른 동안 등록금은 무려 157배 뛰어오른 것이다. 2000년 이후 6년간도 등록금은 45.3% 인상되어 평균 물가상승률 21.4%보다 두 배 이상 올랐다.

그러나 사립대의 입장에서는 항상 부족할 따름이다. 그러므로 매년 "어떻게 등록금 인상을 관철하느냐?"라는 난제를 풀어야 한다. 왜냐하면 등록금 인상에 대한 압력과 저항이 안팎에서 거세기 때문이다. 밖에서는 사회여론이 부정적이고 정부의 공정거래위원회도 등록금 인상에 대한 대학간의 담합을 추궁한다. 내적인 저항은 소속 학생들의 등록금 납입 거부로 나타나 등록금투쟁은 이미 연례행사가 되었다. 학생의 입장에서는 국립대학보다 대학서열은 한참 아래이고 교육환경도 열악한데 등록금은 두 배 이상 요구하므로 불만족할 수밖에 없다.

등록금 투쟁 방법은 대자보를 비롯하여 교내외의 꽹과리시위, 촛불시위, 천막농성, 삭발, 단식, 삼보일배, 수업거부, 총장실이나 행정실 급습점거 및 각종 집기의 노천반출, '등록금 민주납부제' 등등이다. '등록금 민주납부제'란 학생회가 제시하는 액수의 등록금을 학생들이 민주적으로 별도의 구좌에 입금하고 이것으로 협상하는 것이다. 만일 1,000명의 학생들이 동참한다면 이들을 모두 제적시킬 수도 없고 수강신청을 거부하여 학사행정에 차질을 빚을 수도 없다. 그러므로 학교 당국은 당초 결정한 인상률을 관철하기 위하여 등록금협상에 온갖 고도의 전술과 전략을 구사하여야 한다. 그 방법에는 학교에 유리하도록 처음부터 총학생회 선거에 영향력 행사, 엄격한 집회규정으로 학생회 활동 제한, 일탈행위에 대한 학칙에 따른 엄정처벌, 처벌한다는 엄포, 학과 지도교수를 통한 설득, 학생복지사업과의 바터(barter) 제의, 향응과 회유, 애걸복걸, 끝까지 모른 체 버티기 등등이 있다. 어느 사립대 총장은 '등록금예고제'를 실시하면 학생과의 마찰을 해소할 수 있을 것이라 하지만 단지 사전 예고한다고 해서 학생들이 이를 전폭 수용하리라는 보장도 없다.

매년 봄 사립대의 등록금투쟁이 노사협상처럼 연례 춘투행사가 되었다. 시위 중에 학생들이 목숨을 잃는 일도 있으나 어느 교육관료 혹은 정치인도 문제의 심각성을 통감하거나 해결책을 제시하려고 노력하는 일은 없다. 이 상황에서 국립대와 사립대 간의 재정력

격차는 앞으로 더욱 확대될 전망이다. 사립대의 등록금 인상은 제약되어 있는 반면에 국립대에 대한 국고지원은 국가재정규모와 더불어 자동적으로 증대되기 때문이다. 결과적으로 사립대학의 교육환경이 국립대학보다 열악할 수밖에 없다. 게다가 많은 사립대학들이 비민주적이고 부실한 족벌경영과 각종 비리로 내외부의 지탄과 분규의 대상이 되고 있다. 사학부패의 척결과 방지 그리고 민주적인 학교운영을 위하여 사립학교법이 국회에 통과되었으나 야당과 사학법인들은 학교의 사유재산권과 자주적 경영권을 침해한다고 반대하므로 학교분위기가 안정적일 수가 없다.

그러므로 우리나라의 사립대학에는 이미 '덜 좋은' 학생들이 지원하는 것이 관행이 되었다. 즉 전국적으로 성적 상위의 학생들은 서울대학교를, 각 지방에서는 지역거점 국립대학을 먼저 선택하고, 그 이하의 학생들이 순차적으로 수도권 그리고 지방의 사립대학에 입학하고 있다. 복수지원이 도입된 후에는 사립대학들이 입학생 중 고득점 상위그룹이 무더기로 합격을 포기하고 국립대학으로 떠나는 수모를 감수해야 한다. 명문사립대의 수석합격이란 영광과 그에 따른 파격적인 특혜까지 모두 포기하고 국립 서울대의 말단 합격을 선택하는 것이다. 이러한 수모를 당하는 수도권의 소위 명문 사립대학들은 그래도 한국에서 2등이라는 위치에 만족하며 안주하고 있다. 왜냐하면 제도적으로 어쩔 수도 없어 만족할 수밖에 없고 2등보다 못한 숱한 사립대학들이 밑에서 받쳐주기 때문이다. 그러나 예민한 학생들에게는 서울대 입시경쟁에서 탈락되었다는 사실이 평생 씻을 수 없는 패배의식으로 작용하는 것이다. 사립대학들이 4년간 등록금 면제와 생활비 지급, 해외유학과 교수직 보장 등등 파격적인 조건을 제시해도 그보다는 서울대 학벌의 사회적인 지위와 영예 그리고 현실적으로 보여주는 찬란한 미래가 더욱 매력적인 것이다. 또한 고소득층의 학생들에게 금전적 지원은 아무런 매력도 되지 않는다.

이러한 상황에서 사립대학들의 학문 수월성이 국립대학보다 더욱 높게 나타나는 것을 기대하기 어렵다. 뿐만 아니라 대학이 특성화를 추진하고 학문의 실용성을 높여도 그 효과가 제한적일 수밖에 없다. 그리고 심리적 요인이 추가하여 학교에 대한 애착 및 면학분위기도 최고의 수준일 수가 없고, 오히려 패배와 굴욕감으로 최하일 수가 있다. 특히 지방에 위치한 사립대는 서울로부터 거리가 멀수록 경쟁력이 약하고 각종 학교발전정책의 효과가 더욱 제한적이며 상황은 참담할 수밖에 없다.[6] 피라미드 형태의 중앙집권적인 대학서열체계 속에서 국립 · 사립, 서울소재 · 지방소재 대학 간의 공정한 경쟁은 처음부터 불가능한 것이고, 공정경쟁이 불가능하므로 대학 전체의 진정한 경쟁력 향상도 불가능하다. 사립대학들은 아무리 좋은 교육여건을 갖추고 교육의 질을 높여도 서울대를 위시한 국립대학들의 인위적 경쟁우위가 차단벽이 되어 발전이 제한되어 있다. 이것이 우리나라 고등교육의 현실이며 제도적 한계인 것이다.

그럼에도 불구하고 정부는 우리나라의 대학입학 경쟁을 완화한다는 명목으로 대학설립에 준칙주의를 도입하였다. 그 이전에는 대학들이 정부규제하에 수요초과 상태의 집단적 과점체제라 할 수 있다. 그러므로 대학교육의 공급을 늘려 경쟁강도를 줄인다는 취지라 하지만 실제로는 사립대학을 양산하여 세계 제일의 대학진학률 81.4%를 기록하는 결과만 가져왔을 뿐이다. 대학 전반의 질은 더욱 떨어질

6) 월간중앙, <지방 사립대 생존전략 백태, 이슈기획, 대학개혁 3불 오발탄>, 2005. 6.

수밖에 없고, 그리고 입학경쟁은 어차피 국립 서울대학교의 입학을 위한 것이기 때문에 경쟁강도는 상대적으로 더욱 강화되었다.

이제는 대학의 과잉공급 상태에서 학령인구와 함께 대학지원자의 수가 계속 감소하여 이미 지방 사립대학부터 상당규모의 정원미달이 나타나고 있다. 정원미달의 대세는 교육의 질을 향상시키거나 엄청난 노력과 희생으로 각종 대학평가의 결과를 최우수로 조작하더라도 역행될 수 없는 것이기도 하다. 결국 교육의 질과 상관없이 학생감소와 재정부족으로 인하여 지방 사립대학들의 파산은 불가피하다. 이 절박한 상황에서 사립대학들은 학생유치를 위해 고득점자에 대한 파격적인 장학금 제공, 홍보자료의 배포, 대중매체나 지하철・버스 또는 입간판 등에 의한 광고, 홍보행사의 개최, 인근 고등학교에 구걸방문 등등 안간힘을 쓰고 있다. 구걸방문시에는 학교 홍보지와 함께 해당 교사들을 위한 접대비를 지참하지만 교문 밖에서 거절당하기 일쑤다. 그러면 대학 당국은 정원미달 학과의 폐과와 해직을 위협하며 교수들에게 모집학생을 할당하고 유치해 오는 학생 수에 따라 인센티브라는 명목으로 수당을 지급하기도 한다. 학생 1인당 유치비를 15만 원으로 책정한 학교도 있고, 고등학교가 학생을 소개하여 등록을 하면 20～30만 원의 사례비를 학교 측에 전달하기도 한다. 어떤 고등학교들은 노골적으로 더 많은 돈을 요구하여 대학이 당혹해 하기도 한다.

(2) 사립대학과 대학평가의 의미

사립대학에 또 하나의 부담으로 작용하는 것이 대학평가다. 평가에는 교육인적자원부에서 각 대학의 구조조정, 교육개혁추진, 특성화

사업, 국제전문인력 양성사업 등등에 대하여 실시하는 행정평가가 있고, 또한 대학교육협의회(대교협)에 의한 대학종합평가와 학과별 평가가 있다. 그리고 한국교육개발원 등 국내외의 사회기관들에 의한 것 외에 언론기관이 폭력적으로 가세하고 있다. 이 중 가장 대표적인 것이 대교협의 평가라 할 수 있다. 평가의 목적은 대학교육의 수월성, 대학경영의 효율성, 자율성, 투명성, 책무성의 향상, 대학 재정지원의 확충 등으로 우리나라 대학을 국제적 수준으로 향상시킨다는 것이다. 그러나 이러한 목적이 달성될 수 있는지는 의심스럽다.

우선 평가의 환경과 전제조건이 부적합하다. 미국과 같이 넓은 국토에서 3천 개도 넘는 대학들이 공정한 경쟁을 한다면 자율적인 평가에 의해 투명성이 높아질 수도 있을 것이다. 그러나 우리나라의 좁은 국토에서 대학들의 고착된 서열체계가 이미 알려져 있는 상황에서 인위적으로 강행되는 평가제도가 적합할 수가 없다. 공정한 경쟁이 이루어진 후, 그 성과가 평가되어야 하는데 우리나라 대학들은 경쟁의 출발조건부터 국립·사립의 위상, 서울·지방이라는 위치에 따라 불공정한 것이다. 그럼에도 불구하고 동일한 기준에 의하여 획일적으로 평가하여 공개하는 것은 합리적이지도 공정하지도 못하다고 할 수 있다.

국립대학은 국가기관이며 이미 경쟁우위에 있기 때문에 평가의 의미가 적을 수밖에 없다. 왜냐하면 국고지원은 자동적으로 이루어지고 등록금 할인에 의해 학생 지원율이 이미 높으므로 평가결과가 반드시 양호할 필요가 없다. 평가결과가 불량해도 학생지원에는 변함이 없으며 오히려 추가적인 재정지원의 근거로 이용되고 있다. 시설확장, 자재구입 등을 위한 재정을 위해서 평가결과를 의도적으로 축소하기도 한다. 국립 서울대학교의 경우는 평가결과가 양호해도 본전밖에 되지 않고 그 결과가 불량하면 사회적 여론이 좋지 않기 때문에 평가받는 것을 간단히 거부하고 있다.

그러나 사립대학에는 양호한 결과가 좋은 홍보자료가 되고 불량한 평가결과는 학생유치에 불리하게 작용할 수 있으므로 긴장하지 않을 수 없으며 죽기 아니면 까무러치기로 대비하고 있다. 평가를 준비하는 과정도 매우 소모적이다. 교수와 직원에게 엄청난 시간적 · 심리적 부담이 발생하고, 외형적으로 갑자기 이루어지는 재정투자 역시 그 효율성이 낮을 수밖에 없다. 더구나 강압적 분위기는 자유와 안정과 순리를 생명으로 하는 학문연구에도 부정적이다. 평가에 임하는 사립대학의 풍경은 대략 다음과 같다.

평가를 통보받으면 캠퍼스에는 "한마음, 한뜻으로 종합평가 잘 받자!", "우리는 최우수를 꿈꾼다." 등의 대형 현수막을 걸고 각종 회의를 통해 구성원들을 독려한다. 통제실에는 "D-day, 앞으로 ○○○일"의 큰 숫자 아래 대학별, 학과별 진행상황이 감시된다. 교수는 무조건 많은 논문을 써야 한다. 논문 편수를 늘리기 위하여 한 논문을 여러 개로 쪼개기, 또 여러 학회지에 중복게재, 과거 논문의 재탕, 남의 것 표절, 남의 것에 공동저자로 끼워 넣기 등등의 방법이 사용된다. 특정학벌로 얽힌 학회지에 2~3명 공저의 형태로 연구실적을 부풀리는 것도 국립대와 같은 상위권 대학의 교수일수록 수월하고, 대학원이 미비한 지방사립대 교수에게는 불가능하다. 교수는 국내외 학술활동과 사회봉사에도 활발히 참가하고 이에 대한 주최자의 확인이 있는 근거서류 및 발표집, 팸플릿 등을 꼼꼼하게 챙겨야 한다. 근거서류를 제시하지 않으면 학술활동과 사회봉사가 모두 무효가 되기 때문이다. 지난 기간의 출석부, 고사시험지, 교수가 검토하고 수정한 흔적이 있는 과제물, 면담일지, 학생활동기록부, 졸업생 사회진출 현황 등등도 다시 정리해야 한다. 학교 전체로는 5단짜리 책장 13개 분량을 넘는 1,000가지 이상의 서류를 정확 무오하게 작성해야 한다.

부족한 교수확보를 은폐하고 평가점수를 높이기 위하여 임시 교수요원을 단기채용하고, 빈약한 도서관 장서를 채우기 위해서는 트럭 몇 대분의 헌책을 구입하기도 한다. 어떤 한 학과가 평가받을 때는 가능한 모든 공간들이 그 한 학과의 전용공간으로 급히 개조되고 평가 후에 환원된다. 건물 외벽은 새로 페인트칠되고, 캠퍼스 한쪽은 문화광장으로 새롭게 꾸며지기도 한다. 이러한 평가에 의문을 제기하는 교수가 있으면 불러다 큰 소리로 경을 치고, 평가준비에 불충성하다고 판단되는 보직자는 보직에서 즉시 해임된다. 평가기관의 고위간부는 학교의 칙사로 초빙되어 교수 전체를 집합시켜 놓고 평가의 역사적인 숭고한 의미와 목적, 방법 등을 설명하고 말미에 “평가 당일 평가단이 내방하면 과도한 향응이나 여학생들의 접대는 필요하지 않다”고 친절하게 부연하여 전체 교수들의 박수를 받았다.

평가위원으로 지명된 교수와 직원들은 학교의 명운을 걸고 수많은 밤을 새워 평가항목에 따라 서류를 정리하여 보고서를 작성해야 한다. 이때 글재주 좋은 교수들이 동원된다. 어느 사립대학의 평가위원장으로 지명된 교수는 갖은 고생 끝에 평가보고서를 완성한 날 밤 마누라를 등지고 눈물 흘리며 그 평가보고서를 안고 잠잤다고 전체 교수회의에 보고하여 또 박수를 받았다.

대학평가가 이처럼 눈물겹게 진행되어도 당초의 목표 달성은 보장될 수가 없는 것이다. 제시된 평가기준에 따라 전시적인 실적에 집착케 되므로 대학의 수월성과 효율성이 향상되는 것이 아니라 훼손된다. 또한 자율성이 강요에 의해 신장될 수도 없고, 대학의 책무성도 평가결과가 공식적인 알리바이로 작용하므로 약화·은폐되는 것이다. 그리고 교육여건을 공개하여 정부와 사회의 재정지원을 유도한다는 취지 역시 비현실적이다. 왜냐하면 서열 상위의 대학들은 어차피 재정형편과 평가결과 그리고 이 대학들에 대한 사회적 평가도 상위이므로 추가적인 재정유도 효과가 실질적으로 적은 것이다. 반면에 서열 하위의 지방 사립대는 양호한 평가결과를 받아도 학생들이 더 많이 지원한다는 보장이 없고 불량한 결과는 어차피 취약한 경쟁력에 치명적이다. 교육여건이 열악하다 해서 재정지원이 특별히 이루어지는 것도 아니고 오히려 더욱 차단되는 것이다. 그러므로 평가의 실질적인 의미가 없음에도 불구하고 어려운 사립대학일수록 평가를 대비하여 온갖 수단과 방법을 동원하게 된다.

결론적으로 이야기하면, 설혹 공정한 경쟁을 전제로 하더라도 인위적이고 강제적인 평가는 불완전하고 피상적일 수밖에 없다. 이러한 평가에 의존할 경우 평가의 실패는 체제의 몰락으로 이어지게 된다. 계획의 실패에 의해 계획경제가 몰락한 것과 같다. 그러므로 강제적 평가에 의한 여론조작보다는 사회의 자율적인 평가, 즉 시장에 일임하는 것이 합리적이다.

(3) 사립대학 학생의 손실

경쟁열위가 제도화된 사립대학에 다니는 학생들에게도 제도적으로 손실이 발생하고 있다. 첫째, 국립대학이 제공하는 것과 동일한 교과과정을 배우지만, 단지 사립대학에 다닌다는 이유로 국립대학보다 두 배 이상 높은 등록금을 지불해야만 한다. 저소득층의 학생도 예외가 아니다. 반면에 고소득층 학생은 등록금 할인혜택이 불필요해도 국립대학에 다니면 자동적으로 혜택이 주어지고 있다. 국립대학 학생이 설혹 저소득층 출신이더라도 그 높은 수능성적으로 사립대학에서 성적장학금을 받을 수 있다. 서울대 학생들의 경우는 그 점수로 여타 사립대학에서 4년간 전액 등록금 면제 외에 생활비도 받고 졸업 후에는 교수가 되는 지원과 약속도 받을 수 있다. 그들이 서울대를 선택한 이유는 등록금 혜택 때문이 아니고, 또 이로 인해 여타 사립대 학생들에게 피해 주는 것도 원하지 않을 것이다. 현 상황에서는 서울대에 대한 사회적 평가가치에 비추어 등록금이 사립대의 두 배 이상 되는 것이 보다 합리적이고 시장원리에도 부합된다.

대학지원자에게 등록금은 대학교육에 대한 엄연한 '가격'이고, 그 책정이 객관적, 합리적이어야 함에도 불구하고 사립대에서는 일방적인 고액책정, 국립대에서는 부당한 덤핑이 자행되고 있는 것이다. 결국 국립의 단위대학에 일괄적으로 지원되는 등록금보조는 상대적으로 사립대 학생의 희생 위에 이루어지고 더구나 역진적으로 교육양극화를 심화시키므로 반사회적이다. 등록금 할인혜택은 소속대학을 구분하지 말고 저소득층 학생 모두에게 직접 주어지는 것이 공공성과 복지원칙에 부합된다.

둘째, 대학에 대한 국고지원이 국립에만 편중되어 있으므로 사립대학 학생들은 동일한 납세국민임에도 불구하고 국고지원의 수혜대상에서는 제외되어 있다. 국립대학은 국가기관이기 때문에 예산지원은 '합법적'이고 당연해 보이기도 한다. 그러나 이 '합법적' 예산지원이 우리나라에서는 실제적으로 타당할 수 없는 것이다. 왜냐하면 사립대학과의 경쟁에서 국립에 편파적으로 작용하여 사립대학이 불리하기 때문이다. 사립대 학생의 학부모들은 그들의 세금을 국가로부터 제도적으로 강탈당하고 있는 상황이라 할 수 있다.

셋째, 국립대학과 그 학생을 지원하기 위한 교육예산의 부담이 역시 역진적이다. 교육세가 간접세로 징수되기 때문이다. 특별소비세액의 30%, 교통세액의 15%, 주세액 30% 등이 교육세원이 되고 있으므로 저소득층의 세부담이 역진적으로 더 큰 것이다. 그리고 저소득층 학생의 비율이 사립대학에 더 높으므로 결국 빈곤한 사립대 학생이 부유한 국립대 학생을 지원하고 있는 실정이다.

국가가 국립대학을 설립하여 운영하는 것이 교육의 공공성을 실현하는 것이라고 주장할 수 있다. 그러나 공공성은 그 접근과 혜택이 모든 국민에게 개방되어 누구도 배제되지 않고 참여할 수 있을 때 실현되는 것이다. 예를 들어 국방이나 의무교육의 경우이다. 그렇지 않고 어느 특정한 계층에게 특혜를 줄 때는 분명한 명분과 기준이 있어야 한다. 예를 들어 소득수준이나 장애등급이 기준이 될 수 있다. 그러나 이러한 전제 없이 단지 국가가 공공재정으로 공급한다고 해서 모두 공공성을 실현하는 것이 될 수가 없다. 불합리한 기준에 의거하여 특정한 부류에게만 특혜를 주는 것은 오히려 공공성을 파괴하는 반사회적 행위가 된다. 우리나라의 국립대학과 국립대 학생에 대한 국가지원이 대표적인 예이다.

넷째, 그 결과로 사립대 학생들은 매년 정례적으로 대학 당국을 대상으로 소모적인 등록금 투쟁에 몰두하고 있다. 등록금 투쟁으로 인한 시간적 · 정신적 손실이 클 뿐 아니라, 투쟁의 효과도 있을 수가 없다. 왜냐하면 사학재단은 어차피 파산상태이고 투쟁의 대상도 잘못 선택되었기 때문이다. 등록금 투쟁의 실질적 대상은 대학 당국이 아니라 교육예산을 관장하는 정부 당국이 되어야 한다. 빼앗긴 납세자의 기본적 권리부터 회복할 필요가 있는 것이다.

다섯째, 사립대 학생들은 위와 같은 재정적인 손실 외에 국립대학보다 '덜 좋은' 학교라는 평판에 만족해야 하고 국립대 학생들 앞에서 패배자임을 승복해야 한다. 왜냐하면 점수차이가 승패를 마라톤경주의 기록처럼 객관적으로 정확하게 증명하기 때문이다. 졸업 후에는 사회적 진출과 승진에도 제약을 받는다. 그 이유는 우리나라에서 대학서열이 사회에 그대로 연장되어 카스트와 같은 학벌서열로 고착되었고, 학벌의 등급에 따라서 사람의 주관적, 객관적 가치가 평가되기 때문이다. 학벌의 등급이 곧 인간등급을 의미하고 하류학벌의 사회적 출세는 봉건시대 신분을 극복한 것만큼이나 파격적인 것으로 인식되고 있다. 그리고 현재 우리나라에 대학 안 나온 사람이 대통령 된 것이 비운이라며 한탄을 거듭하는 소리도 들리고 있다.

사립대 학생들은 결국 학벌의 등급에 따라 '이류, 삼류' 인생으로 분류되어 계급적, 신분적 차별 속에 '일류'의 지배를 평생 동안 받아야 한다. 그러나 한 학벌의 지배는 타 민족의 지배를 받는 경우처럼 결코 용납될 수 없는 것이다. 배타적인 지배학벌이 합법적인 특권과 반칙으로 경쟁을 왜곡하며 사회정의를 손상시키기 때문이다.

이상과 같은 사립대 학생들의 손실을 방지하고 사립대학에 대한 정부의 차별대우를 시정하는 방법들이 강구될 수 있다. 예를 들어,

현재 등록금의 할인혜택이 빈부의 구별 없이 국립대학에 대학단위로 주어지는 제도를 저소득층 학생들에게 직접 주어지는 제도로 전환하는 것이다. 지금과 같이 소속 학교가 국립이라는 이유로 부유한 학생을 국고로 지원하는 것은 파괴적 복지에 해당한다. 동시에 국립 서울대 외에 선택의 여지가 없기 때문에 부득이 사립대학을 지원할 수밖에 없는 가난한 학생이 소속 학교가 사립이라는 이유로 국고지원에서 제외되는 것은 반사회적이다. 대한민국 학생이면 어떤 대학에 다니든지 경제적 형편에 따라 국고로 지원하는 것이 생산적 복지에 부합된다.

현재 교육부의 큰 치적으로 홍보되며 시행되고 있는 학자금대출은 일정한 신용정도, 담보 및 지불보증, 성적수준 등의 전제조건이 요구되기 때문에 정작 공부를 잘 하려는 가난한 학생은 이용할 수가 없다. 그리고 금리는 7~8%에 달하기 때문에 결국 가난한 학생을 우롱하는 '돈놀이'에 불과하다. 그러므로 국립대학의 등록금 할인에 해당하는 재정규모만큼을 학자금보조, 교육구매권(voucher) 등의 형태로 저소득층 학생에게 직접 지원되는 제도가 논의될 수 있다.

3. 칼 럼

(1) 두 개의 악의 축과 시민사회의 도래

우리나라 교육체제를 지탱하는 두 개의 악의 축을 허물 때 비로소 새로운 지평이 열릴 것이다. 하나는 고등교육체제에 대한 국가의 개입이고, 다른 하나는 고등교육 진입방식에 대한 국가의 개입이다.

고등교육체제에 대한 국가의 개입이란 국립대를 운영하고 사립대학을 통제해 국립우위체제를 구축한 것을 말한다. 이러한 체제에 국민이 동의한 바가 없으나 시민사회가 도래하고 있는 지금도 문제제기조차 쉽지 않다. 국립 서울대학교를 국회법이 아니라 일개 대통령령으로 운영하는 것에 누구도 문제를 제기하지 않는다. 이유는 서울대가 이미 국가 교육 권력을 독점한 권력기관이고 우리 국민들은 어리석어 이런 문제를 인식하지 못했기 때문이라 본다.

고등교육 진입방식에 대한 국가개입은 입학제도에 대한 국가관리를 말한다. 우리나라는 대학별고사를 실시한 짧은 경험이 있으나 시간이 가면서 점진적으로 국가개입이 강화되었고 이제는 아주 당연한 것이 되었다. 그러나 진정으로 시민사회의 도래를 꿈꾼다면 입학전형에서 국가가 손을 떼야 한다. 특히 사립대학 지원자에 대하여 국가가 자격을 심사할 권한이 전혀 없음을 알기 바란다.

국가는 영・유・초・중등교육에만 전념하고 고등교육에 대해서는 진입방식을 포함하여 일체를 시민의 영역으로 넘겨야 한다. 우리나라 시민사회가 고등교육을 세계적 수준으로 육성할 능력과 의지를 보유하고 있다. 그럼에도 불구하고 그럴 기회조차 주지 않는 정부의 고등교육정책을 개탄한다. 학과개설, 정원, 등록금 등등을 일일이 승인받아야 하고, 한때는 졸업장에 문교부 장관의 도장을 찍어야 했는데 참으로 황당하기 그지없는 일이었고 따지고 보면 지금도 마찬가지다. 우리가 새로운 교육체제를 건설하기 위해서는 두 개의 악의 축을 함께 제거해야 한다. 여기에는 선후가 없다. 국가의 고등교육에 대한 불개입과 입학방식에 대한 불개입, 이 두 가지를 할 수만 있다면 당장에 해야 한다.

국가는 고등교육을 위해 국·사립을 불문하고 공정하게 경쟁할 수 있도록 조건을 조성하고 준수 여부를 감시하기만 하면 충분하다. 굳이 고등교육을 장악하려는 것은 국가를 사유화하려고 하기 때문이다. 특히 군사정부가 심했었는데 그런 점이 오늘의 정부에서도 크게 다르지 않다. 사회 상층부에 국립대학 출신들이 포진해 있기 때문이라고 본다. 그런 점에서 우리나라는 아직도 전체주의 국가, 국가주의 국가를 벗어나지 못했다고 말할 수 있다.

서울대학교에 대해 언급한다면 이 대학은 국립중앙 종합대학으로서 가난한 사람들을 위한 대학이기를 원한 적이 단 한 번도 없다. 건국 초기에 가난한 자들이 배움의 욕구를 채웠을 뿐이지 스스로는 가난한 자들을 배려한 적이 없고, 앞으로도 서울대가 가난한 자들을 위한 대학으로 거듭날 가능성은 없어 보인다. 이미 사회에 진출한 선배들이 그런 서울대를 거부할 것이다. 따라서 서울대 개혁론 가운데 '서민을 위한 대학'이라는 환상은 버려야 할 것이다.

한 가지 더 언급한다면 국립대가 없는 고등교육체제에 대해 우리 사회가 불안감을 느낀다면 그것은 일종의 심리적 진입장벽이라 할 수 있다. 이런 장벽을 타고 넘어야 한다. 근세에서 근대로 넘어오는데 민중들의 심리상태가 그러했다. 그 표현이 '천지개벽'이란 말이었다. 역사가 보여주는 것은 순응하는 자나 불응하는 자를 불문하고 거대한 힘으로 쓰나미처럼 휩쓸어 버렸다. 그렇게 앙시앵 레짐(구체제)은 사라져 갔다. 그 힘이란 시민사회를 전개하는 '근대정신'이었다.

우리가 국립대를 없애고 그들 대학을 독립법인화 혹은 민영화할 때 어떻게 처신해야 하는가는 분명하다. 주체적인 우리의 힘으로 심리적 장벽을 허무는 것이다. 그것이 오늘의 교육문제를 풀고 새 시대를 여는 비용과 희생이 제일 적게 드는 방안이라고 생각한다. 우리 모두 새 시대를 전망하면서 오늘의 교육을 보기를 바란다. 그럴 때 아마도 쓰나미(근대정신, 시민사회)에 쓸려갈 두 개의 악의 축이 보일 것이다.

(2) 국·사립 이원체제와 국립대학의 설립목적

국립대학과 사립대학이 함께 존재한다는 것은 단순히 설립주체가 다른 두 고등교육체제가 함께 존재한다는 것이 아니고 대학사회가 국립과 사립이라는 준신분화한 기관 둘로 나뉘어 있음과 동시에 국립우위체제로 전근대의 봉건적 서열화가 이루어져 있음을 뜻하는 것이다.

전국단위로는 국립중앙 종합대학인 서울대가 1위를, 지방단위로는 지방소재 국립 종합대학들이 하나같이 부동의 서열 1위를 지키고 있다. 경쟁이 치열한 대학사회에서 국립대학들이 하나같이 서열우위를 차지하는 이유가 무엇일까?

이유는 그들이 국립이라는 것이다. 전통이나 학풍, 또는 교수, 직원, 학생들의 노력 여하와 상관없이 오직 국립이라는 이유만으로 서열 1위 대학이 되었다는 것을 의미한다. 아무리 생각해 봐도 국가적 배경 말고는 다른 이유를 찾을 길이 없다. 그 결과 대학들간의 치열한 경쟁이 일어나지 않는다. 국립과 사립이라는 모자를 쓴 채로의 경쟁 외에는. 이처럼 교육적으로 무의미한, 승부가 뻔한 소모전에서 무엇을 기대할 것인가?! 기업들에 부침이 심한 이유는 치열한 경쟁이 있기 때문이다.

그러나 경쟁이 없는 대학사회에서는 내일을 기약하기 어렵다.

현재 우리나라 대학사회에서 전국단위로는 국립 서울대학교, 지방단위로는 지역 거점 국립대학을 능가하는 사립대학의 출현을 기대하기 어렵다. 그렇다면 그런 신화부터 깨트리는 것이 대학개혁의 첫째 과제가 아니겠는가?! 아무리 최선을 다해도 1등 대학이 될 수 없다는 절망이 우리나라 대학가를 짓누르고 있다. 이러한 국・사립대학 간의 이원체제, 즉 불공정 경쟁체제를 해소하기 위하여 대학설립의 목적을 확인할 필요가 있다.

대학들은 고등교육 기관으로서 모두 동등한 지위를 갖는다. 고급인력을 양성한다는 특별한 목적을 함께 추구한다는 의미에서 일반적이고 그런 의미에서 모든 대학들은 다 같다. 그러나 국립대학에는 그런 일반론 외에 특수한 목적이 부가되어야 한다. 왜냐하면 국립대학들이 고급인력을 양성한다는 것은 특수한 목적이 될 수 없고 국민이 동의하는 특별한 목적이 없으면 국립대학을 둘 이유가 없기 때문이다. 특수목적이란 빈곤층이나 특수계급, 특수지역 혹은 영재를 위한다는 등 특정할 수 있는 것이어야 한다. 그러나 국립대학에 관한 법이나 학칙 어디에도 특수목적은 발견되지 않는다.

이처럼 법체계 속에 특수한 설립목적을 밝히지 않은 것은 국립대학들이 특수목적이 없는 것을 뜻한다. 따라서 그것은 더 이상 특수한 목적을 위해 존재할 이유가 없음을 나타내는 것이다. 실제로 사립대학과 아무런 차이가 없는 대학을 국민이 단 한 푼의 재정부담도 할 이유가 없지 않겠는가?! 국민들이 재정여유가 있다면 직접 사립대학을 설립하거나 사립대학을 지원하는 게 백번 낫지 않겠는가?!

국립 서울대학교 설립목적에 대한 법적 근거는 서울대학교 설치령인데 그 어디를 살펴보아도 특수목적은 담겨 있지 않다. 모법인 고등교육법에도 국립대학 설립목적은 나와 있지 않고 단지 교육기본법 제9조에 따른다고만 되어 있다. 교육기본법 제9조도 "고등교육을 실시하기 위하여 학교를 둔다."고만 하고 국립대학의 특수목적에 대하여는 언급이 없다. 결국 국립대학의 설치목적은 어디에도 나와 있지 않다. 없는 것이다. 아니 그것은 애초부터 있을 수 없었기 때문일 것이다.

우리는 이제라도 국립대학의 설립목적을 확인해야 한다. 아니면 적어도 그의 존재의미를 검토할 수 있어야 한다. 왜냐하면 시민사회가 능히 수행할 수 있는 일반목적을 위해 국고를 지출할 수는 없기 때문이다. 참고로 그 조문을 제시하면 다음과 같다.

교육기본법 제9조【학교교육】: ① 유아교육·초등교육·중등교육 및 고등교육을 실시하기 위하여 학교를 둔다. ② 학교는 공공성을 가지며, 학생의 교육 외에 학술과 문화적 전통을 유지·발전시키고 주민의 평생교육을 위하여 노력하여야 한다. ③ 학교교육은 학생의 창의력 계발 및 인성의 함양을 포함한 전인적 교육을 중시하여 이루어져야 한다. ④ 학교의 종류와 학교의 설립·경영 등 학교교육에 관한 기본적인 사항은 따로 법률로 정한다.

(3) 정부, 여당보다 더 정치적인 서울대학교

2008학년도 신입생모집을 위한 논술고사 도입에 대하여 정부와 여당이 제동을 걸자 서울대학교 교수협의회는 정치적 사안으로 몰지 말라는 성명을 발표했다. 이것은 순수한 교육목적의 대학선발 방식을 정부와 여당이 정치적으로 이용하려는 데 대한 항의로 볼 수 있다. 정치적 이용이란 서울대학교를 희생양으로 삼음으로 국민 여론을 환기시켜 정치적 이득을 보려는 것으로 여겨진다. 문제는 정부의 이런 태도가 입학전형을 내신 위주로 추진하려는 순수한 의지인가 아니면 실제로 정치적 이용을 위한 순수치 못한 의도인가 하는 것이다.

필자는 정부와 여당이 서울대학교의 본고사 부활 내지 논술고사 도입을 반대하고 내신 위주의 전형을 권고하면서도 내신에 대한 불신을 제거하는 방안을 마련하지 못한 점을 아쉬워한다. 따라서 여기서는 서울대학교 교수협의회의 주장대로 정부의 태도가 과연 정치적 이득을 위한 추악한 정치놀음인가 하는 점을 짚어보고자 한다.

대학입학제도는 이제 교육에 한정되는 사안이 아니라 이미 사회문제이고 정치문제이기도 하다. 700만 명의 학생이 있는 나라이고 50만 명 정도가 고교를 졸업하며 대학문을 두드리고 있다면 그 문제의 중심에 있는 대입제도가 어찌 대학만의 문제일 수 있을 것인가?! 특히 수십 년 동안 대입제도의 안정을 바라는 국민 여망을 채워 주지 못한 정부와 정치권은 문제해결에 책임이 있다. 이런 정부와 여당이 서울대학교를 향해 2008학년도 입시안에 대하여 발언하는 것은 너무나 당연한 일이다. 물론 '제압'이니 '초동진압'이니 하는 살벌한 용어를 쓴 것은 옳지 않지만 정부방안에 대한 정면도전 앞에 이성을 잃은 것이 아닌가 싶어 안타깝다. 그러나 그것이 문제의 본질은 아니다.

서울대학교는 단순히 교육적인 입학제도에 관한 문제라 하지만 서울대학교가 어떤 대학인가? 200여 개의 4년제 대학 중의 단지 하나일 뿐일까?! 우리나라에는 서울대학교와 기타 대학의 두 종류가 있을 뿐이라는 말이 있다. 이번 사안은 국민적 합의가 있어야 해결될 문제이고 그런 의미에서 정치적 사안이라고 본다. 필자는 서울대학교가 그동안 얼마나 정치적이었는지를 한번 지적하고자 한다.

서울대학교는 누가 뭐래도 정치적 비호 속에 성장한 대학이다. 군사정권은 말할 것도 없고 그 이후에도 정부의 특별한 비호 속에 성장을 거듭해 온 대학이다. 서울대학교 교수협의회는 군사정권 이래 정부간섭이 지금처럼 심한 적은 없었다고 하지만 자신들이 받아온 특혜에 대해서는 아무런 언급이 없다. 법률적 규정도 없이 일개 시행령만 두고 정부의 재량하에 포식하도록 지원받은 대학이다. 예를 들어 지리산과 광양시의 수백 만 평도 통째로 안겨주었다. 정부가 마련한 연구기금도 독식하다시피 하는 대학이다. BK 21기금도 자신의 요구를 들어주지 않는다고 현직 교육부 장관(박영식)의 경질을 요구했던 대학이다. 그런 대학이 정부의 간섭 운운할 수가 있을까?! 군사정권 이래 확립된 수직적 대학서열과 국립대 절대우위체제라는 정치적 수혜에 대해서는 왜 아무런 말이 없는가?! 이는 정치적이지 않은가?! 다시 말해 기득권 유지를 위해 특혜의 부당성을 지적하지 않는 것은 정치적이지 않은가 하는 말이다.

교육문제에 한정한다 해도 지나친 교육권력의 독점에 절망하고 있는 국민들에 대해 이제는 말을 해야 할 시점이다. 더 이상 정부와 여당이 정치적이라고 볼멘소리를 할 것이 아니라 자신들이 국민의 여망을 좇아 특혜를 포기하고 공정한 경쟁하에 최선을 다하는 대학으로 거듭나겠다는 정치적 해법을 내놓아야 한다. 그동안 국민의 사랑을 받아온 대학, 그러나 진실은 권력을 추구한 학벌이 곧 국립 서울대학교가 아닐까 한다.

(4) 왜, 무엇을 위한 국립대학 법인화인가?

먼저 일본의 예를 보면 「국립대학법인법」이 2003년 7월 9일에 참의원 본회의에서 통과되기까지 논의의 핵심은 국립대학들의 행정효율을 높이는 것이었다. 행정개혁회의 「최종보고」(1997년 12월 3일)는 행정개혁의 이념 및 목표를 '행정의 간소화 및 효율화'로 삼고 독립행정법인 창설을 제안하고 있다. 총칙은 '대학운영의 기본예산은 정부가 출자하는 것을 원칙'으로 규정하고 있다.

이를 미루어 동 개혁안은 개혁의 목적이 정부재정지원하에 효율성을 제고하는 것이고 이를 위해 행정법인을 창설한다는 것이다. 동시에 자주성과 책임도 강조하고 있다. 결국 국가기관으로서의 국립대학을 법인화함으로써 자주성을 높이고 행정효율을 극대화하겠다는 것이다. 여기서 자주성의 문제는 자율과 책임이란 용어를 쓰는 데서 알 수 있듯이 상호 모순적인 것이다. 왜냐하면 독립법인에 대해 자주적 운영을 보장하면서도 정부가 평가수단을 통하여 통제의 끈을 놓지 않으려는 이중적 태도를 보이고 있기 때문이다. 따라서 책임이 타율 책임이 아니라 자기 책임이라야 옳다. 이 문제는 일단 접어두고 효율성 제고를 위한 일본의 국립대학 법인화가 과연 타당한가 하는 점을 살펴보자.

동 개혁안이 효율성 제고를 목적으로 한다는 것은 반어법으로 말한다면 그동안 국가기관으로서의 국립대학들이 비효율적이었다는 고백이고 이를 극복하기 위해서 기업가 정신을 대학운영에 도입하는 것이라 할 수 있다. 그래서 동 법인법의 내용은 지배구조를 개선하자는 것으로 가득히 채워져 있다. 그러면서도 동시에 정부의 간섭의 끈인 평가권에 대한 정부의 집착도 보여주고 있다. 과연 정부의 권한을 직접적이 아니라 간접적으로나마 행사하며 정부와 민간기구 사이에 존재할 수 있는 갈등과 부조화를 어떻게 풀지 귀추가 주목된다.

그런데 필자는 일본의 「국립대학법인법」의 논의가 효율성 제고에 목적을 둔다는 데에 실망하지 않을 수 없다. 왜냐하면 효율성 제고를 위해서 국립대학을 굳이 법인화해야 하는가라는 문제가 제기되기 때문이다. 법인화가 효율성을 반드시 보장해 주는 것은 아니다. 국립대학이 그동안 존재해 왔다면 효율성의 문제보다 더 큰 어떤 의미가 있었을 것이다. 효율성의 문제는 언제나 상존하는 것이다. 다시 말해 국립대학의 존재의 문제는 효율성의 문제보다 상위의 가치라고 할 수 있다. 그런 의미에서 일본이 법인화를 추구하는 명분이 약하다고 하지 않을 수 없다.

일본의 국립대학이 독립법인화의 길로 들어선 것은 미국의 대학들이 사립대학 위주로 발전한 것에 자극받은 것이 아닐까 한다. 국립대학으로서는 도저히 사립대학과 같은 유연한 의사결정이 어렵고 탄력적이지를 못한 것을 보고 무한경쟁 시대에 살아남기 위한 전략으로 선택했다고 본다. 이게 사실이라면 국립대학의 행정효율 제고가 아니라 사립대학이라는 법적 성격에 주목하는 것이 옳아 보인다. 다시 말해 독립법인화를 지향하는 목적을 보다 뚜렷이 '국가의 통제로부터 벗어나 자주적으로 운영되는 것'에 두어야 하기 때문이다.

그런데 일본 예를 볼 때 그것은 기대하기 어려워 보인다. 왜냐하면 독립법인화한다고 하면서도 여전히 국립대학과 같이 취급하려는 태도를 보이기 때문이다. 즉 '국립대학법인'이라는 용어를 쓰기도 하고(행정법인이라는 말을 쓰지 않기로 함) 국가지원을 여전히 기대하고 또 국가기관의 평가를 당연한 것으로 받아들이며 법인화의 목적을 단순히 행정 효율성의 제고에 두는 등 미국식 사립대학 개념과는 거리가 있기 때문이다.

일본 예에서 보듯 「국립대학법인법」의 내용이 대학의 지배구조와 의사결정에 중점을 두는 것은 재원조달을 정부에 의존하기 때문이다. 만일 사립대학처럼 스스로 재원을 조달해야 한다면 지배구조와 의사결정에 관한 사항을 법률에 정할 이유가 없다. 대학에 일임하면 그만이기 때문이다. 왜냐하면 사립대학에 대해 국가가 강제할 수 없는 것이고 스스로 알아서 하면 그만이기 때문이다. 그러므로 일본에서의 지배구조에 관한 세세한 논의는 국가지원을 전제한 가운데 국가에 대한 책임을 누가 어떻게 질 것인가를 둘러싸고 논의되는 것들이라 할 수 있다.

지난 17대 총선에서 민노당이 정강정책으로 국립 서울대학교의 폐지를 주장한 것은 국립대학이 더 이상 존재할 필요가 없음을 선언한 것으로 효율성의 문제가 아니라 그 이상으로 국립대학에 대한 근본적 물음을 제기한 것이다. '학벌없는 사회만들기'를 비롯한 일부 시민단체가 국립 서울대학교의 폐지를 주장하고 일반 국립대학의 민영화 혹은 독립법인화를 주장하는 것도 효율성 제고와는 차원이 다르다. 즉 우리의 문제제기와 일본의 국립대학 법인화는 접근 자세가 다르다. 우리는 국립대학의 존재 자체를 문제 삼는 것이고 일본은 효율성 제고를 기대하고 있는 것이다.

이것은 우리에게 일본의 예가 참고 이상은 되지 못하며 독자적으로 우리의 입장에서 문제를 풀어야 한다는 것을 뜻한다. 우리는 국립대학에 대하여 어떻게 해야 할 것인가? 우리와 일본의 차이는 과연 무엇인가? 국가가 고등교육정책을 펼 때는 하나의 신념을 일관되게 적용해야 하고 국립과 사립 사이에 차별적이고 이원적이어서는 안 된다. 그래야만 국가의 의지가 가감 없이 고루 미치게 되기 때문이다. 더욱이 우리나라처럼 국립과 사립이 설립주체만 다를 뿐 학생선발과 교육과정과 학위 등 모든 부분에서 아무런 차이가 없다면 더욱 차별적이어서는 안 된다. 그럼에도 불구하고 국립대학은 국가의 배려가 직접 적용되고 사립대학은 배제되고 외면된다면 민주시대의 원리에 맞지 않는 일로 참으로 어이없는 일이다.

국립대학의 존재의 의미를 검토해야 한다는 것은 고등교육에 대한 일원화의 필요성을 제기하는 것이다. 모두 국립대학이거나 모두 사립대학이어야 국가의 고급인력과 학문생산정책이 성공할 수 있다. 방안에는 국립일원화와 사립일원화가 있다. 국립일원화는 전체 대학 중 80%에 달하는 사립대학과 재학생들을 국가가 책임지는 안으로 고등교육에 대한 사회주의다. 가능한 얘기인가? 물론 일부에서는 가능성 여부를 떠나 인류 보편적 차원에서 제기한다고 하지만 동의하기 어려운 주장이다.

그러나 국립대학의 독립법인화는 사립일원화의 효과를 기대할 수 있다. 비록 독립법인화된 대학의 뿌리가 국립대학이었을망정 법인격을 취득한 이상 더 이상 국립기관이 아니고 사립대학과 동격이기 때문이다. 일본식으로 효율성 제고 운운하지 않는다면 사실상 사립대학과 큰 차이가 없게 된다. 국립대학과 사립대학이 보완관계면 어떨까? 다시 말해 두 종류의 대학이 지금처럼 경합관계가 아니고 서로를 보완한다면 문제가 없을 것인가? 그러나 이런 보완관계를 생각하기는 어렵다. 사립이 못하는 분야를 국립이 하는 것은 관계없으나 사립이 하는 분야를 보완하기는 실제로 어려울 것으로 보인다.

중요한 것은 한 나라 안에 국·사립이 혼재하는 모순을 극복해야 한다는 것이며 이런 상태의 오랜 지속은 국가의 고등교육에 대한 철학부재를 반영하는 것이다. 서울대학교를 비롯한 국립대학들이 국고를 지원받는 명분이 무엇인가 하고 물은 적이 있는데 필자의 과문인지 아직까지 자신 있게 대답하는 것을 들어본 적이 없다. 짐작컨대 국립대학들이 선발과정에서 가난한 자를 배려한 적도 없으며 가난한 자들을 위한 대학이고 싶은 마음은 더욱 없기 때문일 것이다. 또 기초학문을 위한다는 변명도 들어본 적이 없는데 이는 대표적으로 백화점식 운영을 하며 실용학문 중심의 법대, 상대, 의대를 우대해 온 것을 스스로 잘 알기 때문일 것이다. 그러나 그럼에도 불구하고 아직까지 국고지원을 포기하고 사립대학과 동일선상에서 경쟁해 그의 권위를 인정받겠다는 말도 들어본 적은 없다. 눈먼 돈, 국고는 그만큼 달콤한 것인가?!

끝으로 독립법인화의 대상이 될 대학들에는 어떤 것들이 있는지 검토해 보고자 한다. 독립법인화의 목적이 일본과 달리 국·사립 이원체제의 해소에 있다면 이에 해당되는 국립대학들에는 어떤 것들이 있는가. 현재 우리나라는 모두 46개의 국·공립대학이 있다. 그 중 일반종합대학 26개, 교육대학 11개, 산업대학 8개 그리고 1개가 방송통신대학이다. 이 중 국립대학의 독립법인화 목적이 국·사립간의 불공정경쟁 해소라고 볼 때 사립대학과 경합하지 않는 교육대학과 특수목적이 인정되는 산업대학과 방송통신대학은 포함시킬 필요가 없다.

단지 24개의 국립대학과 2개의 시립대학이 독립법인화의 대상이다. 그 중 민영화가 가능하다면 우선적으로 민영화시켜 대학의 발전과 그에 대한 평가를 시장에 맡겨야 한다. 분할할 수 있다면 보다 용이할 것이다. 그러나 민영화가 어렵다면 정부의 간섭과 지원을 영구적으로 끊는 조건하에서 독립법인화를 강력하게 추구했으면 한다.

국가가 더 이상 직접 운영하지 않아야 할 고등교육기관에는 위의 26개 대학만이 아니고 과학기술부가 관장하는 KAIST, 정보통신부가 관여하는 한국정보통신대학원도 포함된다. 과거처럼 포항제철이 공기업이라면 포항공과대학도 당연히 포함될 것이다. 이들 대학이 국립의 모자를 벗어야 하는 이유는 이미 앞에서 말했지만 이들이 국가의 배려를 받는 동안 많은 사립대학들이 불공정경쟁에 희생되고 발전동기를 빼앗겼기 때문이다. 등록금 덤핑 하나만 하더라도 사립대학들의 기를 꺾기에는 충분한 것이다. 문화관광부 산하에 설립된 한국예술종합학교도 독자 생존의 길을 가야 한다. 이 학교가 국민의 혈세로 음악, 연극, 영상, 무용, 미술, 전통예술 등 6개 분야의 고급인력을 양성하고자 하는 동안 일반대학들의 잃어버린 기회비용을 무엇으로 보상할 것인가?!

우리는 국가주의에 의해 지나치게 방대해진 고등교육체제를 정비할 때가 되었다. 이 기회에 이 부분을 민간영역에 넘겨 시장원리에 따라 최소의 비용으로 자연스럽게 정비하는 것이 시대적 과제이다.

(5) 울산 국립대학교의 설립을 저지하라!

울산의 국립대학 설립에 대하여 울산시는 무조건 찬성하지만 부산시는 부산대학교를 비롯한 지역소재 국립대학의 발전에 도움이 되지 않는다고 보고, 해양대학교는 분교안을 이미 제출했으므로 정부의 신설방안을 못마땅해 하고 있다. 그러나 이런 논의는 정부의 일관성 없는 고등교육정책의 혼선이고 나아가 시대적 흐름에 역행한다고 할 수 있다. 김진표 부총리는 이미 국립대학의 독립법인화를 논의할 수 있다고 했다. 만일 국립대학들을 독립법인화한다면 이것은 국립대학들을 사립대학들처럼 자율적으로 운영하게 한다는 것이다. 그러므로 여기에 신설예정인 국립 울산대학교도 예외일 수 없다. 한편으로는 국립대학을 축소시키면서 다른 한편으로는 신설하는 이율배반적 행동을 하게 되는 셈이다. 그렇다면 무슨 이유로 이런 모순에도 불구하고 굳이 국립 울산대학교를 설립하려는 것인가?

국립대학을 설립하자는 측은 울산 같은 대도시에 국립대학이 없을 수 없고 현 정부의 국토 균형발전과 지방대학 육성목적에도 맞기 때문이라고 한다. 과연 그럴까? 특히 국토 균형발전이라는 목적은 울산시에 해당되지 않는다. 그 어떤 도시보다도 국가적 규모의 대공업단지가 있는 시가 꺼낼 명분은 아니다. 지방대학 육성이라는 측면에서 보아도 울산시에 이미 4개의 대학이 있고 울산 지역 학생들의 고등교육 수요를 채우지 못한다고 할 수 없다. 지방대학 육성과 지방 소재 국립대학 신설은 초점이 맞지 않는다는 말이다.

설혹 부분적인 타당성이 있다 하더라도 거시적인 고등교육정책의 자기모순과 시대역행이라는 근본적인 물음을 해소시키지는 못할 것이다. 고등교육에는 경쟁원리가 적용되고 적자생존의 법칙이 준수되어야 한다. 그래야만 발전할 수 있고, 이로 인한 대학의 경쟁력 확보는 시대적 명제라고 할 수 있다. 대통령도 대학은 공정하고 치열한 경쟁의 방향으로 나아가야 한다고 누차 말하였고 어느 교육부총리도 이런 노선에서 벗어난 적이 없다. 일본이 171개나 되는 국립대학과 연구소를 97개로 축소하면서 독립법인으로 전환한 것도 시장경쟁 원리를 보다 쉽게 적용하기 위해서이고 세계 시장에서 대학을 구할 수 있을 것이라고 보았기 때문이다.

이처럼 국립대학을 사립화 내지 독립법인화하면서 시장원리를 고등교육에 적용하는 이때에 국립대학을 신설한다는 것은 아무리 지역사정을 감안한다고 할지라도 시대적 요청을 거부하는 것이 아닐 수 없다. 국가예산이 풍부하다고 해도 곧이어 법인화시킬 것이 예상되는 대학에 국고를 투입할 이유는 없는 것이다. 물론 국립대학의 법인화가 공론화 초기 단계이고 과연 실현될 수 있을지 미지수라 할 수 있다. 그러나 대학의 시장화는 움직일 수 없는 대세이고 그것만이 대학의 경쟁력을 제고시킬 수 있는 방향에는 이미 공감대가 형성되었다고 할 수 있다.

지방대학의 육성을 위해서도 최선의 방안은 정부가 공정한 경쟁의 시장조건을 조성하는 것이다. 다시 말해 정부가 적극적으로 조처를 취하기보다, 적극적인 노력은 대학에 맡기고, 소극적으로 시장 감시 기능을 충실히 수행하는 것이다. 우리 모두가 잘 알다시피 우리나라의 고등교육은 낙후되어 있고 그 책임의 상당부분은 관치에 있다. 초·중등교육에 관한 정책사항은 시도교육청에 맡기고, 중앙부서로서의 교육인적자원부는 대학을 관장하기 위해서 존재한다고 할 수 있다. 최고의 엘리트 집단인 대학을 공무원들이 통제하고 규제하고 관장한다는 것은 대학의 전문성을 인정하지 않겠다는 것이고 세계적, 시대적 추세에도 맞지 않는다. 국가가 모든 것을 다하고 또 할 수 있다는 국가주의의 잔영이고 시민사회의 전개를 가로막을 뿐이다.

울산 지역 소재 지방대학의 열악화를 방지하고 육성시키는 문제는 울산시만의 문제가 아니고 수도권을 제외한 전국적인 현상이다. 그만큼 정부의 고등교육정책의 실패를 뜻하지만 이는 울산시가 나서서 해결해야 할 사안은 아니다. 아무리 울산시가 울산 소재 대학의 발전을 기원한다고 할지라도 신규로 국립대학을 신설해서 해결하겠다는 것은 지방자치단체의 과욕일 뿐이다.

한편 울산 같은 대도시에 국립대학이 없다는 것은 애향심에 비추어 볼 때 자존심이 상할 수 있다. 그러나 진정 울산 소재 대학의 발전을 희망한다면 국내 굴지의 현대그룹이 설립한 울산대학교를 전시적(全市的)으로 지원하는 것으로 충분하다. 포항공대처럼 포철이 지원해도 유수한 대학이 될 수 있는데 현대 같은 대그룹과 울산시가 전폭적으로 지원한다면 세계적 대학으로 발전하는 데 부족함이 없을 것이다. 울산에 국립대학을 신설해 시민의 자존심을 일시적으로 높일 수 있을지 모르나 그 여파로 현존하는 울산대학교가 아무런 자기 책임 없이 지역 이류대학으로 전락하고 사기가 저하된다면 그 책임은 어떻게 질 것인가?

혹 국립 울산대학교와 사립 울산대학교가 선의의 경쟁을 한다면 되지 않겠는가 하고 말할지 모르지만 이는 눈 감고 아웅 하는 격이다. 한쪽이 국고의 지원으로 등록금을 덤핑하면서 선의의 경쟁이 성립될 수 있겠는가?! 그건 시장을 교란시키는 불공정행위일 뿐이다. 근래에 설립된 충북대학이 연고가 오래된 인근 대학들을 압박하는 바람에 선발 사립대학들이 사경(死境)에서 비명을 지르고 있다. 진실로 지역 소재 대학과 지방의 발전을 원한다면 국민 혈세에 의존하지 말고 현존하는 대학들을 시와 시민들이 획기적으로 지원하라! 대학은 언제나 세계를 향해 열려 있어야 하고 그럴 때만이 진정한 대학이다. 만일 그런 대학을 울산 시민이 만들 수 있다면 지역의 자존심은 물론 국가의 발전에도 기여하는 것이 될 것이다. 보스턴 시민이 하버드대학을 키워 자랑스러워하는 것처럼.

(6) 카이스트의 문제와 러플린 해법

한국과학기술원(KAIST) 이사회가 로버트 러플린 KAIST 총장의 연임불가를 결의하자 그가 다음날 기자간담회를 열어 자신의 소신을 밝히고 필자에게도 메일을 보내 왔다. 내용은 이사회의 결의와 임직원들의 보직사퇴가 KAIST의 장래 문제를 해결하기 위한 것이 아니고 자신들의 신분적 이익을 우선한 것으로 노조원과 같은 행위라는 것이었다. 겉으로는 교수나 성직자인 것처럼 행동하지만 실질은 신분적 이익수호에 급급했다는 것이다. 그가 생각하는 중요한 장래 문제란 KAIST의 학부중심으로의 전환과 신분과 재원문제라고 할 수 있는데 반발 그룹들은 이런 문제를 외면하고 있다고 보는 것이다.

물론 그를 배척하는 세력들은 러플린 총장이 한국의 현실도 모르며 알려 하지도 않았고 재원도 조달하지 못했으며 자리도 잘 지키지 않았다고 공격하고 있다. 심한 경우에는 자격미달의 건달을 초빙한 게 아니냐고 혹평을 하고 있기도 하다.

이런 논란을 보면서 우리는 먼저 러플린 총장의 구상을 바로 이해할 필요가 있다고 본다. 그는 세계적인 움직임을 대학재정의 투명성과 경제성에 대한 요구 때문에 대학을 시장에 위임하는 추세로 보고 있다. 이때의 시장이 학부모와 학생들이라는 것이다. 그리고 정부간섭과 총량의 규제도 대학발전의 한계로 인식하고 있는 것이다.

다른 한 가지는 고급 과학지식에 대한 시장수요의 변천도 그가 시장을 주목하는 이유가 된다. 그것은 고급 과학지식 그 자체보다 고급 과학지식을 생산하고 유통하고 소비하는 방식에 대해 먼저 주목해야 한다는 관점이다. 과연 고도의 지식기반 사회에서 과학기술 교육이 경쟁력을 갖추기 위해서는 생산된 지식이 왜, 언제, 어떻게 사용되는지를 알아야 하고, 또 현실사회에서 어떤 가치를 지니는지 아는 것이 더 중요하다. 이를 '지식의 지식' 혹은 '메타지식'이라고 하는데 이 부분이야 말로 KAIST가 주목해야 할 부분이다. 그리고 이것을 습득하게 해줄 수 있는 기회, 방법 내지 제도는 시장뿐이라는 것이다. 물론 시행착오를 거듭하는 가운데.

KAIST의 재원조달 문제는 우리나라 대학의 향방을 가늠하는 시금석이 될 수 있다. 그동안 대학문제는 경쟁력 제고 방안이라든가 효율성 제고라든가 지방대학 공동화 방지 혹은 전국규모의 균형발전 같은 주제를 두고 논의해 오고 있다. 최근에는 개방형 이사를 두는 문제도 현안이 되고 있다. 그러나 이런 문제보다 더 근본적이고 시급한 것이 대학의 재원조달 방식이고 그의 대안은 시장뿐인 것이다. 좀더 구체적으로는 정부의 지원과 규제로부터 벗어나 시장 한가운데서 생존을 도모하는 것이라 할 수 있다. 학부중심과 신분전환은 그에 따라 자동적으로 도출되는 과제라고 할 수 있다.

오늘날 국립대학들에 나타나는 재정결핍의 위기는 정부재정의 경직성과 한계에 그 이유가 있으며 이는 대학발전에 심각한 위기를 초래할 수 있다. 여기에는 KAIST만이 아니고 서울대를 비롯한 일반

종합국립대학들과 정부예산으로 운용되는 한국종합예술학교나 한국정보통신대나 광주과학기술원 등도 모두 포함된다. 최근의 국립울산대도 생존을 국가의 지원에 의존한다는 데서 같은 위기에 봉착할 수 있다. 즉 KAIST의 재정자립 문제는 단지 그 대학의 문제에 한하지 않는다는 데서 문제의 외연이 확장된다.

노무현 대통령이 대학의 경쟁력 제고를 위해 시장화를 지향한다고 하면서도 국립대학의 사립화를 뜻하는 것은 아니라고 못을 박았기 때문에 러플린 총장이 KAIST의 사립화를 분명하게 내걸지는 못했지만 그가 지향하는 것은 실질적인 사립화이고 재원조달 창구가 학생과 학부모다. 정부기관 출연이나 산업연계는 2차 재원조달 창구라고 할 수 있다. 이처럼 학생과 학부모로부터 재원을 조달한다는 것은 대학이 시장의 수요에 따르며 동시에 새로운 시장을 창출하는 베이스캠프의 역할을 지향하는 것이다. 또 그것은 무한경쟁체제 속으로의 진입이고 고등교육의 시민사회 영역화라 할 수 있다.

KAIST는 우리나라 과학기술계를 대표하는 대학 중의 하나이고 러플린도 노벨 물리학상을 수상한 세계적인 과학자이다. 그러나 KAIST 임직원들과 러플린 총장은 시장의 수요와 공급이라는 시장경제의 메커니즘에 대해 인식의 차이를 보여주고 있다. 이러한 차이가 우리의 흥미를 돋우는 점도 있지만 정말 중요한 것은 정부와 대학의 관계자들이 국가의 장래를 생각하고 대학의 발전과 미래 산업기술의 향방을 고려하며 재원조달 문제를 풀었으면 하는 것이다. 국가에 의한 고등교육에 대한 재정지원의 한계는 이미 드러난 지 오래가 아닌가?! 그렇다면 대학재정 문제의 근본적 해결이라고 하는 데서 러플린 총장의 해법은 충분히 검토할 만한 대안이라고 보는 것이다.

[전문] ≪러플린 총장이 이공훈 상임운영위원에게 보낸 메일(번역문)≫

메일 감사합니다.

그렇습니다. KAIST 문제는 기본적으로 노동문제입니다. 지난주 학교에 학과장 일괄사퇴라는 문제가 벌어졌습니다. KAIST이사회는 이들의 편을 들어줬습니다. 이것은 곧 KAIST 개혁의 끝을 의미한다고 저는 생각합니다.

아시아에서 교수들은 그들 스스로를 매우 특별하며 높은 사회적 계급으로 생각합니다. 마치 성직자들처럼 말입니다. 그렇기 때문에 그들은 그들의 행동이 파업이라고 생각할 수 없는 것입니다. 모든 사람이 그렇다고 생각하는데도 말입니다.

사실 그들은 현대(HYUNDAI)그룹의 노동조합이 그러하듯 요구를 위한 노동조합이나 다름없습니다. 이러한 일괄사퇴는 교수와 교직원 모두가 KAIST의 '은닉되고 숨겨진' 노동조합을 (무의식적으로) 노출시킨 것입니다. 즉 그들은 몸을 낮추어 노동조합이 아닌 것처럼 위장하고 있습니다. 이러한 은닉과 위장이 평생고용과 해고 없음(철밥통)을 보장하는 정부정책에 의하여 가능한 것입니다.

제가 이 문제를 가시화한 것입니다. 이제 한국인들은 옳다고 생각하는 바에 따라 이 문제를 해결할 수도 있고, 안 할 수도 있습니다. 외국인으로서는 이 문제를 해결할 수 없습니다.

저는 KAIST를 민간재단에 매각하여 사립화하는 것이 좋다고 생각하고, 제가 만일 한국의 유권자라면 그것을 요구했을 것입니다. 그러나 저는 한국 유권자가 아닙니다. KAIST가 저에게 속해 있지도 않습니다. 저는 노무현 대통령을 위하여 일할 뿐이고, 그는 KAIST의 매각을 원치 않습니다. 그는 합법적으로 한국의 대통령으로 선출되었기 때문에 저는 그의 결정을 존중합니다.

≪영어원문≫

Dear Mr. Lee,

Thanks for the fan mail.

Yes, the KAIST problem is fundamentally a labor issue. Last week we had a strike. The KAIST Board of Trustees gave in to the strikers. That means the end of reform at KAIST, I think.

In Asia, faculty think of themselves as a special high-ranking social class —like priests. That's why they cannot think of their actions as a strike. Everybody else understands, though. They are, in fact, a labor union making demands, just as unions do at Hyundai. The strike revealed that KAIST has a "hidden" labor union problem, both in faculty and staff. I mean by this that they lie low and pretend not to be unions. This hiding is made possible by government polices of guaranteed job and no firing. I made this problem visible. Now Koreans can do something about the problem or not, as they see fit. A foreigner cannot solve it.

I agree that selling KAIST to a private buyer might be a good idea, and I would want this if I were a Korean voter. But I am not a Korean voter. KAIST does not belong to me. I work for President Roh, who does NOT want to sell KAIST. Since he is the legitimately elected President of Korea, I respect his decision.

RBL

(한국대학신문, 2006. 4. 12)

(7) 대학서열체제를 혁파하라?

"요컨대 무한입시경쟁의 본질은 대학서열체제이며, 입시경쟁으로 표현되는 우리나라 교육의 총체적 모순을 해결할 수 있는 본질적 매개고리는 대학서열체제를 혁파하는 것이다." (정진상, 『대학서열체제연구: 진단과 대안』, 한울아카데미, 2004, 334쪽)

대학서열체제 혁파가 교육개혁의 핵심이라? 그것이 교육개혁의 핵심이라고 공인된 것인가? 누가 그렇다고 하던가? 대학서열체제는 교육개혁의 핵심이 결코 아니다. 잘못된 전제에서 출발한 논리가 잘못된 결론에 도달할 것은 자명한 일이다. 대학서열 폐지가 교육개혁의 핵심이라고 누가 어떻게 가정했는지 어이가 없지만, 정진상 교수의 교육개혁의 열정이 뜨겁고 우리 교육을 사랑하는 마음을 읽을 수 있기에 촌음이 아깝지만 그의 허구를 밝혀 무의미한 노력을 그치게 하고 싶다.

대학은 서열체제가 자연스러운 것이다. 서열이 개인간에는 물론, 학과간, 학부간 그리고 학교간에 자연적으로 형성되기 마련이다. 그래도 설명을 부족하게 느낀다면 부연하겠다. 대학은 치열한 경쟁의 산물이다. 정말이지 대학에서 경쟁의 필요성을 말하기는 싫다. 그리고 경쟁이 이루어지는 장(場)도 무제한적이라는 점만을 말하면 충분하리라고 본다. 서열을 철폐하자는 것은 대학이기를 포기하자는 말이고, 경쟁을 포기하자는 말이고, 좁게는 대학간의 경쟁을 포기하자는 말인데 참으로 어이가 없다.

우리나라의 대학서열에 문제가 없는 것은 아니다. 그러나 문제의 핵심은 서열이 고정되어 있고 그런 고정화가 인위적이라는 데 있다. 그것은 대학사회가 경직되어 있고 석고화되어 있으며 썩고, 분해되고 있다는 말에 다름 아니다. 대학사회가 유연하고 서열이 유동화되고 가변적이 된다면 그런 문제는 풀린다. 아무런 문제가 없게 된다. 진짜 문제는 고정화된 대학서열체제가 인위적이라는 것이다. 뭐가 인위적이라는 말인가? 대학서열체제라는 피라미드의 정점에 국립대학들이 한결같이 자리 잡고 있는 게 이상하지 않은가?! 전국단위로는 서울대학교, 지방단위로는 지역거점 국립대학교가 정점에 있는 그런 서열체제가 우연인가? 그런 대학서열체제를 만든 권력의 숨은 의지를 보고 문제를 삼아야지 서열 자체를 문제 삼으면 말이 되는가? 태양을 보지 못하고 그림자를 탓하는 우둔함이여!

권력의 숨은 의지란 대학에 대한 국가권력의 장악의지를 말한다. 대한민국은 대학을 권력하에 종속시켰고 정권안보를 최우선시하는 후진국이 되고 만 것이다. 그 결과 대학사회는 20%의 국립대학이 80%의 사립대학을 올라타고 능멸하고 있다. 대학은 국·사립을 막론하고 모두가 권력의 취향에 맞게끔 자기 조절하는 비교육적 교육기관이 되고 말았다. 실정이 그러하거늘 무슨 고색창연하게 상아탑 운운할 것인가.

나는 그 시점이 유신 이후 고려대학교에 탱크가 들이닥쳐 캠퍼스를 제압하고 국립 서울대학교에는 관악산을 안겨주던 때라고 본다. 그 후 우리나라 대학들은 국가권력의 울타리 안에 갇히고 말았다. 혹자는 박정희 대통령이 경제개발에 큰 공적을 남겼다고 하지만 대학을 휘어잡아 숨통을 조이고 학문의 발전을 가로막아 오늘날처럼 낙후한 고등교육체제를 유산으로 남겨준 역사적 과오를 범했다고 본다. 우리나라 기업이 세계를 무대로 상한가를 칠 때 대학들은 국민의 짐이 된 것이다. 그 모든 결과의 원죄를 박정희가 져야 한다.

원래 대학은 국경을 인정하지 않는다. 진리가 국경을 초월하듯, 종교가 국경을 무시하듯, 사랑이 국경을 넘나들 듯, 대학도 그래야 한다. 대학은 원래 국내용이 될 수 없는 물건이다. 그러나 아쉽게도 우리나라 대학들은 모두, 모조리, 전부 국내용뿐이다. 권력에 제압당해야만 했고 지금도 제압당하고 있는 대학이 국내용이 아니고 무엇이란 말인가?! 국립 서울대학교가 권력의 편애를 듬뿍 받은 대학이지만 골목대장에 불과하고 그에 자족하며 지금도 정부에 손 내미는 철없는 대학이다. 정부의 지원이 없으면 아마 한 달도 버티지 못할 것이다. 그래서 국민들에게 걱정을 끼치고 있는 게 아니겠는가?!

대학서열체제는 국가권력의 소산이다. 정진상 교수가 대학서열을 혁파하자고 하는 것은 또 하나의 국가권력에 대한 맹신일 뿐이다. 대학은 국가권력과 일정한 거리를 두는 기관이어야 하고 서로 선의의 견제를 하고 격려를 하는 그런 관계여야 한다. 그런 대학의 모습을 그대는 상상이나 할 수 있는가?

(8) 대학은 시민의 것, 정원령을 철폐하라!

대학에서 수학할 수 있는 인원을 대통령령으로 정한다고 한다. 이것이 소위 정원령인데 고교졸업 예정자의 90%가 대학진학을 희망하고 그 중 실제로 진학하는 자들도 90%에 달하는 상태에서 대학정원령이 무슨 의미가 있을 것인가? 지방에는 등록률이 50%도 안 되는 대학들이 속출하고 있다. 이제는 심하게 얘기하면 어중이떠중이도

대학 가는 세상이다. 그럼에도 불구하고 대학정원령은 필요할 것인가? 총정원이건 단위대학의 정원이건 마찬가지다. 대학이 정관에서 정원을 정하는 것은 문제될 게 없지만 정부가 정원령을 발하는 것은 참으로 어이없는 일이다. 특히 사립대학의 정원을 정부가 정해 준다는 모순을 정말 이해하지 못하겠다.

필자는 대학교육이 보편교육이 된 이상 누구나 대학 가겠다는 것을 말리기는 이미 어려운 세상이 되었다고 본다. 그렇다면 모두 다 대학 가는 세상을 전제로 우리의 미래를 꾸며 갈 수밖에 없고 그것이 현명한 처사다. 많은 사람이 누구나 다 대학 가려는 현상을 우려한다. 이유는 실력과 능력이 모자란다는 것이다. 시간과 비용과 정력을 낭비하고, 청년실업의 굴레를 벗어나지도 못하며 본인과 사회에 누가 될 뿐이라 한다. 그런 점도 있을 것이다. 분명 대학교육을 받고도 그 효용을 다하지 못하는 경우가 얼마든지 있을 수 있다. 그러나 이런 문제를 해결하기 위해서 정부가 대학정원을 통제해 해결하겠다는 것은 대학이라는 것을 잠시라도 생각해 본다면 희극도 그런 희극이 없음을 금세 이해할 것이다. 말끝마다 대학을 시장화하고 경쟁을 하게 해야 한다고 말하면서 정원령이라는 통제의 끈을 놓을 생각을 하지 않는 모순이란.

이 문제에서 중요한 관점은 누가 대학교육의 결과에 대해 책임을 질 것인가이다. 왜냐하면 대학교육은 성인교육이기 때문이다. 누가 대학교육을 받고도 청년실업에 빠질 것을 염려한다면, 그것은 필자가 보기에, 타인의 인생을 염려하는 것으로 가당치도 않은 일이다. 자신은 인생을 낭비하지 않을 자신이 있기나 한 것처럼. 구세주가 나와 세상을 구제하기 전에는 불가능한 명제를 두고 염려하는 모습들이란…. 필자도 대학을 무턱대고 갈려는 풍조를 염려하지 않는 것은 아니다. 그러나 더 이상 이런 풍조를 막을 수 없다는 불가항력적인 측면 말고도 긍정적인 측면에서 보아야 할 점도 있다. 이를 네 가지로 나눌 수 있다.

첫째, 대학수학능력이 없는 자가 대학에 가려할 경우, 무조건 비판만 할 것이 아니라 그를 가르친 교사, 학부모 혹은 주변동료가 그 취지를 잘 설명하는 데 그치고 선택은 본인에게 맡기는 것이 옳다. 타인의 대학수학능력이 없다고 판단하는 일은 대단히 어렵고 위험한 일이다. 예를 들어 아인슈타인이나 에디슨 같은 자에게 대학교육기회를 제공하지 않는 과오를 범하기 쉽다.

둘째, 대학은 전문인을 양성하는 곳이라는 명제가 있지만 사회에서 실제로 전공을 살려 일하는 비율은 20%도 채 되지 않는다. 나머지는 전공을 살리지 못하고 있다. 그렇다고 그들이 대학교육을 받지 않았어야 한다고 할 수 있는가? 대학교육 이수능력이 없다고 하는 것은 특정전공에 대해서일 뿐이다. 그렇다면 전공 이외에 얻는 학습효과를 차단해서는 안 된다. 대학은 '학문을 하는 곳'이 아니라 '학문적 자유를 마시는 곳'이라고 대학의 분위기를 설명한 자도 있다. 전공과 관심은 평생을 두고 몇 번씩 바뀌기도 하는 것이다.

셋째, 필자는 우리나라 젊은이가 정상적인 중등교육을 받았다면 특별히 우수하지 않더라도 가능하면 대학에 가기 바란다. 대학교육이 내실을 기할 수 있다면 그게 국력이 아니고 무엇이겠는가? '보다 많이 대학교육을 받게 하자!'는 필자의 주장은 대학진학률이 너무 높고 청년실업이 거리에 넘쳐나고 학비가 천정부지로 올라 학부모의 허리가 휘는 현실에서 비현실적으로 들릴 수 있다. 그러나 청년실업 문제도 대학을 우수하게 마친 자들이 많이 배출되면 보다 쉽게 극복될 것이다. 학비문제는 낭비처럼 보이기도 하지만 꼭 그렇게 볼 것만은 아니다. 60, 70년대 학부모들은 자녀교육을 위해 소 팔고 땅 팔았지만 그 보상을 받았다고 본다. 그때 대학생들이 공부를 열심히 했을 것이라고 보는 것은 착각이다. 데모하느라 해마다 수업일수가 모자라 졸업을 시키느냐 마느냐, 유급을 시키느냐 마느냐 하는 게 당대의 현안이었다. 오늘날 정치 지도자들 가운데는 대학교육을 충실히 받지 못한 자들도 수두룩하다. 대학은 원래 그런 곳이다.

넷째, 가장 중요한 문제로, 대학교육은 근본적으로 시민사회의 영역이다. 국가가 관여할 영역이 아니다. 우리나라가 대학교육기회를 대학정원령으로 통제하는 무모함을 언제쯤 깨닫게 될 것인지 모르겠다. 우리나라의 대학체제가 제대로 정비된 것은 박정희정권 시절인데 이때 대학정원령은 대학을 통제하는 큰 무기였다. 이 정원령 앞에 국립대학이건 사립대학이건 모두 무릎을 꿇었다. 그 결과 대학은 그 어떤 분야보다도 세계적 기준에서 낙후되었다. 탄식할 일이 아닌가?!

우리나라 최고의 대학이라고 자타가 공인하는 국립 서울대학교가 대학원까지 두고 있음에도 불구하고 학부를 졸업하면 서둘러 해외 대학에 보내 석·박사과정을 마치게 하는 게 교수들의 할 일이다. 부끄럽지도 않은가?! 어쩌다 이런 지경에 이르렀는가? 대학을 국가의 통제 아래 둔 업보임을 알기 바란다.

(9) 대학 기여금 입학제

기여금 입학이 논란이 되고 있다. 대학 총장들은 연명으로 기여금 입학을 허용해 달라고 정부에 건의하고 정부는 '불가'를 외치고 있다. 필자는 이런 논의를 의도적으로 피해 왔는데, 이유는 이것이 교육의 중심과제가 아니라고 보았기 때문이다. 필자가 생각하는 교육 중심과제의 으뜸은 대학에 대한 국가의 일관되고 평등한 관점의 확립이다. 대학을 국·사립 이원체제로 나눈 것은 아무런 정당성이 없다. 또 하나는 대학입학제도의 대학의 전권행사다. 그런데 대학 기여금 입학제는 이런 두 가지 과제에 모두 부분적으로 관계되는 사항이기는 하다.

대학 기여금 입학은 기본적으로 대학의 관장 사항이다. 무슨 이유로 국가가 나서서 콩 심어라 팥 심어라 하면서 간섭할 수 있는가? 그렇다고 또 대학의 관장 사항으로 일임하면 문제가 다 풀릴까? 아마도 대학사회의 불균형이 심화될 것이고, 이런 상태는 단순한 적자생존의 법칙에 머물지 않고 모두를 파멸의 구렁텅이에 빠뜨릴지도 모른다. 그럼에도 불구하고 대학의 관장 사항이니 정부는 손을 떼라고 요구할 수 있을까?

이런 가정이 성립하지 않을 수도 있다. 즉 자율적인 대학 기여금 입학제로 인하여 대학사회 전체가 혼란에 빠지지 않을 수도 있다. 그러나 그럴 가능성(혼란에 빠질 가능성)을 전적으로 배제하기도 어렵다. 이 제도가 없는 상태에서도 이미 대학의 불균형은 심각하고 한계상황에 봉착한 대학들이 나타나고 있다. 이 대학들을 대학 기여금 입학제는 더욱 강하게 압박할 것이다. 혹자는 '그런 대학을 퇴출시키는 것이 무엇이 잘못인가?' 하고 물을 수 있다. 그러나 그런 대학들이 한계상황에 오기까지 정부의 잘못은 없었던 것일까? 과거의 정책은 나 몰라라 하고 퇴출장치에 책임을 떠넘길 수 있을까?!

대학 기여금 입학제가 도입되면 그 혜택은 일부 대학에 집중되어 불평등하게 될 것이다. 그렇더라도 대학을 시장 한가운데 세워야 한다는 원칙에서 볼 때 이 제도를 피해갈 수는 없다. 그러므로 필자는 이 제도에 원칙적으로 찬성한다. 그러나 그 전에 국가의 일정한 역할이 선행되어야 한다고 본다. 그것은 국가가 일부 대학에 특혜를 베풀던 정책을 먼저 없애는 것이다. 국립대학들은 오직 국립이라는 이유로 국가의 혜택을 받고 이를 무기로 수업료 덤핑이라는 시장 교란 행위를 자행하고 있기 때문이다. 이것이 제거된 후에 소외되고 낙후된 대학에 보상이 따라야 한다. 과거의 대학통제, 즉 정원제, 등록금 제한, 학과개설에 대한 인준 등등은 대학의 운영을 규제하는 것이었고 이의 결과로 불이익을 받은 대학에 대해 적절히 보상하는 것이다. 그리고 공정한 시장경제로 나가게 해야 한다.

기여금 입학제는 그 후에 도입되어야 한다. 기여금 입학제는 적어도 시장 교란 행위라고 말할 수는 없다. 따라서 필자는 기여금 입학제보다 국립대학에 대한 국가 지원의 중단이 우선이라고 보고 기여금 입학제 논란에 뛰어들지 않았던 것이다. 국립일원화 또는 사립일원화하여 대학에 대한 국가의 일관되고 평등한 관점을 세우는 것보다 더 시급한 일이 무엇이 있을 것인가.

도대체 어떤 이유로 국립대학에 대한 국가의 지원은 타당하고 사립대학의 기여금 입학은 부당하다는, 역차별적 혹은 차별적인 주장이 세를 타는지 알다가도 모를 일이다.

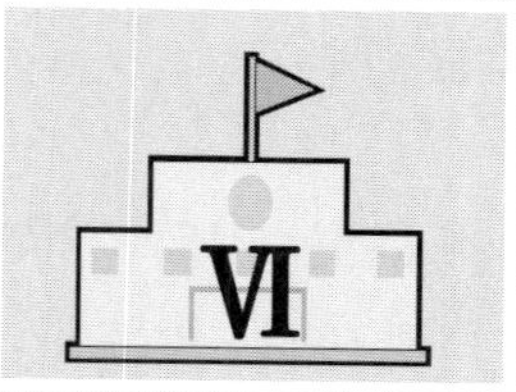

우리나라의 학벌

1. 학벌의 어제와 오늘
2. 학력과 학력병의 정의 및 단계
3. 우리나라의 학벌병과 그 효과
4. 학벌주의 타파를 위한 시민운동
5. 학벌타파에 대한 '국민의 정부'의 직무유기
6. 학벌타파를 위한 '참여정부'의 대응

1.
학벌의 어제와 오늘

학벌은 군벌이나 재벌에 준하는 것으로 학연을 매개로 한 비공식적 권력집단이라 할 수 있다. 과거에는 별문제가 되지 않았으나 군사문화가 지나고 경제적 공룡인 재벌에 대한 개혁이 진행되는 것과 함께 학벌에 대한 문제의식도 떠오르고 있다. 이러한 문제의식의 표출은 괄목할 만한 민주주의의 소산이라고 할 수 있다. 비민주적일 때는 패거리 행태가 권력의 속성으로 은폐되고 나아가 비호를 받는다. 그 예가 조선시대의 문벌이고 청나라 말기 군벌의 발호라 할 수 있다. 최근의 학벌에 대한 문제제기는 시민사회를 향한 큰 진전이다. 그러나 학벌의 폐해가 지적된 지도 일천하고 논의의 관점도 분분하기 때문에 보다 심도 있는 논의가 필요하다.

학벌은 사회의식의 문제이기도 하다. 그래서 학벌주의 혹은 학벌문화라는 말을 쓴다. 이는 학벌 현상이 근본적으로는 우리 의식의 바탕에 자리 잡은 문화적 전통과도 깊은 관련이 있음을 뜻한다. 조선시대의 문벌주의는 가문을 통하여 혹은 학파를 통하여 각각 국가권력을 다투었다. 이런 양반문화의 폐해를 알면서도 다른 대안을 찾지 못했기 때문에 오로지 문벌에 들기 위한 혼신의 노력만 지속되었다. 결국 다가올 시대를 예비하지 못해 국가적으로 큰 불행을 맞이했었다.

오늘의 학벌주의는 이런 문벌주의의 현대판 변용이라 보면 된다. 외형적으로는 왕조통치가 근대 민주주의 국가로 발전해 온 것이 우리의 모습이지만, 의식적으로는 전근대적 봉건적 문벌주의가 그대로 이어져 온다고 할 수 있다. 비록 문벌은 무너졌으나 새로운 학벌이 형성되어 강화되며 열심히 문벌을 대체하고 있는 것이다.

서울에 소재하는 특정대학과 지방의 몇몇 대학들은 정치권력을 독점생산하고 있다. 이런 현상은 건국 이래 50여 년 동안 거의 변함없음을 보여준다. 대학교의 수가 전문대를 포함하여 350개나 되는 나라에서 극히 소수의 학벌이 정치권력을 독점하는 나라를 과연 민주주의 국가라고 부를 수 있는지 모르겠다. 최고경영자 그룹에 대한 통계도 정치적 독점 비율에서 크게 다르지 않다.

대학은 첨단학문을 연구하고 교육하여 사회를 선도하는 것이 제 역할이지만 그동안 우리의 대학은 이 목적에 충실하기보다 사회의 신분적 질서를 수립하는 데 기여했다고 할 수 있다. 학벌이 사회적 신분이 되고 전국단위로 시행되는 대학입시가 신분취득의 장으로 활용되기 때문이다. 옛날의 과거제도와 오늘의 입시가 아무런 차이가 없다. 대학입시가 외형적으로는 대학입학을 위한 경쟁인 것처럼 보이지만 실제로는 소수 특정대학을 통한 신분취득 경쟁이다. 여타 대학들은 들러리 역할 이상을 하지 못한다.

우리 사회의 근대화 과정은 대단히 역동적이었고 언제나 예상을 뛰어넘었다. 이런 근대화의 역량을 결집시키기 위해서는 사회적 질서와 안정이 요구되었는데 이런 요구에 군사문화와 문벌주의 전통이 합작해서 대응해 왔다고 할 수 있다. 다시 말해 대학이 학문으로 사회를 선도하는 역할보다 신분적 질서를 형성 유지시키는 기능을 더 중요시했다는 것이다. 이런 신분적 질서의 정점에 학벌이 있고 이는 성격적으로 국가학벌을 의미한다. 최근에는 사학에도 학벌이 형성된다고 하는 시각이 있는데 이는 국가학벌에 대항하는 대항학벌로서 큰 의미가 없다.

국가지원으로 국립 서울대학교가 관악산으로 이주한 것은 국가학벌의 형성에 절대적인 계기가 되었다. 당시는 경제개발 연대로서 국가의 자원이 산업부문에 집중되었으나 정당성이 약한 정권에 대한 대학사회의 반발은 극심하였다. 따라서 국가권력은 대학을 통제하기 급급했고 시민사회의 전개를 허용하지 않았다. 결국 경제적으로는 괄목할 만한 성공을 거두었다고 하지만 시민사회의 견인차인 대학사회가 희생되고 말았다. 애통하게도 대학은 통제와 보호 속에 안주하는 온실작물 같은 존재가 되었으며 시민사회의 도래는 그만큼 지체된 것이다.

당시에 이미 민간영역은 인재를 배출할 능력을 확보한 상태였다. 사립대학들이 시설과 자금도 갖추었고 의지를 가지고 팽창일로를 걷고 있었다. 그때 국가는 국립대학에 대한 지원을 끊고 시민사회의 역량강화를 지원했어야만 했다. 그러나 국가의 고등교육정책이 정권안보에 밀리는 바람에 학벌이 만연한 봉건적 질서가 수립된 것이다. 그 의미는 국가의 보호와 지원을 비판하지 않고는 학벌문제를 해결할 수 없고 학벌이 국가에 의해 형성되고 국가권력과 결탁해서 성장한 국가학벌이라는 것이다. 따라서 학벌문제의 해결과 시민사회의 전개를 위해서는 고등교육에 대한 국가의 정책을 살펴볼 필요가 있다.

2. 학력과 학력병의 정의 및 단계

현재 우리나라는 과거의 봉건제도나 인도의 카스트처럼 신분 내지 계급사회라 할 수 있다. 즉 학벌에 의해 신분이 구분되어 있는 것이다. 학벌이 없거나 낮은 사람의 신분은 낮고, 좋은 학벌은 높은 신분을 상징하며 각각 다른 대우를 받는다. 학벌에 의해 결혼, 취업, 승진 등 개인생활이 결정되고 결국 사회 전반이 지배되고 있는 것이다.

원래 학벌이란 교육의 이력을 나타내는 것으로 그에 맞는 사회적 진출과 보상은 당연하고 바람직한 것이기도 하다. 그러나 이것이 우리나라에서는 그 도를 넘어선 것이다. 하나의 학벌이 사회 전체를 지배하고 있으므로 이 학벌을 획득하기 위하여 학생간 그리고 학교간에 비교육적인 경쟁이 일어나고 있다. 그 결과 교육뿐 아니라 사회 전반에서 역동성이 저해되고 불평등과 비효율이 나타나고 있다. 이러한 현상을 학벌병 혹은 학벌주의라 부를 수 있다. 그러나 그 심각성이 우리 사회에 아직 충분히 인식되어 있는 것 같지 않다. 먼저 학벌과 학력의 개념과 여기에서 연유되는 사회적 병리를 정리해 보면 다음과 같다.[1)]

1) 김부태, 『한국학력사회론』, 내일을 여는 책, 1997, 15-67; 송병순·이영호, 『현대사회와 교육』, 문음사, 1999, 311; 이정규, 『한국사회의 학력·학벌주의: 근원과 발달, 집문당, 2003, 17-56; 이종각, 『교육열 바로보기』, 원미사, 2003, 233-267; ____ 편저, 『한국의 교육열, 세계의 교육열, 해부와 개혁』, 하우 2005, 15-44; 중앙일보, "대학졸업장 가치는 7억5000만원", 2002. 7. 3; 최돈민, 「학력주의의 실상과 대응방안」, KEDI교육정책포럼－한국교육의 현실과 대안(6), 『우리 사회의 학력, 학벌주의극복을 위한 정책방향과 과제』, 한국교육개발원, 2001; 한준상, 『한국교육개혁론』, 한국학술정보(주), 2003, 67-98.

학력(學歷)이란 모든 제도적인 교육을 수학한 이력, 혹은 '가방끈'으로서 졸업장·학위증 등 수학증서로서 증명되고 있다. 이것을 일반적으로 '학벌'이라 부르는데 보통은 대학교육 이상의 고학력을 의미한다. 학력의 본래 순기능은 학력이 학력(學力), 즉 능력을 갖추고 사회에 실질적인 기능을 수행하고 그에 따른 지위와 소득을 향유하는 것이다. 환언하면, 수학증서에 명시된 학력(學歷)의 명목가치와 실제 보유한 학력(學力)인 실질가치가 일치하고 이에 따라 보상이 이루어지는 능력주의인 것이다. 이때 작용하는 국민의 교육열은 인간가치의 실현을 위한 순수한 의미의 '이상주의적 교육열'이고, 그리고 이러한 사회를 '실질적, 기능적 학력사회'라 할 수 있다.

그러나 학력사회는 바로 학력의 역기능에 의해 변질된다. 학력의 역기능이란 초등·중등·고등교육 단계의 수직적 관계 속에 상대적으로 고학력 학벌의 소유자들이 자연스럽게 사회적인 특권을 누리며 상류계층을 형성하는 것이다. 즉 일반적인 고학력의 학벌 소유자들이 신종 '귀족계급'으로 정착하며 학력이 신분 내지 계급으로 작용하는 것이다. 이때는 보통명사(普通名詞)로서의 학벌에 의해 '학력의 계급화'가 이루어진다. 그리고 사회적인 지위와 소득이 학력의 실질가치보다는 명목가치에 따라 결정되는 것이 관행과 제도가 된다. 이에 따라 누구든지 학벌을 소유하면 그것이 간판이 되어 귀족의 대우를 받고, 반면에 학벌이 없으면 학벌 소유자 이상의 사회적 기여를 해도 인정을 받지 못한다. 이와 같이 학력이 신분과 간판으로 작용하는 사회는 반(反)능력주의로서 '형식적, 상징적 학력사회'라 지칭할 수 있다. 이러한 사회적 현상을 보통 '학력주의'(credentialism)라 부르고 있다.

학력주의하에서 고학력에 대한 수요는 계속 증가하고 공급을 유발하게 되지만 더 이상 순수한 학력(學力) 자체를 겨냥한 것이 아니다. 교육열도 더 이상 이상주의적인 것이 아니고 현실적 실리를 추구하므로 '현실주의적 교육열'이라 할 수 있다. 학벌의 양적 증가에 따라 그 실질가치는 자연스럽게 하락한다. 그 결과 고학력 실업자가 양산되고 하향취업이 보편화된다. 이것이 학력병의 전형적인 증세라 할 수 있다. 그러나 역설적인 것은 학벌의 희소성과 실질가치가 낮아질수록 학력병은 진전되어 학력에 대한 수요가 더욱 확대되고 또 심화된다는 것이다.

첫째, 학력에 대한 수요가 확대되는 이유는 학력이 더 이상 희소하지 않더라도, 오히려 흔해졌기 때문에, 이제는 사회적 경쟁의 필수적인 전제조건이 된 것이다. 그러므로 실질가치가 하락하여도 국민들은 학력 자체를 더욱 추구하고 이에 부응하여 교육기관도 증가하므로 학력이 양적으로 팽창하게 된다. 뿐만 아니라 수요의 대상이 고등학교에서 대학, 대학에서 대학원, 석사에서 박사, 국내학위에서 외국학위로 더욱 고학력화 내지 고급화되는 것이다. 이와 같이 학력이 수요와 공급의 상호작용에 의하여 나선적으로 상승, 확대, 팽창하는 현상이 '학력 인플레이션'이다. 이것은 간판으로서의 학력을 추구하는 '현실주의적 교육열'에 의한 것으로 학력병의 제1단계로서 학력의 '외부적 비대증'이라 부를 수 있다.

둘째, 학력에 대한 수요가 심화된다는 것은 동일한 단계의 학력 중에서도 어떤 특수한 학교의 학력만을 집요하게 추구하는 것이다. 왜냐하면 학력인플레이션이 진행되면서 학벌들의 실질가치가 전반적으로 하락하는 추세 속에 상대적으로 덜 하락한다고 여겨지는 학벌을 찾게 되는 것이다. 즉 '일반적인 학벌'들 내에서 '특수한 학벌'들이 더욱 추구의 대상이 되며 이들 중에 다시 서열이 나타나게 된다. 그리고 최종적으로 그중 최상위에 하나의 '슈퍼학벌'이 등극하여 전국의 학력에 대한 수요를 독점하는 것이다. 환언하면, 전국의 학력수요가 슈퍼학벌이라는 일극(一極)에 집중되는 것이다. 이것을 '현실주의적 교육열'에 의한 학력병 제2단계인 학력의 '내부적 협착증'으로 소위 '학벌병'이라 할 수 있다.

이러한 학벌병이 유감스럽게도 우리나라 고유의 현상으로 나타난 것이다. 그 원인으로 작용하는 특수한 학벌들은 중등교육에서의 명문고, 고등교육에서는 지방국립대와 서울의 소수 명문사립대, 그리고 슈퍼학벌은 국립 서울대에 해당한다. 이들 특수한 학벌의 소유자들은 동문이라는 집단을 이루고 여타 학벌들보다 높게 평가되며 높은 보상을 누리고 있다. 이것은 동일한 교육단계의 수평적 관계에서 특수한 학벌에 과도한 보상이 이루어지는 것으로 새로운 명칭으로 '학벌주의'(hakbulism)라 부를 수 있다. 이때의 학벌은 '국적은 바꿔도 학벌은 못 바꾼다'는 고유명사(固有名詞)로서 과거 문벌(門閥)에 해당하며 '학벌의 집단화'로 지칭될 수 있다.2)

특수한 학벌들은 상호간 경쟁관계에 있으므로 그들이 추구하는 이익은 배타적일 수밖에 없다. 그중에 서열의 정점에 있는 슈퍼학벌이 누리는 사회적 프리미엄은 여타 학벌에 비하여 압도적으로 크며 사회를 독점적으로 지배하는 '지배학벌'이 된다. 그러므로 학벌들에

2) 김동훈, 『한국의 학벌, 또 하나의 카스트인가』, 책세상, 2001, p. 15 f.; 최돈민 외, 『학부모 학력주의 교육관타파 방안 연구』, 한국교육개발원 수탁연구 CR 2001-46, 한국교육개발원, 2001.

대한 학력병은 서로 독립된 병들이 아니라 슈퍼학벌에 대한 하나의 학벌병에서 파생된 복합적인 현상이다. 즉 중등교육에서의 학력병은 국립 서울대를 향한 수단적 의미의 학력병이고, 사립 명문대들에 대한 학력병은 서울대를 향한 학력병에서 파생된 부차적인 대타용인 것이다. 그러므로 우리나라에는 국립 서울대를 제외하면 학력병은 존재하지 않고 현재의 학력병도 결국 서울대의 학력에 대한 하나의, 유일한 학력병으로서 '학벌병'이 있을 뿐이다.

국립 서울대를 향한 학벌병은 그러나 서울대 정원이 제한되어 있으므로 학벌의 지대가치를 더욱 높이며 서울대 학벌을 절대권력으로 승화시켰다. 이렇게 절대권력이 된 학벌의 지대효과는 다시 학벌병을 더욱 고질적인 중증으로 발전시켜, 결국 우리나라 학력병의 실체(substance)를 이루고 있다. 이러한 학벌병이 우리 사회에서 긍정적인 교육문화로 인정되고 의식, 무의식적으로 고정관념 내지 이데올로기로 정착되어 제도와 관행으로 구현되고 있는 것이다. 이와 같이 서울대 학벌이 사회를 지배하며 지고한 가치로 추앙되는 현상을 '서울대주의'(snuism)라 할 수 있다.

우리나라에서는 학력병이 제1, 2단계로 진전되어 고학력이 양적으로 비대해지는 학력인플레이션의 단계를 지나 학벌주의가 지배하는 학벌병의 단계에 있으며 이 과정 중에 서울대주의가 서서히 등장하여 득세한 것이다. 그러므로 한국의 교육열이란 다름 아닌 국립 서울대학교에 대한 열망이다. 공산주의하에서 공산당의 당적을 열망하듯이 서울대주의하에서 전국의 모든 학생과 학부모, 모든 고등학교들과 지방자치단체들이 서울대 학벌을 열망하는 것은 너무도 당연한 일이다. 그리고 이 열망으로 인해 우리나라의 교육 전반이 황폐케 됨도 당연한 일이다. 나아가 사회 각 분야의 화합과 발전에도 부정적일 수밖에 없다. 사회 전체가 인체처럼 각 분야가 상호 밀접하게 연관된, 하나의 유기체와 유사하기 때문이다. 지금까지 서술한 내용을 표로 요약하면 다음과 같다.

학력병의 정의 및 단계

학력:
제도화된 학교교육의 이력; 대학 이상의 고학력='일반적인 학벌'

학력의 순기능:
이상주의적 교육열 → 학력의 명목가치=실질가치(學力)=능력주의
⇒ 실질적, 기능적 학력사회

학력의 역기능:
현실주의적 교육열 → 학력의 명목가치 > 실질가치(學力)=반능력주의
⇒ 형식적, 상징적 학력사회 ⇒ 학력병

학력병 제1단계: 외부적 비대증
수직적 교육단계에서 발생하는 '학력의 계급화' ⇒ 학력주의
'일반적 학벌'의 고학력화 및 팽창 ⇒ 학력 인플레이션

학력병 제2단계: 내부적 협착증
수평적 교육단계에서 발생하는 '학벌의 집단화' ⇒ 학벌주의
'특수한 학벌'에 대한 추구욕=학벌병 → '슈퍼학벌'·'지배학벌'
⇒ 서울대주의

3. 우리나라의 학벌병과 그 효과

학력병 제1단계인 학력주의와 학력인플레이션의 성향은 세계의 모든 나라에서 나타나는 보편적인 현상이다. 그러나 제2단계인 학벌주의, 즉 서울대주의는 우리나라 특유의 현상이다. '학벌'이라는 말 자체가 '재벌', '아리랑' 등과 같이 우리나라 고유의 개념이 되었다. 일본 식민사관의 영향을 받은 정부정책에 의해 국립 서울대학교의 위상이 과도하게 높아진 결과이다. 이 서울대를 정점으로 한 경직된 대학서열이 졸업 후 사회에서 학벌의 경직된 서열로 연장된 것이다. 정상에 위치한 서울대 학벌과 여타 학벌들의 격차는 서울대와 '잡대'의 격차를 능가하는 것이다. 대학간의 격차가 추상적 혹은 잠재적인 것이라 한다면 학벌의 격차는 구체적이고 현실적인 신분과 계급의 격차로 나타난다. 그 격차가 바로 서울대주의의 이상이고 목표이기도 하다. 그것이 오늘날 '서울대공화국'이란 말이 시사하듯, 한국에서 서울대 학벌에 의한 사회지배층의 석권으로 실현된 것이다.

예를 들면, 장·차관의 61%, 재경부, 외교통상부에 각각 74%, 75%, 국회의원의 38%, 고등법원 부장판사의 83%, 검사장의 69% 그리고 재계, 학계 등등 각 분야의 지배층에는 전체 학생의 1.7%에 불과한 국립 서울대학교 출신의 점유율이 압도적이다.[3] 이에 따라 국립 서울대학교의 학벌이 우리나라에서 핵심학벌이 되고 여타 학벌들은 주변학벌로 분류되어 있다. 대학별 학생 수에 대한 권력분포가 완전 평등한 것이 이상적인 상태라면 서울대 출신의 각 분야 지배층 점유율

3) 정진상, 김영석 외, 『대학서열체계연구: 진단과 대안』, 위의 책, 39-89; 한겨레신문, "정관계 높은 자리 노른자위 독과점, ② 서울대공화국", 2002. 1. 10.

역시 학생비율과 같이 1.7%에 머물러야 할 것이다. 이러한 완전평등이 비현실적이라 하더라도 우리 사회의 권력분포도는 완전불평등에 가깝다. 불평등도를 나타내는 로렌쯔 곡선이 거의 직각이 되고 지니계수는 1에 육박한다. 구소련의 노멘크라투라(Nomenklatura)와 같이 전형적인 일당독재의 유형인 것이다. 그러나 한 학벌에 의한 지배는 다음과 같은 이유로 비효율적이고 국가발전에도 치명적일 수밖에 없다.

첫째, 핵심적인 지배학벌과 여타 학벌 간에 공정한 경쟁이 불가능한 것이다. 학벌이 계급과 신분이고 이에 따른 인맥과 연줄이 크게 작용하는 우리나라에서 낮은 서열의, 생소한 학벌들은 의식, 무의식적으로 소외, 구축될 수밖에 없기 때문이다(구축효과). 그렇다고 서울대 학벌은 스스로 배타적인 결속을 다짐하며 학벌의 권익을 도모할 필요도 없다. 왜냐하면 법과 제도가 이미 국립 서울대를 위해 조성되어 있고 현실적인 최고 권력을 장악한 상황에서 학벌병인 국민의 열망도 우호적인 여론으로 작용하기 때문이다. 오히려 여타 사립대 학벌들이 부지런히 결속을 과시하는 인상을 주고 있다.[4] 그러나 이러한 학벌주의하에 국민의 참다운 재능과 양심이 매몰되고 사회는 기득권층과 비기득권층으로 나뉘어질 수밖에 없다. 학벌의 차별 외에 정규직과 비정규직의 차별이 그 예이고, 여기서도 탈락된 무학무지하고 가난한 사람들은 사회 저변과 변두리에서 합법적인 생계수단으로부터도 소외된다. 그 증거들이 노숙자들의 출현과 성매매여성들의 집단시위 그리고 '묻지마 범죄'와 함께 유전무죄, 무전유죄라는 절규로 나타나고 있다.

4) 인터넷 한겨레, "고대마피아 정, 관계를 흔드는 결속력", 2005. 5. 26.

둘째, 지배학벌 내의 경쟁 역시 공정할 수가 없는 것이다. 구성원간 기존의 타성적인 친분관계에 의해 경쟁의 다양성, 객관성, 투명성, 정직성, 창의성, 역동성 등이 역시 의식, 무의식적으로 제약될 수밖에 없기 때문이다(타성효과). 최고로 신성시되는 학벌 내에서 사제 및 선후배관계는 속세를 떠난 신선들의 모임에 필적하고, 호형호제하는 동문관계 속에서 준엄한 경쟁의 공정성이 결코 보장될 수 없는 것이다. 표면적인 경쟁과 공식적인 계약, 검찰수사와 재판은 모두 무대 위의 연출에 불과하고 실질적인 것은 무대 뒤 막후에서 결정된다. 대학의 신임교수도 이번엔 나의 제자, 다음엔 너의 제자 뽑아주기의 묵시적 · 신사적 관행에 따라 채용되고 있다.

셋째, 지배학벌의 가치기준과 모든 결정사항이 지배학벌 자체의 이해관계를 결코 뛰어넘을 수 없는 것이다. 합법적으로 보장되고 공식적으로 실현되는 지배학벌의 이익이 여과 없이 그대로 국가의 이익으로 둔갑하고, 결국에는 국가이익을 초월하게 된다(초월효과). 이 과정이 계속되어 국가가 몰락하는 단계에 이르러서는 국가기관을 장악한 지배층이 국가의 주권을 내어주고 자신들의 이익을 챙겨 나라가 망한 후에도 대를 이어 호의호식하게 되는 것이다. 이것은 구한말 나라가 망한 과정과 그 후, 또한 IMF사태 전후의 상황 그리고 경제침체시마다 확대되는 빈부격차가 보여주는 바와 같다.

넷째, 지배학벌은 확대되고 또 심화되는 것이다. 인맥과 연줄에 모든 명분과 이권이 달려 있으므로 먹이가 있는 곳에 벌레들이 모이는 원리가 그대로 작용하여 많은 사람들이 지배학벌로 몰려드는 것이다(확대효과). 우선 서울대 학벌에 정식적으로 진입하기 위하여 대학의 입시경쟁에 살인적으로 달려든다. 여기서 실패한 사람들은 대학원 혹은 최고경영자과정 등 각종 특수과정을 통하여 비정식적으로 진입한다. 그리고 이를 바탕으로 관계, 재계, 법조계 등 각계의 유력인사들과 인맥 쌓는 비용을 아끼지 않는 것이다. 뿐만 아니라 이들은 서울대 동창회원의 정식적인 자격과 신분을 신청하기도 한다. 그러면 정식적인 서울대동창회 임원은 이들의 가입허가 여부를 신중하게 결정하여 관리하므로 지배학벌의 순수혈통과 내적인 입지를 공고하게 다지는 것이다(심화효과).

다섯째, 지배학벌은 영원히 존속하려는 아집과 관성에 지배되어 있는 것이다. 영원히 존속하려는 것은 모든 조직의 관성이고 생존논리이기도 하다. 더구나 힘과 돈과 명예로 득세한 지배학벌의 경우는 이 관성이 더욱 크게 작용할 수밖에 없다(관성효과). 지배학벌의 분명한 명분은 정당한 것이고, 여기서 수확되는 확실한 실리는 어디까지나 합법적인 것이기 때문에 얼마든지 옹호될 수 있는 것이다. 그러므로 지배학벌을 우상처럼 수호하며 내외의 비판을 단호히 거부하고, 도전이라 생각되는 일체의 움직임을 응징한다. 정부의 방침에도 거침없이 저항하고, 서울대에 대한 비판을 포퓰리즘이라 폄하 냉소하는 것도 그 한 예이다.

그러나 1945년 해방 이후 오늘에 이르기까지 서울대주의하에 온 국민이 고통을 받고 있는 것이 사실이다. 당시 타인의 힘으로 졸지에 해방되어 정치, 경제, 교육 등 제 분야에 주체성이 확립되지 못한 상태에서 정권을 잡은 친일인사들이 종주국 일본의 식민사관에 따라 일본의 교육제도를 그대로 답습한 것이 역사적 화근이다. 그 핵심에 경성제국대학을 승계한 국립 서울대학교가 위치해 있다. 경성제국대학의 위상과 위엄을 상속받은 서울대는 당시 순박한 백성들에게

나라님이 서울에 세운 교육기관이라는 천사의 모습으로 다시 나타난 것이다. 서울대는 그 후부터 국가의 온갖 특혜로 성장하여 급기야는 국가를 장악하고 국민들에게는 폐해를 주고 있다. 국가의 특혜란 다름 아닌 국민의 희생이고 이 희생보다 폐해가 훨씬 더 크기 때문이다. 그러나 국민들이 이제 그 폐해를 인식하고 학벌주의의 타파를 부르짖게 된 것은 매우 다행한 일이다.5)

4. 학벌주의 타파를 위한 시민운동

학벌주의는 국민의 인식과 사회구조적 측면과 복합적으로 관련되어 있다. 학벌주의는 학벌만의 문제가 아니고 교육의 문제이고 나아가 사회 전체의 문제이다. 따라서 학벌주의에 대한 비판과 타파운동은 서원철폐나 분서갱유와 같은 비이성적인 만행이 아니다. 교육의 정상화 및 사회의 통합과 번영을 위한 시대적 과제이다. 국립 서울대학교 한 기관이나 관련된 자연인들이 논의의 대상이 아니고 단지 우리나라의 대학제도를 새로운 안목으로 검토하려는 것이다. 차제에 학벌문제가 우리 사회에서 하나의 화두로 떠오르며 '학벌'을 명칭으로 사용하는 시민단체들도 등장하였다. '학벌없는 사회(를 위한 모임)'(www.antihakbul.org), '학벌없는 사회만들기'(www.goodbyehakbul.org)가 그것이다.

이 두 단체는 교육문제의 관심을 주로 대학의 제도에 두고 있다.

5) 정진상·김영석 외, 『대학서열체제 연구: 진단과 대안』, 위의 책, 158-188.

초 · 중등교육이 결국은 대학교육을 지향하고 대학입학요강에 의해 좌우되기 때문이다. 이처럼 두 단체의 관심대상이 동일하다 할지라도 문제를 보는 시각은 상이하고, 따라서 진단과 처방이 정반대다. 상호간은 좌우 혹은 음양의 관계와 같다고도 할 수 있다. 간단하게 전자는 '레프트 에듀', 후자는 '뉴라이트 에듀'라 칭할 수도 있다.[6] 그리고 '레프트'는 '뉴라이트'와의 대화를 거부하였으나 무슨 문제에서든지 좌와 우가 건전하게 논의하며 함께 협력하는 것이 바람직할 것이다.

'학벌없는 사회'는 교육문제의 근본원인을 교육에서의 불합리한 시장경쟁으로 보고 있다. 따라서 교육부문에서 '시장경쟁', 즉 비인간적인 경쟁을 배제하는 것이 학벌타파와 교육 정상화뿐 아니라 참다운 경쟁력의 향상을 위해서도 필요하다고 한다. 그리고 교육의 공공성을 실현하기 위하여 국가의 더욱 강력한, 확대된 개입을 주문하고 있다. 구체적으로는 우선 대학서열구조를 타파하고 공교육의 이념을 실현하기 위하여 서울대를 포함하여 국립대학을 무상 평준화한다. 특히 평준화된 서울대의 학부를 개방하여 그 독점을 해체한다. 수능시험은 자격고시화하고 모든 국립대는 통합전형을 실시해야 한다는 것 등이다. 초기 자본주의의 시장실패가 나타나자 시장경제를 부인하고 계획경제를 도입한 사회주의와 그 맥을 같이하고 있다. 현재 우리나라의 전교조 및 좌파단체들과도 그 이념을 공유한다고 할 수 있다.

'학벌없는 사회만들기' 역시 교육문제의 근본원인을 불합리한 시장경쟁으로 보고 있다. 그렇지만 핵심적인 것은 '시장경쟁'이 아니라 그의 '불합리성', 즉 '불공정성'이다. 그리고 이 불공정은 국가의

6) 굳이 '올드라이트 에듀'를 규정짓자면 현재의 국사립학교제도를 그대로 유지하는 것이라 할 수 있다.

과도한 편파적 개입에 의한 것이다. 따라서 '시장경쟁' 자체가 아니라 그 '불공정성'의 제거가 필요하다고 한다. 그러므로 대학교육에 대한 국가개입의 합리화와 함께 먼저 대학간 공정한 경쟁조건의 조성을 주문하고 있다. 구체적으로는 현재 국립대학에 편파적으로 주어지는 국가적 지원을 시정하는 것이다. 왜냐하면 일반 국립대학들은 '국립'의 역할이 없이 사립대학과 학생모집에서 경합하고 있기 때문이다. 국립학교의 국고지원은 일견 당연하고 '합법적'이지만 사립학교에 대하여 편파적이 되어 경쟁의 공정성을 훼손하는 것이다.

책의 앞부분에서 이미 지적한 것처럼 국립대학은 국가기관으로 국가예산이 자동적으로 주입되어 절대 파산하는 일이 없고 등록금은 사립대의 2분의 1이므로 두 배 이상의 가격경쟁력을 갖추고 있다. 이것이 공식적으로는 '합법적'이지만 실질적인 부당염매로서 사립대학들을 압박하고 있다. 사립대학들은 교육의 질을 높여도 국립대의 부당염매 때문에 학생들이 기피하고 종국에는 파산하게 되기 때문이다. 대학 간에는 공정한 경쟁이 있을 수 없고 우리나라 대학 전체의 경쟁력도 향상될 수가 없다. 그러므로 먼저 국립대학의 인위적이고 허구적인 경쟁우위를 제거하여 공정한 경쟁조건을 조성할 필요가 있다. 그리고 등록금의 할인혜택은 단위대학이 아니라 혜택이 필요한 저소득층 학생에게 직접 주어져야 한다. 지금까지는 모순되게도 혜택이 불필요한, 부유한 국립대 학생에게 주어지고 있다. 현재 논의되고 있는 국립대학의 법인화도 반드시 실현되고 동시에 대학의 책임경영을 담보할 수 있을 때 우리나라 대학의 경쟁력 향상뿐 아니라 학벌주의의 극복 및 교육의 정상화를 이룰 수 있다.

5. 학벌타파에 대한 '국민의 정부'의 직무유기

2001년 '국민의 정부'하에서 교육인적자원부는 학벌문제를 본격적으로 취급하여 2002년을 "학벌타파의 원년"으로 선포하고 '학벌문화 타파를 위한 추진계획'도 수립한 바 있다.[7] 이 계획은 먼저 학벌문화의 폐해로 ① 경쟁제한, ② 사회적 신뢰 형성의 저해 및 사회통합의 위기, ③ 채용·승진의 기준으로서 능력이나 실력보다 학벌의 우대, ④ 자녀에 대한 학부모의 오도된 교육열, ⑤ 과중한 사교육비 부담, ⑥ 조기유학, ⑦ 교육이민, ⑧ 입시 위주 교육, ⑨ 학교폭력의 증가 등을 꼽았다.

학벌문화의 원인으로는 (Ⅰ) 행정제도 면에서 수능성적에 의해 서열화된 대학입시, 지방대학의 육성정책 미흡, 대학특성화 정책의 미흡, 학벌에 따른 기업의 채용 및 임금차별, (Ⅱ) 문화환경에서 유교문화 및 과거(科擧)제도의 전통, 연줄에 의존하는 인사관행 및 사회풍토, (Ⅲ) 국민의식에서 학부모의 교육열, 국민의 이기주의, 학연·지연·혈연의 중시 등을 열거하였다.

그리고 이러한 학벌폐해의 원인을 제거하기 위하여 전문가들을 중심으로 전담기구를 설치하여 체계적, 지속적으로 대응한다는 것이었다. (Ⅰ) 행정제도 면에서는 수능성적만 아니라 한 가지만 잘하면 대학에 갈 수 있는 '여러 줄 세우기', 지방대학 육성을 위한 특별법 제정, 연구중심 혹은 교육중심의 대학특성화, 개별 대학 안에서의

7) 교육인적자원부, <정책해설: 학벌문화타파 추진계획>, 교육마당21, 2002. 1.

계열별 특성화, 학급당 학생수 감축에 의한 공교육 정상화, 정보통신 기술을 통한 과외제공, 이를 통한 사교육비의 경감 등, (Ⅱ) 문화환경 면에서는 초·중등교육의 정상화, 기업의 열린 공개채용, 총선·대선에서의 공약 등, (Ⅲ) 국민의식 개혁을 위해서는 초·중등교과서에 학벌폐해 수록, 시민교육강좌 개최, 표어·포스터 공모, 공익광고 활용 등등이 제안되었다.

이러한 추진계획이 정부 차원에서 수립되었다는 것이 매우 고무적이라 할 수 있으나 사태의 심각성이 아직 제대로 인식되지 못한 인상을 주고 있다. 먼저 정부가 사용한 '학벌문화'라는 복합어부터 부적절하다. '문화'는 '인지가 깨고 세상이 열리어 밝게 된다'는 의미인데 학벌은 이와 반대되는 효과를 발생시키는 부정적 의미이기 때문이다. 그래서 이 표현은 '도둑문화'의 표현같이 부적절한 것이다. 그리고 학벌병의 폐해들을 열거하였으나 단순 나열이고 원인 진단도 피상적이어서 대응전략 역시 대증적(對症的)일 수밖에 없다.

학벌병의 폐해들은 9가지로 단순 나열되어 상황을 오히려 복잡하게 만들어 문제해결의 초점을 상실할 수 있다. 이보다는 폐해의 사례들을 구조적으로 정리할 필요가 있다. 여러 폐해 상황들이 동시에 나타나고 있지마는 정확한 원인분석으로 그들간의 인과관계도 밝혀질 수 있기 때문이다. 예를 들어, 정부의 편파지원 → 국립 서울대의 독점지위 → ③ 채용·승진에서 서울대 학벌 우대 → ① 경쟁제한 → ② 사회적 신뢰 형성의 저해 및 사회통합의 위기 → ④ 서울대를 향한 학부모의 오도된 교육열 → ⑧ 입시 위주 교육 → ⑤ 과중한 사교육 및 사교육비 부담, → ⑨ 학교폭력의 증가, ⑥ 조기유학, ⑦ 교육이민 등으로 나타낼 수 있다.

정부의 원인진단이 피상적 수준이라 하는 이유는 제시된 내용들이 원인보다는 결과로 나타난 현상이기 때문이다. 예를 들어, (Ⅰ) 행정제도 면에서 '수능성적에 의해 서열화된 대학입시'가 원인이라 하였는데 이것은 서열화될 수밖에 없는 원인의 결과인 것이다. 그 원인이 바로 정부의 편파지원에 의한 국립·사립대학 간의 경쟁력 격차와 이에 따른 대학서열인 것이다. '지방대학의 육성정책 미흡'과 '대학특성화 정책의 미흡' 역시 정부의 편파지원에 따른 지방 사립대학의 상대적인 낙후에서 비롯된 것이다. 또한 (Ⅱ) '연줄의존의 인사관행 및 사회풍토'라는 문화환경도 물론 유교문화와 과거제도의 전통에 의한 것이라 할 수도 있겠으나 이러한 전통을 더욱 강화시킨 것이 정부의 편파적인 국립대학 우대정책인 것이다.

그리고 (Ⅲ) '학부모의 교육열', '국민의 이기주의', '연줄의 중시' 등의 국민의식이라는 것도 학벌병의 원인이 아니라 국가가 학벌을 조성하여 발생한 결과인 것이다. 자녀의 미래를 생각하는 부모의 순수한 이상주의적 교육열을 속세의 현실주의적 교육열로 전락시킨 것도, 본래 이웃을 배려하며 평화를 사랑하는 우리 국민을 이기적으로 변질시킨 것도, 그래서 실리를 좇아 연줄을 중시하도록 타락시킨 것도 모두 정부가 철학과 원칙도 없이 국립대학을 설립하여 운영한 결과인 것이다.

이와 같이 학벌병의 원인으로 진단된 것들이 실제로는 모두 증상에 불과하기 때문에 이에 대한 처방책들이 대증요법일 수밖에 없다. 뿐만 아니라 또 다른 부작용을 낳게 되어 그 폐해는 확대, 심화되는 것이 필연적이다. 우선 (Ⅰ) 행정제도 면에서의 '여러 줄 세우기'는 매년 바뀌는 대입전형을 더욱 복잡하게 하고 있다. '학급당 학생수 감축에 의한 공교육정상화'는 분명히 실현되어야 하는 것이지만 단기간의 무리한 추진은 교사(教師), 교사(校舍) 및 운동장의 부족과 혼란을 초래하고 있다. '정보통신기술을 통한 과외제공에 의한 사교육비 경감'은 문제를 해결하기보다는 오히려 과외를 조장하고 학교교육을 공동화시키는 경향이 있다. '지방대학 육성을 위한 특별법 제정', '대학특성화', '대학 내의 계열별 특성화' 역시 근본문제에 대한 처방이 아니라 대증적인 요법이며 그 효과는 위에 지적된 것처럼 견고한 대학서열체제 속에서 제한적일 수밖에 없다.

(Ⅱ) 문화환경 면에서의 '초 · 중등교육의 정상화'는 백번 지당한 명제로서 이것을 위하여 학벌주의의 근본원인을 발견하여 제거할 필요가 있다. '기업의 열린 공개채용'은 기업에 대한 희망사항으로서 강요에 의해서가 아니라 학벌타파 후에 자연스럽게 실현될 수 있다. '총선, 대선에서의 공약'에서는 문제의 핵심을 짚어 정책으로 제시되어야 할 것이다. 그렇지 않으면 지금까지의 경험과 같이 공허한 공약(空約)에 불과하다.

(Ⅲ) 국민 의식 개혁을 위한 '초 · 중등교과서에 학벌폐해 수록', '시민교육강좌 개최', '표어 · 포스터 공모, 공익광고' 등도 필요한 조치이지만 이것 역시 학벌병에 근본적으로 대응하며 병행할 때 효과를 발휘할 수 있을 것이다.

그러므로 이러한 추진계획이 실현되었다 해도 실질적인 효과는 기대하기 어려웠을 것이다. 현실적으로는 2002년 1월 말 국무회의에서 거부되었고 교육부 장관은 경질되었다. 학벌은 배타적인 성격 면에서 조직폭력단과 유사하지만 그렇게 간단히 끝낼 수 있는 대상이 아니다. 국가가 학벌에 의해 소유, 관리되고 있으므로 학벌은 곧바로 정부기관 내지 국가체제와 일체라는 환상을 가지고 있기 때문이다. 따라서 학벌에 대한 비판은 지배학벌뿐 아니라 국가체제에 대한 도전으로 인식되는 것이다. 그러므로 교육부 장관 자신이 지배학벌 출신의 부총리 신분이지만 순진하게 겁 없이 '학벌타파'를 선포했다가 '혼쭐'이 나 쫓겨난 것이다.[8] 그러나 그의 외로운, 의로운 제안은, 문제의 핵심을 놓쳤으나, 학벌주의의 극복을 위하여 정부와 국민이 함께 논의를 시작하는 타종(打鐘)으로 간주될 수 있다.

6. 학벌타파를 위한 '참여정부'의 대응

(1) 종합대책의 수립

2003년에 출범한 '참여정부'의 대통령은 당선 직후에 "학벌이 지배하는 우리 사회가 갖는 문제는 심각합니다. 지방의 균형발전 문제와 연계하여 이 문제를 심도 있게 연구해 주기 바랍니다."라고 직접 당부하였다. 이에 따라 새 정부는 학벌을 성, 장애, 비정규직 및 외국인 근로자와 함께 5대 차별로 규정하고 12대 국정과제에 학벌에 따른 차별의 해소를 포함시켰다. 교육인적자원부 산하에는 민·관으로 구성된 '학벌주의 극복 합동기획단'이 구성되었고 약 6개월의 조사 연구 끝에 『학벌주의 극복 종합대책』이 수립되었다. 종합대책은 먼저 학벌주의를 "개인의 능력과 상관없이 출신학교에 따라 사회, 경제적

8) 조선일보, "한 부총리 각의 보고했다 혼쭐", 2002. 1. 23.

으로 차별을 받는 사회적 현상"이라 정의하고 이에 대한 실태를 다음과 같이 조사하였다.9)

① 국민의 61%가 우리 사회에서 성공, 출세의 가장 중요한 요소로 학벌을 꼽고, 88%는 출신학교에 따른 차별이 취업, 승진, 결혼, 인격적 무시 등에서 심각하다고 토로하고 있다.

② 학벌주의의 고착화로 초·중등 및 대학교육이 왜곡되어 있다. 초·중등이 명문대 진학을 위한 입시 위주의 교육에 치중하고 사교육에 잠식되어 학부모의 사교육비(2003년 13조 6천억원) 부담이 가중되고 있다. 대학입학 이후에는 학벌구조의 영향으로 진정한 의미의 학력(學力)을 함양하는 대학분위기가 조성되지 못하고 있다. 2003년 고등교육의 경쟁력이 조사대상 30개국 중 28위를 기록하였다.

③ 심화된 학벌구조로 국가경쟁력도 약화되고 있다. 명문대학 및 인기학과 선호는 개인의 역량개발, 능력에 따른 인력 채용과 활용을 저해하고 인적 자원의 배분을 왜곡하여 개인과 국가의 경쟁력을 잠식하는 것이다.

④ 학벌의 영향이 지속되면 사회계층간 단절 및 양극화를 초래하게 된다. 학벌주의가 국민의 71%에게 심리적 박탈감, 57%에는 열등감을 안겨주며 학벌의 세습화를 통하여 사회계층간 불평등을 심화시키고 있다. 그 결과 공동체의식이 약화되어 사회발전의 기반인 사회적 신뢰가 구축될 수 없는 것이다.

종합대책은 이러한 실태조사를 근거로 삼아 '사회계층간 통합과 능력중심 사회의 구현'을 목표로 설정하고 추진과제를 크게 4부문으

9) 교육인적자원부, 『학벌주의 극복 종합대책』, 2004.

로 나누었다.

I 부문은 '대학서열구조 개선 및 지방대학 육성'이고, 이에 대하여 ① 대학들의 다양화, 특성화, 구조개혁 지원, 학문분야 평가, ② 국립대학 운영의 개선을 위한 국 · 사립대학 학생 · 학점 교류와 공익법인화의 검토, ③ 대학교수 임용시 특정대학 출신 쿼터제 준수 여부 감독 강화, ④ 수험부담과 사교육부담의 완화를 위한 대학 · 학생선발제도의 개선, ⑤ 지방대학 육성을 위한 대학특성화 촉진과 졸업생 채용확대 등을 세부과제로 삼았다.

II 부문은 '공공 및 민간분야의 능력중심 인사관리시스템의 구축'이고, 세부과제는 ① 학력기재란 전면 폐지, 고위공무원의 특정 출신대학 편중의 완화를 통한 공공분야의 인사제도 개선, ② 성과배분제 등 민간기업의 능력중심 인사관리 지원 및 감독, ③ 국가직무능력표준(KSS: Korean Skill Standard)제도 도입의 검토, ④ 기능경기대회의 활성화, 기능올림픽 참가지원으로 다양한 기능인 우대 등이다.

III부문은 '불합리한 법 · 제도 · 관행의 발굴, 개선'으로 학벌에 관련된 각종 차별을 해소하는 것이다. 이를 위해서는 ① 적극적 차별시정 조치(Affirmative Action)를 위한 차별금지법의 제정, ② 기업의 학벌 위주 고용관행의 개선 권고, ③ 지역단위별 인력 양성 · 활용 연계, 공공기관과 민간기업에 지역인재 유치 등으로 지역인력의 활용, ④ 국내외의 학벌주의 극복 우수 제도 및 사례의 홍보, ⑤ 범정부적 학벌주의 극복 추진 및 지원 기구 지속 운영 등이 열거되었다.

IV부문은 '사회적 인식 개선과 진로지도의 내실화'이다. 세부과제로는 ① 학벌주의 의식개혁 캠페인 전개, ② 언론사의 학벌에 대한 보도관행의 개선 협조, ③ 학부모 대상 자녀교육 프로그램 실시, ④ 각급 학교에서 진로교육 및 지도의 강화 등이 제시되었다.

(2) 종합대책의 평가

지난 '국민의 정부'는 학벌주의 타파에 대한 직무를 유기하였으나 '참여정부'의 대응은 자못 적극적이다. 학벌주의의 실태조사도 우리나라의 현실을 보다 구체적으로 반영하고 있다. 그리고 현재까지 각 추진과제들이 실제적으로 실행되고 있으므로 매우 고무적이라 할 수 있다. 그럼에도 불구하고 우리나라의 학벌주의가 정말로 타파될 것이란 확실한 보장이 없다. 이러한 불확실성은 필자뿐 아니라 현재 세부계획들을 직접 담당하고 있는 공무원들에게도 확인될 수 있을 것이다. 종합대책의 성공 여부가 불확실한 이유는 지난 정부의 추진계획에 적용했던 내용과 원칙적으로 동일하다.

첫째, '출신학교에 따라 차별을 받는 사회적 현상'이라는 학벌주의의 정의가 추상적이고 너무 막연하다. 학벌주의를 실질적으로 타파하기 위해서는 먼저 학벌의 구체적인 실체(substance)가 파악되어야 한다. 군사적인 작전에서 작전목표가 분명하고 질병의 퇴치에서는 병의 실체를 정확히 포착해야 하는 것과 같다. 더구나 정부 각 부처들이 국가예산을 들이며 세부시행계획까지 수립하여 운영하는 국가사업에서는 더욱 그러하다. 예를 들어 구체적으로 '어느 출신학교'에 따라 '어떤 차별이 어디에서, 얼마나' 발생하고 있는지 그 학교들이 실명으로 거론되고 차별의 종류와 규모 역시 통계수치로 확인되어야 한다.

둘째, 학벌주의의 실태가 어느 정도 조사되었으나 이것은 나타난 현상을 확인한 것뿐이고 이러한 현상의 발생 원인에 대한 분석이 전혀 이루어지지 않았다. 예를 들어 I 부문에서 ① 대학서열구조가 왜 발생했고, 대학의 다양화, 특성화, 구조개혁들이 자발적 · 자율적으로 왜 이루어지지 못하는지, ② 국립대학의 운영은 왜 파탄났는지, ③ 대학교수들이 왜 수치스럽게 근친상간과 동계번식(inbreeding)을 하는지, ④ 입시부담과 사교육부담이 왜 막중한지, ⑤ 지방대학은 왜 몰락하는지, II 부문에서는 ① 고위직 공무원에, ② 대기업 상층에 특정학교 출신이 왜 편중되어 있는지, ③ 우리의 기능인들은 왜 푸대접을 받고 있는지 등등 먼저 그 원인이 역사적 · 구조적으로 파악되어야 할 것이다.

셋째, 원인에 대한 분석이 없기 때문에 4개 부문으로 나눈 세부적 추진과제들은 현상들에 대한 부문별 대증적 처방에 불과할 수밖에 없다. 원인을 도외시한 대증요법들은 무엇보다도 불완전하고, 뿐만 아니라 또 다른 부작용들을 불러오는 등 사태를 더욱 악화시키게 된다.

예를 들어 I 부문 '대학서열구조 개선 및 지방대학 육성'을 위한 ① '대학들의 다양화, 특성화, 구조개혁 지원', ⑤ '지방대학 육성을 위한 대학특성화 촉진'에서 교육부나 외부 기관에 의하여 타율적으로 이루어지는 대학들의 다양화, 특성화, 구조개혁, 대학평가 등은 타율성 때문에 소기의 목적을 결코 달성할 수 없음을 확실하게 단언할 수 있다. 오히려 자주성의 무시와 유린에 따른 교수들의 굴욕적인 비애와 함께 막대한 행 · 재정적 낭비, 요식적 · 형식적 편법만 무성하게 될 뿐이다. 설혹 이러한 타율적 정책이 요행스럽게 성공적이라

해도 그 결과는 결코 최선의 수준이 될 수가 없다. 왜 우리 정부는 최선의 결과를 추구하지 않는가?! 정부가 모름지기 추진해야 할 과제는 이러한 타율적인 지원이 처음부터 불필요한 대학환경을 조성하는 것이어야 한다.

실제로는 정부가 지금까지 '두뇌한국 21'(BK 21: Brain Korea 21), '지방대학 혁신역량 강화사업'(NURI: New University for Regional Innovation), '대학구조개혁 재정지원사업' 등으로 어차피 대학서열의 상위에 위치한 국립 서울대학교와 지방의 국립대학들을 집중적으로 지원하여 대학서열구조를 개선한 것이 아니라 더욱 확대, 강화하여 대학의 양극화를 촉진하고 있다. BK 21사업 1999년 1차 지원 이후 총지원금 8,127억 원 중 국립 서울대에 44.5%, 그러나 사립대 전체에는 21.4%가 주어졌다. 2006년 제2단계에서도 수도권에서는 서울대 497억원, 연세대 255억원, 고려대 200억원, 지방에서는 경북대·충북대 등 지방거점 국립대학들만 지원되었다. 지방대학 육성을 위한다는 NURI사업도 고액 대형사업은 25개 중 16개가 국립대학에 치중되었고 2005년도 추가사업 지원대상도 국립 7개, 사립 4개로 선정되었다. 결국 이러한 사업들은 학벌주의를 극복하는 것이 아니라 학벌주의를 더욱 강화하고 있는 것이다.[10)]

Ⅰ부문 ③의 교수임용 쿼터제, ⑤의 지방대 졸업생 채용 확대, Ⅱ부문 '공공 및 민간분야의 능력중심 인사관리시스템의 구축'의 ① 고위공무원에 특정 출신대학 출신 제한 등 인재할당제는 일반적으로 정책의 최후단계에서 예외적, 한시적으로만 적용되어야 할 마지막

10) 정진상 엮음, 「교육부의 대국민 사기극, 노무현정권의 교육정책 전면비판과 대안」, 위의 책, 175-194.

수단에 속한다. 왜냐하면 할당제는 원래 물건이나 가축 혹은 노예를 관리하는 방법으로서 인간의 자율성과 존엄성을 훼손하고 보다 유능한 인재를 희생하는 역차별을 초래하기 때문이다. 동시에 인위적인 할당에는 객관적인 기준이 없으므로 역시 상황에 따른 편법을 양산하게 된다.

특히 대학의 교수임용에는 보통 모교 출신이 쿼터제에 걸려 배제되는 경우가 많다. 그 결과는 서울대 출신이 모든 대학에 임용되는 확률이 더욱 높아지고 동시에 서열 하위 대학의 출신들은 교수되는 것이 더욱 어렵게 된 것이다. 결국 학벌주의가 더욱 강화되는 것이다. 그러므로 모교 출신 쿼터제는 서울대를 비롯한 국립대학들에만 적용함이 마땅하다. 그러나 모름지기 정부가 추진해야 할 과제는 역시 이러한 인위적인 할당이 불필요한 사회를 건설하는 것이다.

I 부문 ④의 수험부담과 사교육부담의 완화를 위한 대학 학생선발제도의 개선에 대해서는 교육인적자원부가 무슨 능력으로 어떻게 더 이상 개선할 수 있다고 공언하는지 아무리 생각해도 이해가 되지 않는다. 이것은 솔직히 교육부의 담당공무원도, 국민 대다수도 필자와 같은 입장일 것이다.

II 부문 '공공 및 민간분야의 능력중심 인사관리시스템의 구축'의 ① '학력기재란 전면 폐지', ② '공공분야 인사제도 개선', III 부문 '불합리한 법·제도·관행의 발굴, 개선'의 ② '기업의 학벌 위주 고용관행 개선 권고'는 공공분야와 민간기업에서 능력중심 인사제도를 지원 권고 감독하고, IV 부문 '사회적 인식개선과 진로지도의 내실화'의 ② '언론사의 학벌에 대한 보도관행 개선 협조'는 언론보도에 관여한다는 것으로 추가적인 정부의 간섭을 의미한다. 이러한 타율적인 통제 역시 자율권의 침해, 유린으로서 바로 타율성 때문에 소기의 목적을 달성할 수 없고 추가된 정부간섭에 따라 부작용이 확대될 뿐이다. Ⅲ부문의 ① '차별금지법의 제정'에 관해서도 먼저 차별을 법으로 금지해야만 할 상황이 발생한 원인과 여기까지 이른 경위부터 확인해야 한다. 그리고 그 원인을 제거해야 한다. 모름지기 정부가 할 일은 먼저 정부간섭이나 차별금지법이 필요하지 않는 자율적이고 공정한 사회를 실현하는 것이어야 한다.

Ⅱ부문의 ① '학력기재란 전면 폐지'는 너무 소아적 아니면 지능적인 방책이라 할 수 있다. 첫째, 소아적이라 함은 어차피 알고, 알아야 하고 또 알려질 학력을 기재란을 삭제한다고 해서 그 정보가 실제로 차단되지 않기 때문이다. 이를 차단하기 위해서는 다시 '학력누설금지법'을 제정하고 위반시의 벌칙도 규정해야 할 것이다. 그러나 사람을 이해하는 데 학력이라는 중요한 정보를 제도적으로 누락시키는 것은 시대의 역행이라 할 수 있다. 모름지기 정부가 추진해야 할 과제는 학력을 기재해도 무방한, 성숙한 사회를 구현하는 것이어야 한다. 둘째, 지능적이라 함은 학력란 폐지로 인하여 학벌주의의 폐해가 더욱 은폐되기 때문이다. 학벌의 실질적 수혜자들이 학벌의 이득을 온존시키기 위하여 자기 방어적 차원에서 제안할 수 있는 것이다.

종합대책 중 실행해도 무방한 것은 Ⅱ부문의 ③ '교육훈련과 인력수요변화에의 탄력적 대응을 위한 국가직무능력표준(KSS)제도 도입', Ⅲ부문의 ④ '학벌타파에 대한 우수제도 및 사례의 홍보', Ⅳ부문의 ① '학벌주의 의식개혁 캠페인', ③ '자녀교육 프로그램', ④ '진로교육 및 지도의 강화' 등이다. 그리고 종합대책 중 가장 의미 있고 반드시 실행해야 것이 I 부문의 ② '국립대학의 공익법인화'이다. 왜냐하면 정부의 잘못된 관치교육, 즉 '국립'의 역할이 없는 국립대학들을 정부가 직접 무분별, 무책임하게 운영함으로써 사립대학들과의 형평성과 공정성을 파괴한 것이 사건의 핵심이기 때문이다.

'학벌주의 극복 합동기획단'은 2003년 7월에 구성되어 약 6개월간 4차례의 모임을 가졌고, 이듬해 초에 『종합대책』이 확정되었다. 한마디로 정권의 전시용, 선전용으로 너무 조급하게 서두른 인상을 지울 수 없다. 일본 식민지 시대부터 현재까지 계속된 장구한 기간의 의식적, 제도적 문제가 1회의 여론조사와 한 연구기관의 단기적 연구에 의해 해결될 수 있다고 기대하는 것은 무리일 수밖에 없다. 그러므로 학벌주의에 대하여 여러 민간단체들과 국가기관들이 참여하는, 더욱 폭 넓은 조사 연구가 지속적으로 이루어질 필요가 있다. 국가기관들 중에는 특히 공정거래위원회, 헌법재판소 등 헌법정신을 구현하는 심의기관들의 역할이 주효할 수 있을 것이다.

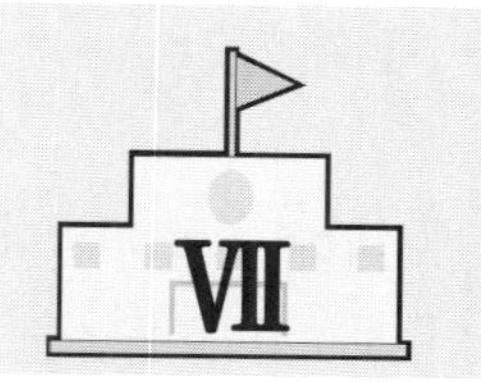

교육운동을 하며 느낀 단상들

1. 카피한 개혁－5·31 개혁안
2. 김진표 부총리의 취임을 환영하며
3. 교사가 설 곳은 어디인가?
4. 미성인교육과 성인교육을 나누어 볼 수 있어야
5. 수능 1
6. 수능 2
7. 중국을 망하게 한 과거제도
8. 애증의 전교조
9. 학벌타파를 위한 두 시민단체
10. 연어치유 방류
11. 선거에 나섰던 일
12. 교육개혁이란 과연 가능한 명제인가?

1.
카피한 개혁—5 · 31 개혁안

1995년에 5 · 31 교육개혁안이 발표되었다. 그 개혁안을 발표하면서 김영삼 정부의 역작인 것처럼 호들갑을 떤 적이 있다. 대선에서 김영삼 후보는 교육대통령이 되겠다고 호언도 했다. 그러나 당선되자 대대적인 입시부정사건이 터져 최형우 장관과 박양실 장관이 물러나는 등 장장 3개월간 입시사정 바람이 불었다. 그 여진이 가라앉고 나서 한참 후에 겨우 교육개혁위원회가 출범했고 그 후 불과 6개월 만에 발표된 안이 5 · 31 개혁안이다. 김영삼 정부는 1993년 2월 25일 출범했었다.

이때 교육개혁을 위해 국민제안을 받았고 필자도 개혁안을 이석희 전임 상임위원장과 이명현 후임 상임위원장에게 직접 제시한 적이 있다. 5 · 31 개혁안은 청와대 교육사회비서관 박세일 씨가 작성한 것으로 되어 있으나 필자가 아는 한 단지 일본의 교육개혁안을 번역해 용어 몇 개만 고친 것에 불과하다. 하시모토 교육안이 그 텍스트다.

당시에 매우 많은 개혁안이 정부에 제출되었었다. 교육을 바로잡으려는 안들이 산처럼 쌓이는 것을 목도했다. 그러나 발표된 개혁안을 보고는 충격을 받았다. 우리 국민들이 제출한 안들이 쓰레기처럼 그렇게 간단히 무시될 수 있는 것인지 지금도 이해가 되지 않는다. 당시 교육개혁에 주도적이었던 박세일 씨는 교육개혁위 출범과 동시에 교육사회비서관으로 임명되어 6개월 만에 그 개혁안을 만들었고 그 후 노동비서관으로 옮겨 교육개혁 문제에서 떠나 버렸다. 진실로 그가 오랫동안 고심해 개혁안을 작성했다면, 그리고 교육개혁에 대한 뜨거운 국민적 열망을 보았다면 과연 그렇게 쉽게 교육개혁 현장을 떠날 수 있었을까. 그 어디에도 그의 뜨거운 열정을 읽을 수 없었다고 한다면 필자의 오해일까. 오래된 국민의 비원은 온데 간데가 없다. 아쉬움 중에도 그래도 다행인 것은 그럼에도 불구하고 교육개혁안이 나름대로 미래지향적인 것들을 담고 있었다고 볼 수 있다는 점이다. 예를 들어 수요자 중심의 유비쿼터스적 교육을 미래의 교육으로 제시한 것이 그것이다.

국민의 뜻을 외면하고 외국에서 정치적 목적으로 만든 것을 모방한 안이 성공할 수 없는 것은 너무도 당연한 일이다. 일본이나 우리나 대중의 열망을 바로 보지 못하면 모든 개혁이 실패할 수밖에 없다. 오늘도 여전히 교육개혁을 외치는 것은 당시의 그 안이 실패했음을 의미하는 것이다. 모두가 교육정론에서 벗어나 있는 것만 같다. 세상이 옳고 필자가 틀릴 수는 있다. 그러나 우리 사회가 교육문제를 해결 못한 것도 사실 아닌가?! 그렇다면 필자와 사회적 공론은 여전히 승부가 나지 않은 것이고 그 한도만큼은 필자의 주장이 유효할 수 있다. 지금도 당시에 뜨거운 교육개혁 열망을 저버리고 외국의 개혁안을 털도 안 뽑고 먹겠다고 달려든 개혁지도자들이 원망스럽다. 그런 현상은 요즘이라고 달라질 것은 없다.

요즈음, 여당은 교육현안을 의석수로 해결하려 한다. 김원기 국회의장은 직권으로 사립학교법 개정안을 상정하고, 야당은 시위대를 동원해 이를 막는다. 이런 대치상태에서 교육현안이 해결될 수 있을 것인가?! 교육문제를 진실로 해결하고자 한다면 여야간에 정치적 합의를 함으로써 교육문제가 순수하게 교육적 견지에서 다루어져야 한다. 초당적으로 대처해도 결코 쉬운 문제가 아닐 것이다. 그래서 필자는 이런 의견을 이주호 의원과 유기홍 의원에게 무릎을 맞댄 채로 건의한 바가 있다. 각 당 지도부의 영향으로 자칫 교육정론에 입각한 안이 만들어지기 어려우므로 여야의 교육위 의원들이 정치적으로 중립지대를 설치하고 그 속에서 서로 허심탄회하게 논의할 것을 건의했었다. 그것도 수많은 안건을 일일이 논의하는 것이 아니라 초·중등교육에 관한 것은 열린우리당의 안을 뼈대로, 고등교육에 관한 것은 한나라당의 안을 뼈대로 삼고 서로 빅딜을 해야 한다고 말했었다.

이런 건의를 한 이유는 수많은 교육적 사안에 일일이 합의 보기가 불가능하고, 또 정치가들의 표심 쫓기에서 교육정론이 외면될 것이라 보았기 때문이다. 그리고 무엇보다 열린우리당 건의안의 강점은 초·중등교육, 한나라당 건의안의 강점은 고등교육에 있다고 보았기 때문이다.

초·중등교육에 관한 한 국가책임 강화를 목적으로 하는 열린우리당의 안이 타당하고 고등교육에 관한 한 시장의 논리에 따라야 한다는 한나라당의 안에 시대의 추세가 담겨 있다. 그러나 이를 이해하는 지도자들은 없는 것 같다. 그들의 초미의 관심사는 상대 당으로부터 표 대결에서 밀리지 않는 것뿐인 것만 같다. 그러니 못난 지도자들을 만난 우리 국민들은 정쟁이라는 뜨거운 솥단지 속에서 부글부글 지글지글 볶이며 살아갈 수밖에 별도리가 없다.

5·31 개혁안을 만들던 당시나 10년도 더 지난 오늘날이나 국민의 뜻이 외면되기는 마찬가지인 것만 같다.

2.
김진표 부총리의 취임을 환영하며

김진표 신임교육부총리의 임명을 두고 '교육개혁시민운동연대'에서 반대의사를 표명했다. 이유는 그가 교육비전문가이고 교육을 시장논리에 종속시킬지도 모른다는 것이다. 그러나 이런 반론은 2002년 대통령선거 당시 노무현 후보의 교육부문 공약을 지지했던 입장과 배치된다. 대선 당시 노 후보는 TV합동연설에서 대학을 자유경쟁체제하에 두고 치열하게 경쟁시키겠다고 말한 바 있다. 동시에 중등교육에 대해서는 공공성을 보장하고 국가책임을 다하겠다고 했다. 이런 노 후보를 필자가 함께 한 '교육개혁시민운동연대'가 지지했던 것이다.

김 교육부총리의 제일성은 노 대통령의 공약과 일치한다. 대학을 시장논리에 맡기고 자유 경쟁시키겠다는 것이다. 그렇다면 당연히 고등교육부문을 개방하는 것이 아니겠는가?! 대학사회에 시장논리와 함께 적자생존의 법칙이 준엄하게 적용되어야 한다는 시대적 당위를 김 부총리는 정확히 읽고 있다고 본다. 그런데 노 후보의 지지를 만천하에 표명했던 교육단체가 이제 와서 김 부총리를 반대하는 것은 이해할 수 없다.

대학을 시장에 맡기지 않고 개방을 반대하면서 과연 대학이 세계무대에서 살아남길 기대하는가? 노 대통령이 김 부총리를 발탁한 제일 큰 이유가 대학의 자생력을 키우고 구조조정을 도우며 세계를 상대로 경쟁하게끔 문호를 개방하겠다는 것이 아닌가?! 김 부총리는 자신의 소신을 펼치기 이전에 노 대통령의 대선 교육공약을 충실히 이행할 책임이 있고, 교육운동을 하는 시민단체도 현 정부에 대선공약의 이행을 촉구해야 한다. 무엇보다도 작금의 논란 기준은 대선공약이어야 한다. 물론 이전의 교육부총리도 그런 책임이 있었지만 아쉽게도 고등교육에서의 시장화를 통한 구조조정에 손도 대보지 못하고 시일만 천연시키다 물러나고 말았다.

그러나 지금처럼 고등교육의 구조조정이 필요한 적이 없었다. 지방대학이 몰락한다는 우려의 소리가 천둥처럼 들려오지 않는가?! 만일 그 우려가 현실화되면 그 자체가 우리 교육의 실패를 의미하고 우리 모두의 염원을 좌절에 빠뜨리는 것이다.

시민단체가 노 후보를 지지한 것은 중등교육에 대한 그의 확고한 공공성 보장이었다. 일부에서는 중등교육에도 시장주의를 도입하고 자사고와 특목고의 확대, 외국학교의 국내분교 설치를 주장했지만 이는 불가피한 최소한에 그치고 공교육의 책임강화와 질을 높이는 데 최선을 다하겠다고 공약했었다. 다시 말해 노 후보는 중등교육을 시장으로부터 보호하고 국가책임을 강화하고 동시에 고등교육은 중등교육과 분리하여 대응하겠다고 했다. 여기에 많은 국민이 동의했던 것이다.

고등교육과 중등교육은 그 대상과 성격이 각각 다르다. 고등교육은 성인의 자기 책임에 의한 선택에 의해 이루어진다. 그러나 중등교육은 미성인의 자기 무책임하에 이루어진다. 그러므로 국가의 책임이 요구되고 또 국고를 투입하는 것이 아니겠는가?! 다행히 김 부총리는 고등교육과 중등교육을 이렇게 나누어 문제의 해결책을 모색하리라 기대하고 있다. 왜냐하면 그는 교육계 내부인사가 아니기 때문이다. 반면에 교육계 내부인사들은 유치원부터 대학원까지 하나의 원리가 적용된다고 이해하는 경우를 많이 보았다. 그 한 증거가 사립학교법이 유치원부터 대학원까지 모두 포괄하고 있는 것이 될 것이다. 어찌 미성년을 대상으로 한 조그마한 유치원과 성인을 대상으로 하는 거대한 규모의 종합대학을 하나의 법으로 규제할 수 있단 말인가? 그 발상의 무지막지함에 경악할 뿐이다.

교육개혁운동 진영에서는 김 부총리뿐 아니라 누구에 대해서도 대통령의 인사에 관한 의견을 표명할 수 있다. 그러나 그 기준은 대선 당시의 공약과 그의 실천 여부가 되어야 한다. 단순히 그가 '교육문외한'이라 지적하며 교육시장의 개방과 중등교육의 종속을 반대하는 것은 단편적이라 할 수 있다. 반대만 할 것이 아니라 고등교육의 개방으로 대학경쟁력을 제고하고 고등교육과 중등교육을 분리해 중등교육을 정상화시키겠다는 주장에 답해야 할 것이다. 그리고 이전에는 교육전문가들이 교육계 수장으로 일했지만 하나같이 실망만 안겨준 것에 대해서도 답해야 할 것이다.

3. 교사가 설 곳은 어디인가?

교사가 설 곳은 어디일까? 10여 년 전 교육개혁운동을 시작할 때 어느 세미나에서 퇴직을 앞둔 초등학교 교장선생님이 사도가 흔들린다고 경고하는 것을 본 적이 있다. 그 자리의 많은 사람들도 공감하는 듯했다. 그러나 필자는 흔들리는 정도가 아니라 이미 땅에 떨어진 교사의 모습을 차마 제대로 말할 수 없어 그렇게 표현한 게 아닌가 하는 생각을 했었다.

학교수업을 마친 방과 후 아이들이 다른 선생님을 찾아 나서는 순간 교사들의 권위는 땅에 떨어지고 만다. 이런 과외학습 현상이 이미 수십 년간 지속되는 현실에서 무슨 교사의 권위를 말할 수 있을 것이며, 어떻게 공교육 정상화를 운운할 수 있을 것인가?

이제라도 제대로 된 교육을 보고 싶다면 아이들이 방과 후 과외교사나 학원을 찾는 것을 통금령을 발해서라도 금지해야 할 것이다. 사도를 세우고 학교가 제 본분을 다하게 하기 위해서는 학교수업이 끝나면 그것으로서 당일의 학교 공부는 실제로 끝나게 해야 한다. 학생이 알고 싶은 것이 있어 공부를 계속하는 것은 문제가 안 되나 그를 위해 다른 선생을 찾아가는 것은 문제가 된다. 왜냐하면 학교 공부에 문제가 있음을 반증하기 때문이다.

교사들은 이럴 때 무슨 수를 쓰더라도 아이들이 다른 선생을 찾아가지 못하게 해야 한다. 만일 학부모들이 다른 선생을 찾아 나서면 교사들이 학부모들의 옷소매를 붙잡고 왜 그러는지 자초지종을 듣고 문제를 해결해야 한다. 어떻게 아이들이 학교 공부를 마치고 나서 과외교사나 학원을 찾아 나설 수가 있단 말인가?! 학교의 존재의미가 위협받는 사실을 깨닫지 못하는가?! 그러나 안타깝게도 이런 단순사실을 망각한 지 오랜 대한민국이다. 교육을 걱정하는 사람들조차 아이들이 과외학습장을 찾아가는 것을 당연시한다. 좀더 공부하겠다고 하는데 무슨 문제가 있는가 하고.

아이들은 선생님의 말이라면 '팥으로 메주를 쑨다' 해도 믿어야 한다. 그렇지 않으면 교육이 될 수 없다. 교사가 아이들을 가르치는데 권위를 잃으면 교육은 그것으로 끝장이다. 가르친다는 숭고한 역할은 더 이상 할 수 없게 된다. 그러고 보니 우리나라 교사들의 역할이 정말 끝난 것 같은데 교사들이 무엇을 하며 24시간을 보내는지 무척 궁금하다.

우리나라 교사들은 직업적인 자부심을 가질 수가 없다. 공교육과 사교육이라는 두 체제가 존재하는 가운데 교사의 자부심을 언급하는 것 자체가 모순이다. 아이들과 학부모들이 공교육과 사교육이라는 이중체제 속을 수시로 왕래하며 비교하는 현실이 안타깝기만 하다.

최근에 학부모와 학생들이 교사들을 평가하겠다는 것은 단순평면하에서 보면 이해될 수 있는 말이다. 언제나 평가는 있어 왔지만 이를 공식화, 법제화하자는 것이다. 이유는 사교육에서 교사들이 철저하게 평가받는데 그들과 아무런 차이가 없는 교사들이 평가로부터 자유로워서는 안 된다는 것이다. 특히 학부모단체와 시민단체들이 교사들에 대한 평가를 요구하는데 이는 우리나라에 공교육과 사교육이 병행하는 한 피할 수 없는 운명이기도 하다.

학부모와 시민단체가 제시한 명분은 부적격교사들을 가려 교단에서 배제하므로 자녀들을 보호하겠다는 것이다. 그리고 학부모와 학생들도 교사평가에 참여해야 한다는 것이다. 그러나 이것은 어디까지나 표면적인 명분이고 실질적으로는 학교 교사들도 사교육 교사들처럼 대우하겠다는 것이다. 즉 사교육시장에서 부적격 교사가 살아남기 어려운 것처럼 공교육 교사도 그렇게 하자는 것 아니겠는가?!

교육이 살려면 교사의 권위가 살아야 한다. 권위의 내용과 모습이 과거와 달라야 하지만 그렇다고 권위가 사라질 수는 없는 일이다.

교사를 신뢰하지 않고 교육이 어떻게 가능할 수가 있을 것인가? 그런 의미에서 필자는 학부모와 아이들의 교사평가를 반대한다.

교사들은 학부모와 아이들로부터는 신뢰와 존경을 받고 평가는 임용권자와 전문가 그룹으로부터 받으면 좋겠다. 이것이 실현되기 위해서는 공교육과 사교육이라는 이중교육체제가 해소되어야 한다. 동시에 교사의 권위를 높이는 방안이 강구돼야 한다. 그 첩경은 교사들이 아이들을 가르친 기록인 내신이 존중받도록 그들의 평가권을 확보하고 나아가 내신이 대학입학의 가장 중요한 요소가 되는 무시험 전형제도를 도입하는 것이다. 지금과 같은 공개경쟁시험은 객관성과 공정성이라는 미명하에 제삼자의 평가를 존중하는 가운데 교사의 평가를 무력화시키고, 결국 교사의 설자리를 허무는 것이다. 그리고 마침내는 교사들도 학부모와 아이들의 평가저울에 올려놓자는 목소리까지 나오게 되는 것이다.

4.
미성인교육과 성인교육을 나누어 볼 수 있어야

교육개혁은 먼저 바람직한 교육의 모습을 제시해야 한다. 그것이 교육개혁을 위해 최우선적으로 해야 할 일이라고 본다. 단지 그것이 자칫 원론적인 논쟁에 빠져들 것을 염려할 뿐이고 그래서 그런 바람직한 교육모습을 에둘러 여러 글에 나누어 설명할 뿐이다. 그 다음에는 초・중등교육과 고등교육을 나누어서 볼 필요가 있다. 이 둘이 같이 다루어져서는 안 될 가장 중요한 이유는 그것이 성인교육과 미성인교육으로 구분되기 때문이다.

초·중등교육의 바람직한 모습은 사람에 따라 많이 달라 보인다. 교육기본법에는 홍익인간을 지향하고 있다. 초·중등교육법에는 초·중등교육이 기초교육과정이라고 밝히고 있으나 그 기초교육 속에 담길 미성인에게 합당한 교육모습은 보여주지 않고 있다. 그래서 개개의 학교들은 각각 성실, 창의, 봉사 등의 교육목표를 제각각 제시하고 있지만 법 조항에는 담겨 있지 않다. 그런 이유 때문인지는 모르지만 실제로 사람들이 생각하는 초·중등교육의 모습은 각양각색이다.

대체로 우리나라 초·중등교육은 성적지상주의에 매몰되어 있다고 할 수 있다. 어른들은 아이들이 열심히 공부하는 모습을 보기 좋아한다. 무엇을 어떻게 공부하는가 하는 데 대해서는 큰 관심이 없고 단지 공부하는 모습만 보기 좋아하는 것 같다. 그러므로 많이 공부하고 좋은 성적을 내면 교육을 잘 받은 것이고, 또 그것이 좋은 교육이라 여긴다. 우등생이 되면 성공한 자녀교육인 줄 안다.

그러나 이런 자녀교육관은 자기 자식에 대한 집착일 뿐이다. 왜냐하면 모든 아이들이 좋은 성적을 내고 모두 우등생이 될 수는 없기 때문이다. 상대평가 방식에서 우등생이 있다면 열등생도 있게 마련이다. 따라서 어른들이 아이들의 공부하는 모습만을 보고 좋아하고 좋은 성적만을 기대하는 것은 오히려 교육목적을 일탈하기 쉽다. 초·중등교육에서는 좋은 성적이 아니라 좋은 품성, 자부심, 미래에 대한 낙관 등을 갖게 하는 것이 좋은 교육이라는 교육관이 필요하다.

그런데 어른들의 자기 자녀 중심의 이기적인 안목은 바꾸기가 쉽지 않다. 부모들이 자녀들의 성취에 대단히 큰 비중을 두기 때문이다. 그리고 그 성취란 것이 경쟁에서의 승리지 그 이상도 이하도 아니다. 인생이 경쟁의 연속이라면 언제나 경쟁의 승리가 중요하다는 말을 듣는다. 그러나 이런 주장이 통하는 한 성적 중심의 경쟁교육은 변할 수 없다. 그리고 아이들은 무엇을, 어떻게 공부하는가와는 상관없이 단지 공부에만 집착하게 된다. 이러한 교육관이 바뀌어야 한다. 그렇지 않으면 교육을 통한 인간완성이라는 근본목적을 상실하게 된다.

다음에, 고등교육이 교육에 포함되는가를 검토할 필요가 있다. 필자는 인간교육이라는 측면에서 고등교육은 포함되지 않는다고 본다. 흔히 대학교육도 교육이라고 하고, 일반적으로 '교육'을 논할 때 대학교육도 포함하는 경우가 많다. 그러나 이때는 초·중등교육만이 갖는 '인간을 만든다'는 중요한 가치를 잊기 쉽다.

고등교육과 초·중등교육은 근본적으로 다르다. 이것을 나누지 않고 교육을 논할 때는 교육이 인성, 자아의식, 민주적 소양을 기르고 문화를 상속하며 인류공영에 이바지한다는 다분히 선언적 의미만을 말할 뿐 자라나는 세대 특유의 교육적 수단과 가치와 목적이 드러나지 않는다. 성인교육이란 자신의 선택에 의하고 그 결과에 책임지는 교육이다. 미성인교육이란 자신의 선택이 없고 그 결과에도 책임지지 않는 교육이다. 얼마나 큰 차이인가?!

자신이 선택하고 그 결과에 책임진다는 것이 곧 자유를 특징짓는 말이다. 자유란 사람이 추구하는 궁극의 목적이고 사람다움을 나타내는 징표이고 영원히 포기할 수 없는 가치다. 사람은 자기 행위의 귀속자이고 그로부터 벗어날 수 없는 존재이며, 그렇기 때문에 인격적 존재로 인식되는 것이다. 그런 인격적 존재를 가장 잘 나타내 주는 말이 자유의 존재라는 말이다.

문제는 이런 성인에 대한 교육과 그 반대논리가 적용되는 미성인교육을 단지 교육이라는 이름 하나로 모두 표현할 수 있는가 하는 것이다. 선택의 행위도, 능력도 없는 아이들을 위한 교육에는 분명히 다른 원리가 적용되어야 하는 것이다. 즉 경쟁과 차별의 원리가 적용되면 안 된다. 스스로 선택한 경쟁이 아닌 곳에서 영문도 모른 채 좋은 성적이면 승자이고 나쁜 성적이면 패자인 줄 알게 해서는 안 되는 것이다.

초·중등교육은 어디까지나 강요된 교육이지 아이들 스스로 선택한 것이 아니다. 또 미성인교육은 긴 시간의 인내와 사랑으로 사회생활을 준비케 하는 교육이지 직업을 전제로 한 전문교육이 아니다. 부와 권력을 위한 처절한 생존경쟁은 더구나 아니다. 승자와 패자를 가르는 교육이어서는 절대로 안 된다. 현재의 경쟁체제는 어른들이 만든, 어른들을 위한, 어른들의 경쟁임을 알아야 한다. 아이들은 대리경쟁에 임하여 어른들을 만족시키기 위한 도구에 불과한 것이다. 이러한 비극을 방지하기 위해서 고등교육에서 요구되는 경쟁이란 수단을 초·중등교육에는 제한적이고 조심스럽게 일정한 범위 안에서 적용해야 한다는 점이다.

끝으로, 교육에 대한 국가의 역할 내지 관계가 정립될 필요가 있다. 교육에 대한 국가의 관여정도가 근본적으로 성찰돼야 하는 것이다. 지금 우리 정부는 영·유·초·중등교육부터 노인을 위한 평생교육까지 모두 교육이라고 부르지만 어느 것 하나 제대로 하는 게 없다.

모두를 하려고 하면서 하나도 제대로 못하는 것이다. 국가가 무엇이든 할 수 있다는 생각은 잘못이다. 국가는 매우 제한적인 존재이다.

국가가 신을 대체한다고 나선 적도 있다. 실제로 유럽 왕가들이 절대주의 국가론으로 로마교황의 도그마를 무너뜨림으로써 중세가 마감된 것이다. 그러나 국가의 능력에도 한계가 드러나고 그를 대체하는 존재로서의 인간 모습이 지평 위에 드러난 것은 근세에 와서다. 이처럼 국가능력의 한계가 명백함에도 불구하고 우리나라는 교육에 관한 한 그 한계를 인정하지 않고 있다. 무엇이든 할 수 있고, 또 해야 한다는 당위가 지배하고 있다. 그러나 이처럼 어리석은 일이 또 있을까 싶다. 고등교육이 국가의 영역이 아니라는 사실은 일부 국가를 제외하고 보편적이고 세계적인 상식이다. 우리는 이런 상식을 무시하고 있다.

5.
수능 1

11월은 입시의 계절이다. 입시가 세시풍속이 된 지 오래되지만 정말 이런 것은 보고 싶지 않다. 도대체 수능이란 광풍은 언제나 그치려는가? 56만 명의 아이들을 한꺼번에 심판대 위에 올려놓고 국가가 공개적으로 운명을 가르는 행위를 도대체 어떻게 이해해야 하는가? 그렇게 안 하면 대학교육의 기회를 정말 얻지 못하는 것일까? 외국의 대학들이 지원자들과 일 대 일의 관계에서 서로를 선택케 하는 방법은 우리에게 불가능한가?

필자가 교육운동을 하게 된 계기는 입시 때문에 아이들이 너무 많이 죽는 것을 알게 되면서부터이다. 입시가 없다면 단 한 명도 입시로 인해 죽지는 않을 것이다. 그 숫자가 해마다 200명 내외이고 이런 현상이 30년도 넘게 지속되고 있다. 이를 멈추게 하려고 나름대로 팔을 걷어붙이고 나선 지도 10여 년이 되었건만 입시라는 광풍은 오늘도 세차게 불고 있다. 전에는 학력고사라고 했고, 또 그 전에는 예비고사와 본고사라고도 했지만 공개경쟁시험이라는 본질은 조금도 변한 게 없다. 이 나라에 태어난 아이에게 피할 수 없는 운명이다. 나라가, 또 대학이 시험 보아 성적순으로 뽑겠다는 데 피할 길이 있겠는가?!

외국에서는 학생들을 결코 시험성적으로 선발하지 않는다고 아무리 말해도 마이동풍이다. 사실 미국이나 유럽같이 큰 대륙에서 대학들이 학생들을 공개경쟁 시험으로 뽑겠다고 한다면 당장 난리가 날 것이다. 교통이 마비될 것은 말할 것도 없다. 그래서 그런지 아니면 교육철학이 달라서 그런지 대학이 학생들을 시험 보게 해 그 성적순으로 뽑는 예가 없다. 아무리 명성 높은 명문대학이라도 아이들과 학교는 계약의 당사자로서 사적으로 처리한다. 그래서 누가 지원했는지도 모르고 누가 학교에 다니게 되었는지도 모른다. 나중에 다니는 것을 보고서 비로소 알 뿐이다. 다 같은 대학임에도 이처럼 대학에 들어가는 방식이 다르다.

필자는 이런 방식이 부럽다. 무엇보다 어느 대학에 지원했다는 사실과 다니게 되거나 다니지 못하게 되었거나 하는 사실이 타인의 관심에서 벗어난다는 사실이 그렇게 부러울 수가 없다. 대학에 들어간다는 것은 전문교육을 받기 시작한다는 의미 이상 무엇이 있을 것인가? 비록 명문대학에 들어간다 해도 그것이 우수한 고급 학문을 배울 기회를 얻었다는 것이지 고급학문 자체를 얻었다는 것이 아니지 않는가?! 이런 논리가 우리 사회에서 통하지 않는 게 안타깝다.

우리 사회에서는 대학에 들어간 자체가 신분의 상승이고 그것이 명문대학이라면 학벌에 편입되었다는 것을 의미한다. 그래서 대학입학 경쟁은 교육의 기회를 얻기 위한 것이 아니라 신분상승과 학벌편입을 위한 경쟁인 것이다. 그리고 이를 공식화하기 위해 점수라는 객관적 수치가 필요하게 된다.

필자는 '입시제도'가 아닌 '입학제도'라는 말을 쓰고 시험선발제도가 아닌 방식으로 대학에 다니게 되기를 바란다. 그러면 신분상승 수단이라는 비교육적인 요소가 제거되고 사람들은 학벌의 일원이 아니라 독립된 인격으로 사회를 살아갈 수 있을 것이다. 그러나 많은 사람들은 입시를 입학제도와 같이 보고 시험점수에 의하지 않는 선발제도는 생각도 하지 못하고 있다. 이는 우리의 고등교육을 보는 시각이 외눈박이이기 때문이다.

수능이라는 세시풍속에서 자살하는 아이들을 구해 주고 싶다. 그렇게 하기 위해서 필자는 입시를 없애는 수밖에는 없다고 결론을 내린 지 오래다. 그리고 무시험선발이 그 대안이다. 아이들이 죽는 이유로 인내력 부족을 드는 경우가 많다. 그러나 필자는 그런 견해에 동의하지 않는다. 왜냐하면 아이들은 원하는 대학에 들어가지 못해서 죽는 것이 아니라 그 사실을 감추지 못해서 죽기 때문이다. 다시 말해 그의 실패는 햇빛 아래 고스란히 노출되어 숨을 곳이 없는 것이다. 그는 결국 영원한 도피처를 찾게 된다. 그게 자살의 이유다. 개인의 좌절이 아니라 그 좌절을 감출 길이 없어 죽는 걸 방관하는 우리 사회다.

입시라는 비교육적, 비인간적인 과정 속에서 대학은 신분상승과 학벌편입이란 마약으로 몽매한 대중의 탐욕을 채워 주고 그 대가로 배를 채운다. 200명의 어린 새싹들을 해마다 희생시켜 가며.

앙상한 가지가 을씨년스런 계절이 다가오고, 며칠 지나면 다시 입시라는 광풍이 휘몰아칠 것이다. 또 얼마나 많은 새싹들이 피기도 전에 낙엽처럼 스러질 것인가?!

6. 수능 2

아, 수능! 사람 잡는 수능! 수능 직전에 한 학생이 아파트에서 뛰어내렸다는 보도를 접하곤 한다. 충분히 예측할 수 있었다는 데서 미필적 살인이라고 할 수 있다. 교육운동가들이나 교육개혁에 관심 있는 사람들은 대답하지 않으면 안 된다. 사람 살리는 방안을! 사람 죽이지 않는 방안을! 해마다 수많은 어린아이들이 죽어나가는 것이 확률적 통계적 진실임에도 불구하고 아무런 방안을 제시하지 못한다면 교육문제에 대해 함구하기 바란다.

필자는 입시 시즌에 죽는 아이들을 살리기 위해 대입제도 중의 한 방식인 공개경쟁시험을 없애야 한다고 호소하는 사람이다. 적어도 입시가 없어지면 아이들이 입시로 인해 죽지는 않을 것이다. 입시

시즌에 아이들이 죽는 기사가 해마다 신문에 실린다. 그래서 이골이 났는지 아이들 죽음을 대수롭게 생각하지 않는 것 같다. 아이들이 죽지 않을 방안을 제시하는 어떠한 글도 찾아볼 수 없기 때문이다. 있다고 해봐야 아이들에게 실패와 좌절을 인생에 대한 경험으로 여기고 꿋꿋이 살라는 무책임하기 그지없는 격려사가 대부분이다. 죽은 자는 죽은 자이고 산 자는 산 자란 말인가?!

입시 시즌에 아이들이 죽어나가는 나라는 지구상에 우리나라뿐이라는 말도 모두들 들으려하지 않는다. 오늘날 우리나라 젊은이들이 세계 여러 나라에서 대학교육을 받고, 또 교육받은 후 돌아온 자들도 주변에 많다. 그들에게 물어보라! 그 나라 아이들이 입시 시즌에 아파트에서 떨어지거나 나무에 목매거나 음독하거나 하는 예가 있는가를. 필자는 다른 나라의 예를 찾아보고 물어보았으나 유례를 찾지 못했다. 단 한 건도!

단 한 명이 죽어도 병든 교육일진대 그 숫자가 200명 내외로 30여 년간 지속되고 있다면 그보다 더 급한 교육문제가 무엇이 있을 것인가? 이것은 우리나라가 어린이들에 관한 한 저주받은 나라라는 것을 의미한다. 혹자는 그게 대관절 무슨 큰일이냐고 할지 모른다. 그래도 나라가 발전해 왔지 않냐고 반문하는 경우도 많다. 국가간 교육평가에서 한국 아이들이 우수한 성적도 내고 오히려 더욱 심한 경쟁을 해야 한다는 주장도 심심치 않게 듣는다. 이럴 때 필자는 몸 둘 바를 모른다. 아이들이 죽어도 그만이라는 자들의 강심장을 이해할 수가 없다. '통계에 의하면 자살충동을 느끼는 아이들이 60%가 넘는다'고 하는데도 아무런 책임의식도 느끼는 것 같지 않다. 그럴 때 필자는 사람들이 교육현안을 해결하겠다고 입에 거품 무는 모습들이 그렇게 하찮게 보일 수가 없다.

7.
중국을 망하게 한 과거제도

일본은 7세기 다이카 개신 때 중국 문화를 거의 전반적으로 수용했지만 어찌된 일인지 중국의 지식인들이 열광적으로 숭배한 과거제도는 빠뜨렸다.

과거제도는 그 나름대로 주요한 기능이 있었다. 정권에 미세하나마 작은 구멍을 내고 상당한 자산을 가진 평민들이 이 구멍을 통해 정권이란 높은 봉우리에 기어오르는 기회를 주었다. 하지만 제왕들은 이것을 이용하여 지식인들을 통제했고, 오랫동안 통제당한 지식인들이 제왕과 평민 사이에서 새로운 통치귀족이 되었다. 그들은 지난날 혈통으로 유지되던 귀족과는 달리 과거라는 시험을 통해 생산된 귀족, 즉 사대부 계층이었다. 그들은 유가학파의 경전을 연구하여 관리가 되는 것이 유일한 일이었고, 녹봉과 뇌물은 그들의 재산을 증가시켜 주었다. 또 이 재산을 토지매입에 투자했기 때문에 사대부라 하면 거의 모두가 토지와 거기에 기생하는 가족을 거느리고 있었다.

중국 정부는 이 암초들 사이를 비틀거리며 항해하는 거대한 배와 같았다. 일본은 과거제도가 없었기 때문에 다행히 이런 암초들을 만나지 않았다. 일본 정부가 항해하는 바다는 거칠 것이 없었다. 지도자가 변화의 방향만 결정하면 실천은 언제나 가능했다.

과거제도의 주 내용은 2,000년 전의 유가서를 시험 보는 것이다. 그 결과는 유가학파의 강한 보수성과 복고주의적 본질이 사대부들을 지나치게 완고하게 만들었고, 팔고문에 대한 기계적 훈련은 사대부들의 상상력까지 완전히 말려버렸다. 사대부들은 자신의 생각을 활용하지 않는 것이 습관이 되었고 모든 저작은 과거 유명한 성인을 대신하는 식이었다. 그러므로 비현실적이면서 괜히 열만 올리는 악습이 자랐고 모든 형태의 개혁과 진보에도 미친 듯 반대했다. 일본의 지식분자들에게도 이런 병폐가 없는 것은 아니었지만 그 증세가 아주 가벼워 대부분 국가의 결점을 차분하게 생각한 다음 서양의 생활방식과 문화의식을 허심탄회하게 받아들였다.

백양이란 대만 사람은 중국이 망한 이유를 과거제도에서 찾았다 (백양, 『맨 얼굴의 중국사』, 208쪽). 백양은 시험제도로 선발된 자들을 암초로 표현했고 그런 제도로 인해 중국이 망한 사실을 탄식해 마지않았다. 중국 역사상 내부적으로도 과거제도를 비판한 자들은 많았다. 그러나 사대부의 권세가 더 컸고 결국 외부적인 충격으로 나라가 망하는 비싼 대가를 치르고 말았다.

그런데 중국을 모방했던 우리나라는 일본과 달리 이 제도를 비켜갈 수가 없는 일이었다. 그리고 우리나라에서도 과거제도의 폐해를 지적한 이는 많았다. 북학파 박제가 선생도 과거제도의 폐지를 줄기차게 역설하였다. 조선 정부 역시 그 폐해를 모를 리 없었다. 그럼에도 불구하고 과거제도가 계속된 것은 그것이 인재선발보다 체제유지를 위한 민심 무마용으로 사용되었기 때문이다. 양반의 환심을 사는 방법으로 과거보다 좋은 것이 없었다. 어느 지방의 양반들이 불만이 많다 하면 그 지방에 과거를 특별히 시행하는 것이다. 벼슬은 못해도 과거합격은 우월한 사회적 지위와 명예에 대한 욕심을 만족시키는 보증수표이기 때문이다. 현재 국립 서울대학교가 합격생을 지역별로 할당하는 것과 동일한 구도인 것이다.

결국 과거제도를 없애지 못한 우리나라의 결과도 망국이었다. 그러나 문제는 오늘도 여전히 그때의 망국병에서 벗어나지 못하고 있는 것이다. 자세히 보라! 대학입시를 비롯해서 사법고시, 취직시험, 진급시험 등이 이와 무엇이 다른가? 우리나라를 뒤덮고 있는 시험선발제도라는 망국의 그림자를 제거해야 한다. 시험문화라는 망국병을 더 이상 지속시킬 수는 없는 일이다.

8. 애증의 전교조

전교조 이수일 위원장이 사표를 냈다고 한다. 임기 2년은커녕 10개월여 만에 사표를 낸다 하니 아쉽다. 취임 얼마 후 함께 식사하며 교육개혁을 논했는데 물거품이 되는 건가?! 그는 내 친구다. 알고 지낸 지도 10년이 넘고 그래도 내 생각을 잘 이해해 주었는데 좌초하고 만 것이다. 그러고 보니 전교조 위원장은 초기의 몇 사람을 빼고는 모두 내 친구다. 얼마 전 민노총위원장을 사퇴한 이수호 씨도, 그 이전의 이부영 씨도 내 친구다. 현재 서울시 교육위원장인 김귀식 씨와도 막역한 사이다.

그렇다면 내가 전교조 회원인가 하면 그건 아니고 그저 교육운동을 하다보니 시간이 가면서 저절로 그렇게 되었다. 요즈음 전교조의 역할을 비난하는 경우가 많지만 공도 많고 과도 많은 단체라 해야 정확할 것이다. 전교조 출범의 최대 공로자는 교총의 무능이라는 생각에는 변함이 없다. 그러나 요즈음의 전교조에는 실망스러운 점이 한 두 가지가 아니다.

그 중 하나가 교원평가에 대한 것이다. 전교조 집행부가 교원평가에 대해 단호한 태도를 보이지 않은 것은 잘못이다. 적어도 교원단체라면 교원평가에 대해 그들의 입장을 한 점 의혹이 없게 했어야 한다. 큰 조직이니 여러 의견이 있는 것은 당연하지만 합의가 되면 그 후에는 일사불란하게 움직이고 그들의 소신을 드러내야 한다. 적어도 전교조가 교원평가에 대해 반대의사를 표명한 것은 옳다. 그리고 그것을 투표로서 가결시킨 이상 그 반대의지를 만천하에 드러내기로 한 집단시위를 연기한 것은 이해하기 어렵다.

표면적인 이유는 수능시험에 지장을 준다는 것이지만 당시에 수능 날짜를 몰랐을 리가 없다. 이 또한 국민을 속이려 든 것이다. 조합원의 의사만 묻고 그 결과를 가지고 국민의 여론을 살피려던 것은 아닌지. 그게 사실이라면 비겁한 행위일 뿐이다. 이수일 위원장은 온건론자다. 시위를 가급적 자제하고 대화와 설득으로 현안을 풀어 나간다고 천명한 바도 있다. 그래서 그런 것인가?

다시 교원평가 문제를 보자! 교사에 대한 평가는 너무나 당연한 것이다. 그러나 '누가 평가할 것인가?' 하는 문제가 생겼다. 그동안 평가하는 사람들이 제대로 하지 않아 문제가 쌓였다. 역할을 해야 할 자가 안 하면 다른 자가 대신하는 것은 역사의 법칙이기도 하다. 한 나라가 제 역할을 못하면 딴 나라가 간섭하려 드는 것에 비유될 수 있다. 교원평가도 그런 것인가? 다시 말해 교장과 교감과 시·도교육청이 제 역할을 다하지 못하니 그 역할을 학부모가 맡겠다는 것인가?

교사에 대한 평가가 소홀했던 것을 교육 당국이 먼저 사과해야 한다. 그리고 이제라도 교사를 제대로 평가할 장치를 마련해야 한다. 이런 과정을 생략하고 학부모가 교사를 평가하겠다는 요구를 정부가 받아들여 정부 자신의 태만과 직무유기를 감추려는 태도라니!! 이제라도 김진표 교육부총리는 교사를 평가하는 제도가 제대로 작동하는 방안을 제시해 국민을 안심시켜야 한다. 그렇지 않으면 선량한 다수의 교사들의 운명을 학부모 평가라는 칼날에 맡기는 꼴이 되고 만다.

이수일 위원장의 사퇴도 당연하다고 본다. 교사에 대한 평가권을 토론과 대화의 대상으로 삼으려 한 인상이 짙다. 그것도 여론의 추이를 지켜보면서. 그럴 대상이 따로 있지 어떻게 교사에 대한 평가권을 학부모에게 일부라도 넘길 수 있단 말인가?! 그동안 논의과정에서 교사평가를 진급을 비롯한 통제의 수단으로 삼지 않겠다고 정부가 천명했지만 그것도 교사집단의 반발에 물러선 것이다.

교사에 대한 평가는 임용권자의 인사권 중의 핵심요소다. 이를 학부모나 지역사회와 함께 나눈다는 것은 교사의 기반을 무너뜨리는 것이다. 세계 어느 곳에서도 학부모가 교사를 평가하고 그 결과를 가지고 대우하는 예는 단 한 나라도 없다. 필자는 전교조 회원도 아니고 한 걸음 떨어져 지켜보는 입장에 있지만 최근의 교원평가 문제로 교직사회가 흔들리는 모습에서 교사의 문제 이상으로 우리 교육의 미래를 보는 것 같다.

참고로 말하면, 전교조와 대립하는 운동가들도 대부분 내 친구들이고 모임에서 오랫동안 일을 함께 한 바가 있다. 그래서 사태의 추이도 이메일로 열심히 보내오고 있다. 이 글은 어느 편을 옹호하려는 것이 아니고 필자의 소신을 말하고자 함이다.

9. 학벌타파를 위한 두 시민단체

교육운동하면서 사람들을 만나고 헤어지는 일이 수도 없이 일어난다. 만나면 반갑고 헤어지면 아쉬움이 남는다. 그저 단순한 만남과 헤어짐이 아니라 뜻을 같이할 때면 그렇게 반가울 수가 없고 그런 그들과 헤어질 때는 앙금도 남고 때로는 적의도 느낀다. 그럴 때면 슬픔이 오래간다. 개인간이 아니라 단체간에는 더욱 그렇다.

흥사단에 참여한 후 '교육개혁시민운동연대'에서 흥사단 대표로 약 2년간 활동했다. 교육개혁시민운동연대는 전교조와 '참교육학부모회'가 중심이고 고만고만한 교육운동단체 20여 개가 참여해서 우리 교육의 문제점을 사회에 제시하고 있다. 이런 모임과 함께 '학벌없는 사회'에도 참여했다. 1999년에 생긴 이 단체는 2000년 9월부터 공식적인 활동을 했다. 필자는 그해 11월 이곳에 참여했는데 이듬해 4월 분열되었고 5월에 '학벌없는 사회만들기'(학사만)라는 단체를 새로 창립하는 데 주도적으로 참여했다. 그런 지 5년이 된 셈이다.

두 단체('학벌없는 사회'와 '학벌없는 사회만들기') 모두 우리 사회가 학벌사회라는 점을 사회에 폭로한 공로가 있다고 본다. 그 전에는 우리 사회를 학벌사회로 규정한 바가 없었다. 그 후 '학벌'에 대한 공론이 형성된 것이다. 여러 차례 세미나가 열렸고 언론도 기사화했고 책도 여러 권 나왔다. 그리고 이제는 학벌사회라는 말을 지식인들도 스스럼없이 사용할 만큼 되었다. 그렇다고 학벌사회에 대한 대안이 합의되었거나 치열하게 고민한다거나 사회적 추동력을 얻었다고 말할 수는 없다. 왜 그런지 학벌사회라는 말에는 쉽게 공감하면서도 그를 시정하기 위한 노력은 턱없이 부족하다. 모두 공범이기 때문이 아닐까 한다. 아니면 우리 사회를 진단하는 것이 아직 미숙한 때문인지도 모르겠다.

교육운동을 하면서 단체에 가입해 활동한 건 얼마 되지 않는다. 그럼에도 불구하고 흥사단 활동을 중지한 것도 마음이 개운치 않고 교육개혁 시민운동에서 손을 뗀 것도 그렇고 '학벌없는 사회'가 분열한 것도 오랫동안 마음에 걸린다. 두 단체로 분열할 때 파열음은 매우 컸었다. 다 같이 '학벌없는 사회'를 만들자고 의기가 투합했음에도 불구하고 불과 4개월 만에 두 조각이 나면서 서로 못 볼 상대로 대하게 되기까지 인간적인 고통이 따랐다. 몇 달을 두고 인터넷상에 싸움이 그치질 않았고 인신공격도 서슴지 않았다. 이미 5년 전의 일이기는 하지만 그 여파가 아직도 미치고 앞으로도 언제 활화산이 되어 타오를지 모른다.

교육운동 진영에서 알 사람은 다 알고 안타깝게 생각하지만 그렇다고 중재도 어려워 보인다. 단순히 인간적 감정에 그치는 것만이 아니라 정책과 비전 그리고 이념에 관한 것이기 때문이다. '학벌없는 사회'는 독일식 사회주의를 지향하고 교육에서도 평등주의를 강조하고 있다. 반면에 '학사만'은 미국식 자유주의를 지향한다. 이런 차이가 초·중등교육에서는 드러나지 않고 별 차이가 없으나 고등교육에서는 여실히 드러난다. 즉 우리의 고등교육체제를 끌고 가려는 방향이 미국식과 독일식으로 정반대인 것이다. 고등교육제도를 크게 미국식과 독일식으로 나누고 영국이나 일본, 우리나라는 절충식이라 할 수 있다. 그러나 이런 절충식은 이론에 의해서가 아니라 현실에서 자생했기 때문에 그만큼 이론적 정리가 되어 있지 않다고 할 수 있다.

과연 학벌사회를 해소하기 위해서 미국식으로 고등교육을 시장에 맡기고 정부는 관여하지 않는 게 좋을까, 아니면 시장에서 맡았던 부분까지 정부가 흡수해 정부주도로 운영하는 것이 좋을까? 이 둘의 차이는 매우 크고, 또 합의도 어렵다. 왜냐하면 이념이 다르기 때문이다.

자유주의와 평등주의는 함께 가야 한다. 그러나 서로의 지향점이 다르기 때문에 둘 다 같은 비중으로 함께 수용하기는 어렵다. 일정 부분 상대의 이념을 침식하면서 자기 주장을 펴게 되는 것이다. 그리고 이런 이념적 대립은 정답이 있을 수 없는 철학적 문제이기도 하다. 단 어떤 사회를 말할 때 그 사회의 기반이 무엇인가를 인정한다면 그에 비추어 선택을 할 수는 있다. 그렇지만 그것도 그 사회의 기반을 문제 삼는다면 다시 원점으로 돌아갈 수밖에 없다.

우리나라는 자유민주주의에 기반을 두었고 그것은 시장경제와 자본주의를 동반한다. 따라서 우리 사회가 무엇을 기반으로 해서 성립되었는가 하는 데에는 의문의 여지가 없다. 그렇지만 건국한 지 불과 반세기가 조금 넘었고 그 전의 체제는 우리 국민의 의사가 반영되지 않았었으니 말할 것이 없다. 그렇다면 불과 반세기의 역사를 가지고 우리 사회를 규정지을 수는 없지 않은가 하는 반론이 성립할 수도 있다. 또 한반도의 나머지 반은 의심의 여지없는 사회주의 국가이기도 하다.

'학벌없는 사회'는 이런 전제에서 대학에 대해 국가경영을 주장한다. 우리나라 국립대학이 20%의 점유율을 보이고 있는데 기회가 되는 대로 늘려 궁극적으로 완전 국립대학체제를 완성하자는 것이다. '학사만'은 정반대이고. 이런 이념적 대립이 동지들 사이에서 일어났고 급기야는 얼굴을 붉히는 사태로 발전하더니 두 조각이 났고 이제는 타인보다 더 먼 사이가 되고 말았다. 모두 우리 사회를 위한 일이지만 방향이 다르다 보니 이 지경에 이르게 된 것이다. 이런 싸움이 그래도 사회를 발전시키는 데 초석이 된다면 그래도 참을 수는 있다. 그렇지만 생산적이지 않고 소모적이고 퇴영적이라면 얼마나 안타까운 일인가?!

이견이 있더라도 상대를 존중하고 최종선택을 사회에 맡기고 그 결과에 승복하면 어떨까? 적어도 필자가 속한 '학사만'은 그럴 용의가 있다. 사회가 선택하는 것을 거부할 수도 없으려니와 사회발전을 위하면서 사회의 선택을 존중하지 않을 수 없기 때문이다. 운동가들은 사회가 잘 선택할 수 있도록 자료를 제공하고 공론의 장을 만들고 자유로운 선택이 가능하도록 분위기를 조성하는 데 노력하면 그만이다. 그러나 이런 논리도 패배를 예상하는 쪽은 수용하지 않으려 한다. 오히려 패배를 예상하면 어떤 수단과 방법을 동원해서라도 저지하려 한다. 우리 사회의 기본원리인 다수의 의사와 절차적 민주주의도 그럴 경우 무력해지고 만다. 이념이 무엇인지?!

10.
연어치어 방류

3년 전 봄에 강원도 금강산 건봉사 너머까지 간 적이 있다. 연어치어를 방류하기 위해서였다. 군부대 지역으로 군 안내를 받았는데 군단장, 사단장 등 높은 분들도 치어방류에 협조해 주었다. 지역이 원체 험해 지프차로 이동했는데 방류지점은 남방한계선 최북단이고 노무현 대통령이 사병으로 근무하던 지역이라고 한다. 인적이 닿기 어려운 깊은 산속에서 연어새끼를 방류했다. 몇 만 마리였는지 숫자는 기억이 잘 나지 않는다.

연어는 3~4년 만에 모천으로 회귀하는 습성이 있는데 3년 전 봄에 방류한 치어들이 지금쯤 돌아오지 않을까 싶다. 남대천에 연어를 맞는 행사가 소개되었는데 다 자란 실한 놈들이 물살을 거스르며 올라오는 것을 보고 싶다. 물론 내가 방류한 연어들은 금강산 계곡 어느 지류일 테니까 남대천으로 오르는 놈들은 아닐 것이지만 내가 방류한 놈 소식도 들어 알고 있을 것이다.

인공으로 부화한 연어이기는 했지만 내가 방류한 치어는 3센티 정도였고 내수면 연구소에서 방류할 때는 5센티 정도까지 키워 내보낸다고 한다. 이유는 그게 생존율을 높인다는 것이다. 또 지느러미에 삼각형 표시를 하는데 회수율을 확인하기 위해서란다. 최상류에서는 3센티 정도에 방류하는데 강 하류에서는 5센티 정도에 방류한다니 하류까지 가는 기간이 얼마인지 몰라도 그동안에 2센티가 크는 모양이다. 짐작컨대 한 달 정도 걸리지 않을까 한다. 상류에서 3월 초에 방류했는데 4월 초에 하류에서 방류한다는 말을 들었던 것 같다.

필자는 이 부분 즉 알에서 깨어나 5센티까지 자라 바다로 나가는 기간을 확대해 『섀먼 에듀』(*Salmon Edu*)라는 소설을 쓴 바 있다. 설악산 깊은 자락에서 깨어난 연어새끼가 몇 차례에 걸친 급류낙차를 뚫고 강 하류까지 내려온 후 다시 바닷물에 몸을 적응시켜 먼 바다로 나가는 것을 입시관문을 통과하면서 성장해 성인사회로 나가는 인간 사회에 비유했다. 그러니까 보통 연어라 하면 회귀본능에 향수를 느끼는데 필자는 자연이 만들어 놓은 장애를 극복하면서 바다로 나가는 연어에서 한 인간으로 성장하는 아이들의 성장사를 그려 보고 싶었던 것이다.

신문에 짧은 수필을 쓴 적도 있지만 자연이 만들어 놓은 장벽은 연어새끼를 단련시켜 먼 바다에서 살 수 있도록 도와준다. 그러나 인간이 만들어 놓은 입시라는 장벽은 아이들을 단련시키기보다는 오히려 경쟁에 치이고 낙오하고 실패에 노출되고 서열에 편입되고 자유로운 창의가 구속되고 주눅 들게 해 겁 많은 인생이 되게 한다는 것이 내 글의 요지였다.

책을 읽어 본 사람들은 어린 연어에서 아이들의 성장을 비유한 발상이 참신하다고 한다. 또 주인공 섀먼 에듀가 입시라는 장벽을 제거하기 위해서 애를 쓰지만 결국 실패하고 바다로 나간 후 자기가 살던 하천에 교육대란이 일어나고 해일이 이를 덮치는 상황설정이 그럴듯하다고 한다. 교육개혁에 저항하던 세력들이 쓰나미에 쓸려가는 걸로 마무리를 했었다.

그렇지만 읽어 본 자들은 고개를 갸우뚱한다. 과연 입시라는 장벽을 없앨 수 있을지 자신하지 못하겠다는 뜻이다. 아무리 인간이 만들어 놓은 입시가 아이들을 용렬한 인간이 되게 만들어도 그걸 없애기는 어렵다는 것이다. 내가 책을 보낸 사람들은 교육개혁에 관심이 있는 분들이다. 일종의 이념을 담은 소설이라고 할 수 있다. 그런 그들이 책을 다 읽고 나서도 동의를 안 해준다. 하물며 입시장벽을 없애자는 걸 목적으로 한 사회소설에 대해 일반인들이 동의해 주기 어려운 것은 너무나 당연해 보인다.

입시폐지론자 입장에서 쓴 소설이 대중성을 띄기는 어려워 보인다. 언젠가 입시가 없어지거나 입시폐지운동이 활발하게 벌어지는 날 내 소설은 주목받으리라고 본다. 교육개혁수단의 하나로 소설기법을 동원한 것도 흔치 않고 더욱이 연어새끼에 빗댄 아이들의 성장이야기가 재미있다고 하니 그럴 날이 오지 않을까 하는 막연한 기대도 있다.

그끄러께 방류했던 3센티짜리 연어새끼가 60센티 성어가 되어 깊은 계곡을 거스르는 모습을 보고 싶다. 눈 녹은 물이 바위를 뚫고 솟아난 용천수에서 어린 시절을 보낸 새먼 에듀와 그의 무리들이 북태평양을 주름잡다가 그들만의 영광의 상징인 기름지느러미를 휘날리며 붉고 노랗게 물든 만산홍엽이 뜨겁게 맞아주는 곳으로 돌아오는 모습들을 보고 싶다.

11. 선거에 나섰던 일

교육운동하면서 빼놓을 수 없는 추억이 국회의원 선거에 출마했던 일이다. 1993년 4월 선거유세를 했다. 당시에 광명시 국회의원 보궐선거에 출마한 것은 교육개혁이 되지 않으면 나라가 망할 것이라고 보았기 때문인데 그로부터 불과 4년 반 만에 IMF를 맞았으니 내 말을 듣지 않은 값은 단단히 치른 셈이다. 그렇지만 그런 일이 있고 나서도 나한테 고마움을 표시하는 이가 없으니 경고가 무의미한 일인가 보다. IMF사태의 원인을 교육문제로 보기 어려운 점도 있다. 그래서 그런 건지도 모른다. 흔히 얘기하듯 외환재고 부족의 위험성을 몰랐기 때문이라는 게 대부분이다. 그러면 어떤가. 내가 보기에는 교육의 실패가 근본 원인인데. 잘못된 교육에 그 정도면 천만다행인 줄 알 일이다.

당시에 선거운동의 비용에 대해서 묻는 자가 있었다. 어떻게 그 비용을 조달했는가 하고. 물론 그는 내가 직장생활도 제대로 하지 않고 사업도 하지 않고 유산도 물려받은 것이 없는 것은 모른다. 그렇지만 국회의원 출마가 한두 푼이 아니고 그렇다고 돈 있어 보이지도 않는 사람이 떡하니 국회의원이 되겠다고 출마를 했으니 궁금했을 것이다. 당시에 출마비용을 어떻게 조달했는지 구체적으로 말한 적은 없다. 돈은 필요한 만큼 들었지만 굳이 밝힐 책임도 없으니 그냥 그렇게 넘어갔다. 물론 빚에 시달린 적도 없이.

국회의원 선거사에 보면 잔뜩 빚을 끌어 선거를 치르고 개표 사흘 전에 잠적해 선거결과를 기다린 자가 있다고 한다. 당선되면 갚고 못 되면 감방으로 찾아오라는 심산이었다고 하는데 수원에서 출마했던 그 사람은 놀랍게도 당선되어 빚잔치는 하지 않게 되었다나 어쨌다나. 사무장이 출마자를 찾아 헤매던 얘기는 전설처럼 구전되고.

아무튼 그래도 광명시 국회의원 보궐선거(현 경기지사 손학규 씨가 당선됨)에 출마했으니 1,000만원은 공탁금으로 걸어야 했는데 내 통장에는 거짓말 같지만 언제나처럼 돈 10만원이 없었다. 지금 생각해 보면 통장이 있었는지조차 잘 모르겠다. 그러니까 무일푼으로 출마한 셈이다. 거금을 쾌척하면서. 돈은 없었지만 기댈 언덕은 있었다. 고교친구들과 대학친구들이다. 고교친구들에게 1,000만원 부탁하고 대학친구들에게 1,000만원 부탁했다. 그러면 1,000만원이 남고 그 돈으로 그런대로 선거를 치를 생각이었다.

매사가 계획대로 되는 건 아니지만 때로는 초과달성이란 것도 있지 않나. 그러나 그런 복은 없었던 것 같다. 고교친구들이 협상하자고 나서고 이어서 대학친구들도 똑같은 과정을 거치는 것이었다. 비상이 걸릴 수밖에. 당시에 필자는 광명시 하안동 상인연합번영회장으로 친구의 서예학원 원장도 겸하고 있었다. 그러나 다 명예직에 가까웠다. 하루의 대부분은 선거판이나 정치권이 아니고 교육개혁운동 진영을 기웃거리고 있었다. 수입도 제대로 없이. 그러니까 광명시하고도 하안동에 연고도 없고 투자도 없는 사람이 번영회장을 하고 있었는데 그 지역이 외지인이 많아 그 틈을 비집는 중이었다.

그래도 그 명의로 급하면 돈을 좀 쓸 수 있지 않을까 했는데 정말 그런 외상이라도 동원해야 할 처지가 되고 말았다. 그래서 신설한 기업은행 지점장을 찾아가 선거자금 200백만 원을 돌려달라고 부탁했다가 보기 좋게 퇴짜 맞은 일이 엊그제처럼 떠오른다. 지금 생각해 보니 선거자금이라고 말하면 당선될 사람이라도 주어서는 안 될 돈이었다. 단 그 액수가 너무 작아 문제 삼기에 뭣할 뿐이다.

그러나 용케도 어찌어찌해서 1,200만원을 만들어 등록을 마쳤다. 200만원은 현수막과 포스터 비용인데 정부보조가 있고 일부를 출마자 부담이라고 하며 안 내도 된다고 해서 잠시 고심했지만 결국 내고 말았는데 그 바람에 남은 돈도 바닥나고 말았고 선거기간 보름 동안 먼 산과 지는 달만 쳐다본 게 전부다.

어디가 잘못되고, 무엇이 잘못되고, 누가 잘못했는지 모르지만 그래도 교육이 잘못되면 나라가 결단난다고 목 놓아 소리쳐 본 것 하나로 위안을 삼는다. 광명시 철산동 운동장에 1만 명이 넘게 모인 유세장에서 우리 교육 이대로 가면 나라가 위험해진다고 경고 한 번 한 걸로 만족하고, 친구들이 도와준 것에 대해 고맙게 생각하고, 명색이 번영회장으로 하늘처럼 모시던 지점장이 나 몰라라 하고 도망간 것 눈감고, 또 내외집안 나 몰라라 한 것도 잊고 살아왔다. 그런 지 벌써 13년이 되었나?

5 · 31 지방선거가 얼마 남지 않았다. 거기서 교육개혁을 주요 이슈로 들고 나올 사람은 얼마 없어 보인다. 하긴 대통령선거부터 교육문제는 언제나 뒷전이니까. 미국에서는 교육문제가 4대 이슈 중의 하나라 한다. 그만큼 교육문제가 중요하다는 얘기인데 언제쯤 우리도 교육문제를 들고 선거판에 나서는 필자처럼 허망한 낭인이 나타날까.

12.
교육개혁이란 과연 가능한 명제인가?

교육이 개혁되어야 한다는 소명의식으로 교육운동권에 뛰어든

후 강산이 한 번 변하고도 더 되었다. 누가 하라고 해서 했다면 그렇게 오랫동안 할 수 없었을 것이다. 무슨 일이든지 스스로 원해서 하기로 하면 힘이 덜 들고 오래가고 효과도 좋다. 그러나 교육개혁운동은 꼭 그렇지만은 않은 것 같다.

왜 그럴까. 우선 교육이 개혁되어야 한다는 데 대해 절실하게 느끼는 사람들이 많은 것 같지 않다. 그렇지 않다면 교육개혁이란 구호가 구호로 그친 채로 그토록 오래가지는 않았을 것이기 때문이다. 국민들이 오랫동안 교육개혁을 염원했음에도 불구하고 교육개혁이 되지 않을 수가 있을 것인가? 그런 점에서 과연 국민들이 교육개혁을 원하고 있었을까 하는 의문이 들 때가 있다.

정부에서 교육개혁의 기치를 든 지는 오래되었다. 노태우 정권 당시에 교육개혁심의회를 두고 교육개혁을 표방했으므로 20년째다. 그 후 교육개혁위원회니 교육혁신위원회니 해서 줄기차게 교육개혁 담당 별도기구를 대통령 혹은 총리 혹은 장관 산하에 두고 개혁을 추진했으니 이제는 좀 성과도 있을 만한데 실상은 전혀 거리가 멀다. 때로는 교육개혁을 국민이 원하지 않는 정도가 아니라 교육개혁 자체가 필요 없는 것처럼 보이게도 한다. 많은 사람들이 한국의 미래를 낙관하고 세계 10위권 진입이 시간문제라고 하면서 그토록 국력이 신장된 이유 중의 하나가 우리나라의 교육 덕택이라고 할 때는 교육개혁이라는 말이 무색해지곤 한다.

정말 우리나라 교육이 훌륭했고 교육개혁은 잘하고 있는데 주마가편(走馬加鞭)이라고 그 위에 박차를 가하자는 뜻이라고 한다면, 그런 의미의 교육개혁이란 좀더 잘하자는 뜻의 개선 정도에 불과한 것처럼 들리기도 한다. 이럴 때는 교육개혁이 무엇을 의미하는가 하는 원초적 질문으로 돌아가곤 한다.

우리나라의 교육이 외국의 웃음거리가 된 지는 오래되었다. 우리나라 중등학교 학생들의 수업과 방과 후 학원수업을 받는 모습이 외국에 가십거리가 되어 몇 번씩 소개되고 있다. 그것 자체가 외국인의 눈에 이미 정상적인 교육이 이루어지고 있지 않다는 것을 뜻한다.

한 나라의 초・중등학생 600만 명이 몇 자리 되지 않는 우수대학에 입학하기 위해 창살 없는 감옥에 갇혀 이전투구(泥田鬪狗)를 하는 모습을 외국인들이 어떻게 이해할 수 있을 것인가?! 대학입학 시즌이 되면 공무가 지연되고 거리가 통제되며 비행기도 뜨지 못하고 자살자와 입시부정이 속출하는 나라를 정상적인 나라라고 할 수 있을까?!

이런 의미에서 교육개혁은 타당성을 갖고 앞에서 언급하는 국가발전에 기여했다는 강변(強辯)에서 타당성을 잃는다. 무엇이 진실일까?

필자는 교육이 개혁되어야 나라가 산다는 명제에 충실하기 위해 발 벗고 나선 사람 중의 하나이다. 그리고 많은 것을 경험했고 개인적으로 많은 것을 잃었지만 지금도 교육개혁이 언제 될는지 확신이 서지 않는다. 이유는 많지만 그동안 생각해 온 것을 종합해서 말한다면 교육을 개혁할 능력이 없는 나라가 아닌가 한다.

왜냐하면 교육을 개혁하려면 많은 사람들의 동의가 필요하고 뜨거운 공감대가 있어야 하고 사회지도층의 이해도 따라야 하는데 과연 그게 가능할는지 모르기 때문이다.

교육에 관심 있는 자들 모두가 전문가인 듯이 행세하고 자기 주장에 맞지 않으면 타인의 주장에 귀 기울일 줄 모르며 의견이 백 가지 천 가지로 갈라지기만 한다. 또 한편에서는 이런 의견분열을 반기는 것 같기도 하다. 사실 지금의 교육체제는 어느 편에게는 커다란 부를 제공해 주고 있다. 지금은 반도체나 자동차 시장이 커져 잘 모르지만 얼마 전까지만 해도 국내 최대의 시장이 교육시장이었다. 그런 경제적 관점에서 교육개혁을 지지할 것 같지가 않다. 부가 보장된다면 모르겠지만 교육개혁이란 시장 친화적이 아닌 것은 틀림없지 않겠는가?!

교육개혁의 구호는 난무하지만 개혁능력을 겸비하지 않고 조건도 갖추지 못하면서 교육이 개혁될 리는 없다. 그런 의미에서 교육개혁에 대한 회의가 엄습해 온다. 진정 교육이 인간을 목적으로 하고 모두가 교육수혜를 고마워하는 그런 날은 진정 올 수 있을 것인가. 대안을 제시하고 의견을 말하며 고심해 왔지만 오히려 원초적 의문으로 돌아가곤 한다. 교육개혁이란 명제는 과연 타당한 명제일까 하는.

참고문헌

강내희, 『교육개혁의 학문전략, 신자유주의의 지식생산을 넘어서』, 문화과학사, 2003.

강치원, 「대학자율화는 서울대문제를 해결해야 가능하다, 긴급제언, 서울대출신 문교부장관에게 드리는 신서울대폐교론」, 『월간조선』, 1998. 5.

강태중, 「사교육비 경감대책의 결함을 말한다」, 『교육평론』, 2004. 4.

고형일, 「대학서열체계, 어떻게 할 것인가」, 『학벌없는 사회, 어떻게 가능한가』, 학벌없는 사회를 위한 기획토론회, 2001. 8~11월, 학벌없는 사회만들기 편, 2001. 1.

교육인적자원부, 「정책해설: 학벌문화타파 추진계획」, 『교육마당21』, 2002. 1.

______, 『2002년도 교육인적자원부 소관 세입, 세출예산 개요』.

______, 「특집 2·17 사교육비 경감대책」, 『교육마당21』, 2004. 3.

______, 『학벌주의 극복 종합대책』, 2004.

권대봉, "국립대 법인화 반대 명분없다", 시론, 한국경제, 2005. 5. 16.

______, 신현석, 『한국 공교육의 새로운 구상과 전략』, 집문당, 2003.

권오승, 『경제법』, 법문사, 1999.

김경근, 『대학서열깨기』, 개마고원, 1999.

김기수, 『아직 과외를 그만두지 말라』, 민음사, 1997.

김덕영, 「사교육문제, 대학의 서열폐지가 해법이다」, 『인물과 사상』, 75호, 2004. 7.

______, 『위장된 학교』, 인물과 사상, 2004.

김동훈, "효용 다한 국립대학체제", 시론, 경향신문 2003. 7. 31.

______, 『한국의 학벌, 또 하나의 카스트인가』, 책세상, 2001.

김부태, 『한국학력사회론』, 내일을 여는 책, 1997.

김상봉, 『학벌사회, 사회적 주체성에 대한 철학적 탐구』, 한길사, 2004.

김세환, 『끝나지 않는 식민지학문 100년』, 박이정, 2004.

김신일, 『교육사회학』, 교육과학사, 2002.
김인회, 『한국교육의 역사와 문제』, 문음사, 2001.
김영용, 「본고사와 고교등급제, 왜 필요한가」, 한국경제연구원, 『시장경제원리로 읽는 경제상식의 허와 실』, 굿인포메이션, 2006.
김영철, <대학 경쟁력 강화방안>, 한국경제학회 2005년도 제1차 정책포럼 주제발표 1, 2005. 5. 20.
김영호, 『관권경제－특혜경제』, (주)CPI/월간 엔터프라이즈, 1988.
김용숙, 「교육부의 사교육비 경감대책 문제 있다」, 『교육평론』, 2003. 8.
______, 「실추된 교권의 회복만이 공교육을 살리는 최선의 길이다」, 『교육평론』, 2004. 1.
______, 「'공교육과 사교육' 공생방법은 없는가!」, 『교육평론』, 2004. 2.
김용일, 『교육의 미래, 시장화에서 민주화로』, 문음사, 2002.
김정환 · 강선보, 『교육학개론』, 박영사, 2005.
김진영, 「수학능력실시 10년간 대학의 서열변화」, 『공공경제』 2006. 1.
김진표, <특성화를 위한 대학혁신방안>, 한국경제학회 2005년도 제1차 정책포럼, 2005. 5. 20.
김철수, 『헌법학개론』, 박영사, 2005.
노성태, "정부가 손떼야 교육이 산다", 노성태칼럼, 오피니언, 중앙일보, 2001. 4. 4.
대법원, 1990. 11. 23. 선고 90다카3659 판결, 판례공고 888.161(2).
독고윤, "대학의 위기 풀자면", 시론, 중앙일보, 2001. 3. 22.
동아일보, 사설, 2004. 12. 13.
______, "한국 대학개혁 10년 허송, 고학력자 비중 30개국 중 3위, 교육경쟁력 28위, 2005. 1. 29.
중앙일보, "물 건너간 교육개혁 간판", 2001. 6. 27.
민경국, 「좌파적 가치의 덫에 걸린 한국경제」 김정호 편, 『자유민주주의와 시장경제』, 자유기업원, 2005.
박거용, 『한국대학의 현실』, 문화과학사, 2005.
박동운, 『위기의 한국경제, 시장경제가 돌파구다』, 월간조선사, 2005.

박세일 · 우천식 · 이주호 편, 『자율과 책무의 학교개혁: 평준화 논의를 넘어서』, 한국개발연구원, 2002.
박홍기, 『태평양 건너를 몰라도 너무 모른다』, 집문당, 2006.
박효종, 「한국자유주의의 위기」 김정호 편, 『자유민주주의와 시장경제』, 자유기업원, 2005.
사공일, “이젠 교육대통령이다”, 사공일칼럼, 오피니언, 중앙일보, 2002. 1. 28.
서상목, 『시장을 이길 정부는 없다』, 매일경제신문사, 2003.
손주은, 『고3 혁명』, 조선일보사, 2003.
송병순 · 이영호, 『현대사회와 교육』, 문음사, 1999.
송태성, 「차별화되는 시장, 대중화되는 시장」, 『주간경제 682』, LG경제연구원, 2002. 7. 3.
신도철, 「교육서비스 시장에서의 소비자주의 확충방안」, 『교육과 삶의 질』, 건국대학교출판부, 1999.
신동아, <특별기획, 오늘, 다시 교육을 생각한다>, 2005. 6.
신중섭, 「서울대만 배부르다」, 한국경제연구원, 『시장경제원리로 읽는 경제상식의 허와 실』, 굿인포메이션, 2006.
안병영, “교육기회의 불평등”, 금요포럼, 동아일보, 2001. 5. 25.
양승실, 「공교육 위기 발생구도와 위기 진단」, 『자방자치』, 163호, 2002. 4.
______, 「공교육 위기, 무엇이 원인인가? (I), (II), (III)」, 『지방자치』, 164호, 2002. 5; 165호, 2002. 6; 167호, 2002. 8.
어윤대, <대학교육 개혁과 국가경쟁력, “교육의 시장화, 개방화”>, 대토론 주제강연, 국회 시장경제와 사회안전망 포럼, 2005. 4. 26.
오해석, “대학이 퇴출되는 날”, 오피니언, 중앙일보, 1998. 8. 6.
월간중앙, <교육계에 부는 또 하나의 정풍운동, ‘퇴출교사 620명 리스트 곧 발표할 것’>, 2004. 5.
______, <다 제쳐 놓고 교육부부터 포격해야 합니다>, 2004. 2.
유정호, 『관치 청산－시장경제만이 살 길이다』, 책세상, 2004.

윤정일 · 정수현, 『한국 공교육의 진단－선택의 자유와 공정성』, 집문당, 2003.

윤철경, 『학교붕괴 실태 및 대책 연구』, 한국청소년개발원, 1999.

이경수, 「누가 서울대학교에 들어가는가?」, 『월간조선』, 2004. 3.

이남기, 『경제법』, 박영사, 1999.

이동규, 『대학경영위기. 재무분석 및 대책』, 선학사, 1995.

이동규, 『독점규제 및 공정거래에 관한 법률개론』, 행정경영자료사, 1997.

이방원, 「교원단체의 사립학교법 개정주장의 허구와 문제, 특집, 사립학교법 무엇이 문제인가?」, 『사학』, 2000년 겨울호.

이병주, <사례중심의 공정거래법 해설>, 『월간 공정거래』(제40호, 1998. 12).

이상규, "교수사회에서의 학벌, 학맥은 없고 패거리 의식만", '학벌을 깨뜨리자' ⑤, 학벌없는 사회를 위한 모임 공동기획, 교수신문, 2001. 10. 15.

이선 외, 『민주주의와 시장경제, DJ노믹스의 이론적, 경제사적 고찰』 산업연구원, 1999.

이성연, "현행 관치대입제도는 위헌", 시론, 동아일보, 2002. 1. 31.

이은우, 「사교육비 지출행위에 대한 경제분석」, 『경제연구』 제22권 제2호, 한국국민경제학회, 한국경상학회, 2004. 6.

이정규, 『한국사회의 학력 · 학벌주의: 근원과 발달』, 집문당, 2003.

이종각, 『교육열 바로보기』, 원미사, 2003.

______ 편저, 『한국의 교육열, 세계의 교육열, 해부와 개혁』, 하우 2005.

이종재, 『"사교육 문제"에 대한 대책: 공교육 교육력 강화를 중심으로』, 수탁연구 CR2003-18, 한국교육개발원, 2003.

이준구, 『시장과 정부, 경쟁과 협력의 관계』, 다산출판사, 2004.

인터넷 한겨레, "고대마피아 정, 관계를 흔드는 결속력", 2005. 5. 26.

임석규, 『보수와 진보, 한국의 시장경제』, 생각의 나무, 2005.

장미정, 『하버드 vs 서울대, 하버드생이 공개하는 미국식 공부방법』, 답게, 2005.

장하준, 『개혁의 덫』, 부키, 2004.

전성일 외, 「공교육 만족도를 결정하는 사교육태도에 관한 연구」, 『경영교육논총』, 제30집, 2003.

전성철, "교육부여, 어디로 가는가", 중앙시평, 중앙일보, 2002. 1. 12.

정범모 외, 『교육의 본연을 찾아서, 입시와 입시교육의 개혁』, 한림과학원총서 12, 나남, 1993, 41.

정종섭, "기여입학제 논의할 필요는 있다", 포럼, 문화일보, 2001. 5. 24.

정진상, 『국립대 통합네트워크-입시지옥과 학벌사회를 넘어』, 책세상, 2004.

______ 엮음, 『교육부의 대국민 사기극, 노무현정부의 교육정책 전면 비판과 대안』, 책갈피, 2005.

______·김영석·이두휴 외, 『대학서열체제 연구: 진단과 대안』, 한울아카데미, 2004.

조선일보, "한부총리 각의 보고했다 혼쭐", 2002. 1. 23.

조우현, 『대학을 바꿔야 나라가 산다, 향후 10년의 대학혁신』, 랜덤하우스중앙, 2006.

중앙일보, "대학졸업장 가치는 7억 5000만 원", 2002. 7. 3.

______, "서울대출신 교육만족도 매우 낮아, 공학한림원, 6개대 공대졸업생 519명 조사, 2005. 1. 13.

______, "'박사공장' 서울대박사 2684명 분석해 보니", 2005. 3. 30.

최돈민, 「학력주의의 실상과 대응방안」, KEDI교육정책포럼-한국교육의 현실과 대안(6), 『우리 사회의 학력, 학벌주의극복을 위한 정책 방향과 과제』, 한국교육개발원, 2001.

______ 외, 『학부모 학력주의 교육관타파 방안 연구』, 한국교육개발원 수탁연구 CR 2001-46, 한국교육개발원, 2001.

하영철, 『흔들리는 한국교육, 그 진실을 말한다』, 동현출판사, 2004.

한겨레신문, "정관계 높은 자리 노른자위 독과점, ② 서울대공화국",

2002. 1. 10.

_____, “화려한 외양 뒤엔 초라한 연구풍토, 서울대 개혁 어떻게 할 것인가”, 2002. 1. 17.

한국대학신문, “진단 교육인적자원부, ①~④”, 2005. 3. 25~4. 11.

한석수, 『교육정책의 나비효과를 꿈꾸며』, 아르케, 2005.

한준상, 『한국교육개혁론』, 한국학술정보(주), 2003.

_____, 『국가과외, 누가 한국교육을 죽이는가』, 학지사, 2005.

황원철 · 김성렬 · 고창규 편저, 『공교육』, 원미사, 2004.

황정규 · 이돈희 · 김신일, 『교육학개론』, 교육과학사, 2003.

부 록

부록 Ⅰ

불공정거래 행위의 신고 및 회신 내용

1. 공정거래위원회 신고
2. 공정거래위원회의 회신 내용
3. 공정거래위원회 회신에 대한 의견

부록 Ⅱ

헌법소원 심판청구 및 판결 내용

1. 헌법소원심판청구서 요지
2. 교육인적자원부의 의견(요약)
3. 교육인적자원부 의견에 대한 반론(요약)
4. 헌법재판소의 결정
5. 현 대학제도에 대한 전문가들의 견해
6. [시론] 효용 다한 국립대학체제

부록 I 불공정거래 행위의 신고 및 회신 내용

1. 공정거래위원회 신고

수신: 공정거래위원회
발신: 정영섭 건국대학교 교수

제목: 공공부문의 불공정거래행위
국립대학의 경쟁사업자배제행위: 부당염매

가. 정부의지와 헌법정신

참여정부는 '자유롭고 공정한 시장질서의 확립'을 핵심국정과제의 하나로 제시하고, 이에 따라 공정거래위원회는 시장개혁의 목표와 추진계획을 수립, 추진하고 있습니다. 다행스러운 것은 시장개혁이 민간부문에만 국한되지 않고 공공부문에도 적용되고 있다는 것입니다. 즉 민간만 규율하는 경쟁법의 집행에 그치지 않고 나아가 공공부문의 경쟁제한적 제도를 개선하는 '경쟁주창활동'을 힘차게 펼치고 있기 때문입니다. 과연 경쟁제한적 정부정책이 존재하는 한 자유 공정한 시장질서는 확립되지 못하여 헌법 제119조의 정신은 구현될 수 없습니다.

나. 국립대학의 불공정행위

(1) 부당염매: 등록금 할인

주지된 사실로 우리나라 일반 국립대학은 국립으로서의 특수한 기능

없이 사립대학과 동일한 교과내용을 제공하며 서로 경합관계에 있음에도 불구하고 등록금(=가격)은 사립대학의 2분의 1 수준입니다. 이러한 등록금 할인은 지원자(=수요자)들을 무차별 유치하여 사립대학들의 발전과 존속을 불가능하게 하고 있습니다. 사립대학들의 교육의 질이 향상되어도 등록금의 격차로 인하여 지원자들이 기피하기 때문입니다. 이것은 국립대학들이 국가공권력으로 용역의 대가를 부당하게 결정, 유지하는 명백한 시장지배적 지위의 남용(공정거래법 제3조의 2)이고 경쟁사업자인 사립대학들을 배제하는 부당염매(공정거래법 제23조)에 해당합니다.

우리나라의 상황이 표면상 미국의 주립대제도와 유사하지만 내용상으로는 다릅니다. 즉 미국의 등록금은 각 대학의 경쟁력을 반영하기 때문에 경제질서에 위배되지 않습니다.

(2) 사업자 – 사업자단체

지금까지 국립대학은 사회보장적 국가기관(국회 정무위원회, 진정번호 3620, 1999. 1. 29)이고, 국립대학에 대한 지원행위는 종합공공사무(공정거래위원회, 독관 42240-55, 1999. 2. 8)라서 사업자의 공정거래와 무관하다는 입장이었습니다. 그러나 대한민국의 경제질서(헌법 제119조) 내에 공정거래의 원칙을 침해할 수 있는 주체는 아무것도 있을 수 없습니다. 국립대학은 분명히 고등교육이라는 서비스를 제공하는 사업자(공정거래법 제2조 1)이고 더욱이 사회보장기관이 아님은 자명합니다. 경제적, 지리적, 신체적으로 어려운 학생들이 아니라 성적을 기준으로 우수자들을 합격시키고 있기 때문입니다.

또한 전국에 소재해 있는 일반 국립대학들은 전국적인 사업자단체(공정거래법 제2조 4)로서 가격(=등록금)을 공동으로 결정, 유지하는 것이 부당한 공동행위(공정거래법 제19조 1)에 해당합니다.

(3) 국립대 자체의 비효율

국립대학들의 부당염매에 의한 공동행위는 사립대학들의 발전을 차단할 뿐 아니라 국립대학 자체의 효율성과 경쟁력도 저해하고 있습니다. 왜냐하면 파산위험이 전무한 상태에서 등록금 덤핑으로 지원자들이 그저 몰려와서 경쟁력 향상의 필요성 내지 절박성이 없기 때문입니다. 국고지원에 의한 인위적이고 허구적인 경쟁우위가 자유 공정한 경쟁을 불가능하게 하고, 그 결과 우리나라 대학 전반의 경쟁력이 현재 낮은 것은 주지의 사실입니다. 경쟁력은 경쟁에 의해서만 배양되는 것입니다. 그리고 국고의 무작정 지원으로 학교운영이 방만할 수밖에 없습니다. 한 예로 국립대학 행정직원의 수는 사립대학의 2~3배에 이릅니다.

(4) 역진적, 반사회적 영향

국립대학에 대한 일률적인 등록금 혜택은 또한 역진적이고 반사회적입니다. 현재 서울대학교를 위시하여 지방거점 국립대학들에 입학하는 학생들은 대부분 고득점자이고 등록금 혜택이 불필요한 부유한 계층입니다. 또 부유하지 않더라도 그 높은 점수로 일반 사립대학에서 4년간 등록금 면제를 받을 수도 있습니다. 그러므로 현 제도는 국고로 부유층을 편파지원하고 있는 것입니다. 그리고 정작 도움이 필요한 수많은 서민의 어려운 학생들은 방치되어 있습니다. 이들은 동일한 납세국민임에도 불구하고 교육예산의 혜택에서 소외되었고 과외를 받을 수도 없어 상대적으로 낮은 점수를 받고 사립대학에 입학하면 두 배 이상 높은 등록금을 지불해야만 합니다.

다. 시정 청원 – 하나의 제안

위와 같은 이유로 국립대학의 불공정거래행위를 제소하오니 헌법과 공정거래법에 준거하여 시정해 주실 것을 청원합니다. 예를 들어 현재의 등록금 할인혜택을 국립대학들에 무조건 일률적으로 부여할 것이 아니라 국 · 사립을 막론하고 경제적, 지리적, 신체적으로 취약한 학생들에게 직접 지원해야 합니다. 하나의 제안을 드린다면, 바우처(voucher, 혹은 교육 쿠폰, 서비스 구매권) 제도를 논의해 볼 수도 있을 것입니다. 이러한 방법으로 서민층의 학생들은 등록금 격차에 구애받지 않고 자유롭게 학교를 선택할 수 있고 대학간에는 공정한 경쟁이 가능할 수 있기 때문입니다.

이 문제는 지금 처음이 아니라 지난 정권 때에도 제기된 바 있습니다만 거대한 관료주의의 미궁 속에 실종되어 아무런 해결책도 강구되지 못했습니다. 하오니 이번에는 반드시 진지하게 검토되어 개선이 이루어지기를 간절히 청원하옵고, 다망하신 중이라도 답신을 삼가 요망하는 바입니다.

2005. 1. 24.　　　　위원인　정 영 섭 배상

2. 공정거래위원회의 회신 내용

수신자　정영섭

제 목　신고에 대한 회신

가. 귀하께서 2005. 1. 26. 국립대학들의 등록금 부당염매 행위 여부에 대하여 우리 위원회에 신고한 건에 대한 회신입니다.

나. 국립대학의 등록금 결정행위가 공정거래법상 부당염매행위에 해당되는 여부에 대하여 검토한 결과 국립대학의 등록금이 사립대학에 대하여 2분의 1 정도에 불과한 낮은 수준인 것은 사실이나, 국립대학에 대하여 정부가 인건비, 기본경비, 시설비 등을 지원하고 있는 점을 감안하여 볼 때

○ 국립대학이 제공하는 교육 서비스에 소요되는 비용보다 현저히 낮은 수준으로 등록금을 결정하였다고 보기 어려울 뿐만 아니라

○ 또한 국립대학이 대학교육시장에서 경쟁사업자인 사립대학을 배제할 목적으로 등록금을 낮게 결정하였다고 볼 수 없다고 판단되므로

○ 국립대학들의 등록금 결정행위가 공정거래법상 부당염매 행위에 해당되지 않음

다. 그러므로 귀하의 신고건에 대하여 공정거래법 적용 대상이 아니라고 판단되어 「공정거래위원회 회의운영 및 사건절차 등에 관한 규칙」 제12조 제1항 21호(기타 공정거래법, 표시광고법, 하도급법 적용대상이 아니라고 인정되는 경우)에 의거 심사 불개시 처리하였음을 알려 드립니다. 끝

2005. 03. 07. "투명하고 공정한 시장경제 선도자" 공정거래위원회

사무관 연 규 석 단체과장 김 종 선 시행 단체과-137

3. 공정거래위원회의 회신에 대한 의견

공정거래위원회는 국무총리 소속의 정부조직법상 장관급 중앙행정기관으로서 경쟁정책을 수립하고 공정거래제도를 운용하는 합의제 형태의 준사법적 기관이다. 기본적인 운용법규는 「독점규제 및 공정거래에 관한 법률」(공정거래법)로서 헌법 제119조 ① "자유와 창의를 존중하는 경제질서"와 ② "시장지배와 경제력 남용을 방지하며, 경제주체간의 조화를 통한 경제의 민주화"를 실현하기 위하여 제정된 것이다.

따라서 공정거래법의 목적(제1조)도 "사업자의 시장지배적 지위의 남용과 과도한 경제력의 집중을 방지하고, 부당한 공동행위 및 불공정거래행위를 규제하여 공정하고 자유로운 경쟁을 촉진함으로써 창의적인 기업활동을 조장하고 소비자를 보호함과 아울러 국민경제의 균형 있는 발전을 도모"하는 것이다. 그리고 동법 제2조에 원칙적으로 "제조업, 서비스업 기타 사업을 하는 모든 사업자"를 대상으로 명시하고 사업자간의 거래나 거래의 일방이 사업자인 거래에 적용하고 있다. 이에 따라 국립대학도 교육 서비스를 제공하고 그 반대급부로서 경제적 대가를 받는 행위를 반복적으로 행하므로 공정거래법상의 사업자에 속한다.[1)]

그러므로 공정거래법의 관점에서 볼 때, 먼저 국립대학에 대한 정부의 일방적인 지원이 사립대학과의 공정한 경쟁을 저해하는 행위에 해당한다. 그리고 무엇보다 국립대학이 국가지원을 힘입어 등록금을 낮게 책정

1) 이병주, <사례중심의 공정거래법 해설>, 『월간 공정거래』(제40호, 1998. 12), 45; 대법원, 1990. 11. 23. 선고 90다카3659 판결, 판례공고 888.161(2); 권오승, 『경제법』, 법문사, 1999, 137; 이남기, 『경제법』, 박영사, 1999, 84; 이동규, 『독점규제 및 공정거래에 관한 법률개론』, 행정경영자료사, 1997, 76.

하는 것 역시 사전에 사립대학을 배제할 목적이 아니었다 하더라도 현실적으로 사립대학을 압박, 배제하고 있기 때문에 명백히 공정거래법 제3조의 2, ①의 1 시장지배적 지위에서 교육 서비스의 가격을 부당하게 결정, 유지하는 남용행위에 해당한다.

어떠한 주체라도 경제질서를 위반하고 시장을 지배하면 혼란과 폐해가 발생한다. 이때 그 주체가 국가기관 경우에는 그 혼란과 폐해는 더욱 막중할 수밖에 없다. 왜냐하면 국가는 초법적 존재이고 그의 행위는 '합법적'인 '공공행위'로서 전국 각 분야에 영향을 미치기 때문이다. 비록 합법적이고 정치적인 명분이 있다 하더라도 사회적, 경제적 손실은 피할 수 없는 것이다. 경제질서를 수립 · 유지하는 것도, 또한 가장 크게 훼손할 수 있는 주체도 바로 국가인 것이다. 피해규모로 보아서 민간기업이 '하루살이'의 정도라면 국가기관은 '낙타'에 비유될 수 있다. 그러므로 고등교육시장에서 공정거래위원회가 사립대학들의 등록금 담합을 지적하면서 국립대학들의 등록금 덤핑을 외면하는 것은 결국 하루살이는 걸러내고 낙타는 삼키는 격이라 할 수 있다.

부록Ⅱ 헌법소원 심판청구 및 판결 내용

필자가 속한 시민단체인 '학벌없는 사회만들기'는 일반 국립대학에 대한 정부의 편파지원의 부당성을 지적하고 2002년 5월 그 위헌 여부의 심판을 헌법재판소에 청구하였다. 결과는 '각하'로 판정되었다. 그 이유는 청구인들에게 '자기 관련성이 없다'는 것이다. 그러므로 앞으로 자기 관련성이 인정되는 자연인 혹은 법인에 의해 이 소원이 다시 심의되기를 희망하며 제소 내용과 경위 및 그 판결 결과를 소개한다.

1. 헌법소원심판청구서 요지

청구인: 정주희(서울 강동구, 사립대 학생), 김춘웅(서울 강북구, 사립대 학생), 정영섭(충북 충주, 사립대 교수)

피청구인: 교육인적자원부 장관, 재정경제부 장관, 기획예산처 장관

청구취지:

"피청구인들의 국립대학(교)에 대한 2002년도 재정지원은 국립대학(교) 재학생과 사립대학(교) 재학생의 2002학년도 제1학기 등록금납부액에 있어 현저한 불평등을 초래하였고, 그에 따라 사립대학(교)에 재직하는 교수들의 학생지도에 있어서 국립대학(교)에 재직하는 교수들의 학생지도에 비교하여 현저한 불평등을 초래하며 이러한 불평등은 추후 지속적으로 반복될 것이므로 위헌이다."라는 결정을 구합니다.

편파지원의 내용:

시설, 운영에 대한 국고의 자동지원: 각 연도, 학교별로 차이가 날 수 있으나

국립대학의 재원: 등록금 34%, 국고보조 60%, 기타 수입 6%

사립대학의 재원: 등록금 76%, 국고보조 1%, 재단전입 14%, 기타 수입 10%.

2001년도의 국고지원: 25개 일반국립대학 1.2조 원, 136개 사립대학 0.2조 원

이 외 국립대학은 조세부담이 전무하지만 사립대학에는 각종 조세가 부과됨.

국고보조에 의한 등록금 할인: 국립대학의 등록금은 사립대의 1/2 수준: 2001년도의 경우 계열평균 국립대학 280.6만 원, 사립대학 581.0만 원

편파지원이 부당한 이유:

일반 국립대학은 국립으로서의 특수한 기능 없이 사립대학과 동일한 교과과정을 제공하기 때문에 양자는 학생모집에서 서로 경합관계에 있습니다. 이때 국립대학이 편파적 지원에 의하여 월등히 유리한 위치에서 합법적으로 공공연하게 불공정거래를 하고 있는 것입니다. 이것이 사립대학뿐 아니라 사회 전체에 막대한 위헌적인 폐해를 주고 있습니다.

국립대학을 설립할 때는 분명한 목적과 기능이 있어야 합니다. 예를 들어 사립이 담당할 수 없는 특수 목적 혹은 사회복지 목적 등, 그리고 설립된 후에도 그의 현실적 기능이 당초 목적에 부합될 때만 국립으로서

의 존재의미가 있고 국고지원이 타당합니다. 그런데 현재의 국립대학들은 그러한 목적도 기능도 없습니다.

국가는 수시로 국립대학들에 대하여 다각적, 심층적인 평가를 실시하여 당초 설립목적이 아직도 타당한가, 또 그 목적이 현재에도 실현되고 있는가의 여부를 확인해야 합니다. 이 원칙은 국립대학뿐만 아니라 모든 국가기관, 공기업에도 해당됩니다. 이 원칙에 따라 많은 공기업들이 현재 민영화되고 있습니다. 국립대학의 경우는 1961년에 체신대학이 폐교되었고, 작년에는 세무대학이 폐교되었습니다. 이에 불복하는 헌법소원도 있었으나 기각, 각하되었습니다.

일반 국립대학의 존재의미도 새롭게 평가하고, 만일 사립대학과 경합하는 국립대학이 꼭 필요하다면 공정한 경합이 가능하도록 외부적 조건을 조성해야 합니다. 재정지원도 일정한 원칙과 기준에 의하여야 합니다. 합리적인 이유 없이 단지 국립으로 존속해 왔기 때문에 국고지원을 받아 경쟁우위를 누리는 것은 부당합니다. 더구나 설립취지가 사라지고 대학운영이 부실해도 '국립'이기 때문에 국고에 의하여 유지, 존속하는 것은 더욱 부당합니다. 국가가 설립했으니 국가의 운영책임이 있다는 것은 동어반복의 순환론에 불과합니다.

편파지원의 폐해와 위헌성

가. 국립대 우위의 대학서열의 경직성, 대학 전반의 부실과 사립대학생의 손실

국립대학의 운영이 부실하고 교육경쟁력이 향상될 수 없습니다. 왜냐하면 국립대학에는 일차적으로 싼 등록금 때문에 학생들이 자동적으로 지원해 오고, 학교운영비 역시 국고에서 자동적으로 지급되고 있습니다. 따라서 국립대학 자체는 노력하여 경쟁력을 향상시켜야 할 내외부적인 유인이 없습니다. 경쟁력을 향상시켜도 대학의 서열이 상승하거나 경제적 이득이 발생하는 효과가 없고, 경쟁력이 하락해도 학생지원율이 감소하거나 경제적 손실이 발생하지 않습니다. 실제로 국립대 교육 경쟁력은 낮아질 수밖에 없습니다. 여타의 조건이 동일하다면, 교육의 질은 정확히 등록금 할인율만큼 낮아지게 됩니다. 그러나 국립대학은 국가기관이기 때문에 어떠한 경우에도 퇴출의 위험이 없습니다. 그러므로 대학경영의 방만과 교육재정의 낭비가 필연적일 수밖에 없습니다.

사립대학들은 국립대학 우위의 서열체계 속에 매몰되어 공정한 경쟁과 이로 인한 발전이 불가능하고, 각종 특성화정책의 효과도 제한적일 수밖에 없습니다. 그리고 입학정원, 교과과정, 학사운영 등에 국가의 과도한 간섭으로 대학의 자율성이 제약되어 있습니다.

사립대학생들은 동일한 납세국민임에도 불구하고 대학교육을 위한 국고지원에서 소외되었고, 더구나 단지 사립대학에 다니기 때문에 국립대보다 2배 비싼 등록금을 지불해야 합니다. 교육예산은 간접세로 징수되기 때문에 저소득층 사립대학생의 조세부담이 역진적으로 더 큽니다. 이러한 재정적 손실 외에 대학 및 학벌의 등급에 따른 사회적 차별대우를 평생 동안 받아야 합니다.

위헌사항:

헌법 제11조 ① “평등권”의 침해

헌법 제31조 ① "교육기회균등", ④ "대학 자율성"의 침해

헌법 제54조 ①과 제89조 ④ "입법부, 행정부의 예산의결권" 및 제99조 "결산심사권"의 유기

「독점규제 및 공정거래에 관한 법률」(공정거래법) 제3조의 2 ①의 1 "상품의 가격이나 용역의 대가(가격)를 부당하게 결정, 유지하는 행위"에 위배

나. 중등교육의 변질

중등교육은 입시 위주로 변질되어 학생의 성적에 관계없이 모든 입시 과목의 암기와 문제풀이에 치중하고, 그 시간도 매일 밤중까지 연장되어 휴일도 없고, 학우들간에는 점수경쟁이 치열합니다. 높아진 경쟁강도에 따라 공교육의 실종뿐 아니라 합법・불법적인 사교육이 창궐하고, 사교육비는 공교육비를 능가하였습니다. 중상위계층의 국민은 조기유학이나 교육이민을 결행하고 대안학교를 찾고 있지만, 저소득층은 사교육비를 감당할 수 없고, 경쟁에 낙오하는 학생들에 대하여는 아무런 교육적 배려가 없습니다.

위헌사항:

헌법 제10조 "인간의 존엄과 가치, 개성의 자유로운 발현이라는 행복추구권"의 침해

헌법 제34조 ① "인간다운 생활을 할 권리"의 침해

교육기본법 제2조 "교육이념"의 위배

다. 지배학벌의 등장

대학의 경직된 서열체계는 사회에 그대로 연장되어 각 학교 출신에 따라 카스트와 같은 학벌서열이 고착되었습니다. 그중에 서울에 위치한 국립 서울대학교의 학벌이 압도적인 '지배학벌'로 등극하였습니다.

이것이 중앙집중의 강화와 지방의 공동화를 촉진시켜 수도권과 지방의 격차를 확대하였습니다. 그리고 한 학벌에 의한 독점적 지배는 비효율적이고 반사회적일 수밖에 없습니다.

그 이유는 우선 지배학벌과 여타 학벌 간에 공정한 경쟁이 불가능한 것입니다. 인맥이 크게 작용하고 학벌에 따라 인간의 평가와 등급이 이루어지는 우리나라의 현실에서 낮은 서열의 학벌들은 지배학벌에 의해 의식·무의식적으로 소외, 구축될 수밖에 없습니다.

뿐만 아니라 지배학벌 내의 경쟁 역시 공정할 수가 없습니다. 구성원 간 기존의 타성적 친분관계에 의하여 경쟁의 객관성, 정직성, 다양성, 창의성, 역동성 등이 역시 의식·무의식적으로 제약되고, 그 결과가 조작됩니다. 표면적인 경쟁과 공식적인 계약, 재판은 무대 위의 연출에 불과하고 실질적인 것은 막후에서 동문들간 타협에 의하여 조율되는 것이 현실이라 하겠습니다. 경쟁의 유익은 실종되고 모든 결정은 학벌 자체의 이기적 이해관계의 테두리를 결코 넘을 수가 없습니다.

위헌사항:

헌법 제11조 ① "평등권"의 침해, ② "사회적 특수계급제도"의 인정

헌법 제119조 "경제주체간의 조화를 통한 경제의 민주화"에 역행
헌법 제123조 ② "지역간의 균형 있는 발전"의 저해

2002년 5월 일 청구인들 대리인
법무법인 대종종합법률사무소 담당변호사 채형석

헌법재판소는 위의 심판청구서를 2002헌마312 '국립대학 재정지원 위헌확인'으로 접수하고 교육인적자원부에 회부하였고, 교육인적자원부는 다음과 같은 요지의 의견서를 헌법재판소에 제출하였다.

2. 교육인적자원부의 의견(요약)

가. 권리침해의 직접성 결여

국립대학에 대한 재정지원은 국민에게 교육의 기회를 제공하기 위한 국가의 조성적 행정행위로서 이러한 행정행위가 청구인들의 교육의 기회균등, 행복추구권, 평등권 등의 권리를 직접 침해하였다고 볼 수 없다고 사료됩니다. 즉, 이 사안으로 인하여 청구인들 자신의 법적 이익 또는 권리를 직접적으로 침해당한 피해자라고는 보기 어려우므로, 이 사건 심판청구는 헌법소원 심판청구에 있어서 필요한 직접성을 인정할 수 없으므로 각하되어야 할 것입니다.

나. 청구기간의 도과

청구인들은 대학 2학년, 3학년생, 사립대학의 교수인 자로서 일반적인 사회통념에 비추어 보아 입학 당시 또는 재직 당시부터 국립대학에

대한 재정지원 사실 및 사립대학의 등록금이 국립대학에 비해 높다는 사실을 알고 있었다고 볼 수 있습니다. 따라서 사유가 발생한 것을 안 날로부터 60일 이내 및 사유가 발생한 날로부터 180일 이내의 청구기간을 준수하지 못한 동건 위헌제기는 각하되어야 할 것입니다.

다. 헌법 제10조의 행복추구권 침해 여부

국립대학에 대한 재정지원은 인건비·시설비·운영비 등을 지원하는 것으로서, 이는 경제적·지리적 이유로 고등교육의 기회를 제공받기 어려운 자들에게 교육의 기회를 제공하기 위한 조성적 행정행위로서 이로 인하여 청구인들의 행복이 직접적으로 침해당했다고 보기는 어렵다고 사료됩니다.

국립대학에 대한 입학 또는 재직 기회 역시 당해 학교가 정하는 일정한 자격을 갖춘 모든 자에게 평등하게 주어지고 있으므로 국립대학에 대한 재정지원으로 인하여 청구인들의 행복추구권이 침해당했다고 볼 만한 구체성이 불분명하므로 이 조항 위헌제기는 또한 이유 없다 하겠습니다.

라. 헌법 제11조의 제1항의 평등권 침해 여부 및 제2항의 사회적 특수계급제도의 인정 여부, 헌법 제31조 제1항의 교육의 기회균등 침해 여부

사립학교는 국가가 아닌 자가 특별한 건학이념을 구현하기 위하여 사재로서 설립한 학교로서 국립대학에 비하여 재정, 인사, 교육과정 등에 있어서 보다 많은 자율을 누리고 있습니다. 고등교육의 경우 수익자 부담이 기본원칙이며 그만큼 자율성이 존중된다고 할 수 있습니다. 따라서 재정을 확보하는 것은 기본적으로 학교법인의 책임이라고 할 수 있습니다.

또한 국립대학에 대한 재정지원은 경제적, 지리적 여건으로 인하여 고등교육을 받기 어려운 자들에게 고등교육의 기회를 제공하는 것으로 이는 사회계급의 완화를 위한 국가의 적극적인 행정행위라고 할 수 있습니다. 또한 국립대학에 대한 입학 및 재직기회 역시 당해 학교에서 제시하는 일정한 조건을 갖춘 자에게 균등하게 제공되고 있습니다. 따라서 청구인들의 평등권 및 교육의 기회균등을 침해하였다고 보기 어렵고 국가가 사회적 특수계급제도를 인정하고 있다고 할 수 없으므로 위헌이라고 볼 수 없을 것입니다.

마. 헌법 제31조 제4항의 대학의 자율성 침해 여부

사립대학들은 국가로부터 재정지원을 받는 국립대학에 비해 인사, 조직, 학사 등에 있어서 각 사립대학의 건학이념에 따른 교육목적을 달성하기 위한 고도의 자율성을 보장받고 있다고 할 수 있습니다.

바. 헌법 제134조 제2항의 지역간의 균형발전 침해 여부

국립대학에 대한 재정지원은 지역간의 균형발전을 위해 지리적으로 소외된 지역에 대한 고등교육 기회를 제공하기 위한 조성적 행정행위로서 청구인들의 국립대학에 대한 재정지원이 지역간 균형발전을 침해하였다고 주장하는 헌법소원 청구는 이유 없다 하겠습니다.

2002년 8월 29일 교육인적자원부 장관

3. 교육인적자원부 의견에 대한 반론(요약)

가. 권리침해의 직접성 결여 주장에 대하여

첫째, 국립대학에 대한 재정지원은 연구교육에 직접적으로 관련된 것뿐만 아니라, 건물의 건립, 조경, 부지확보, 교통환경 등 연구교육에 직접 관련되지 않은 분야에도 대폭적으로 이루어지고 있습니다. 국고지원 없이 학생의 등록금에 의존하는 사립대학으로서는 불가피하게 학생의 등록금을 국립대학보다 더 징수하지 않으면 안 되므로 등록금 납부액에서 현저한 격차가 발생하였습니다.

현재는 200개 가까운 종합대학이 있고, 국립대학이 처음 설립된 1940년대와는 상황이 아주 다릅니다. 국민이 사립대학으로부터 고등교육을 받을 기회가 지방에까지 대폭 확대되었음에도 불구하고 국가는 각 지역에서 국립대학을 운영하며 사립대학보다 월등한 재정지원을 베풀어 줌으로써 각 지역의 사립대학에 학생모집, 재원확보 등에서 현저한 불이익을 주고 있습니다. 자유경쟁을 통해 교육의 질을 개선하는 길을 봉쇄하고 있는 것입니다.

더구나 국가관리하에서 동일한 수능시험을 치르는 획일적인 입시제도상 사립대 학생들은 수능성적과 학생부성적에 따라 사실상 사립대학에 배정받은 것입니다. 신입생 선발을 대학에 일임하고 국가가가 관리하지 않았더라면 전국의 진학 희망자들은 일련의 성적과 석차를 배정받지 않았을 것입니다. 그리고 대학과 학생 사이의 수요공급 관계의 자연적인 추세에 따라 자의로 국립이든 사립이든 원하는 대학의 진학을 도모할 수 있었을 것이며, 그 결과에 대해서도 책임질 수 있을 것입니다. 그러나 국가가 자유선택과 자유경쟁의 기회를 박탈한 이상 학생의 사립대학

진학으로 인해 지불해야 하는 고액의 등록금은 결코 학생이 책임질 일이 아닙니다.

둘째, '조성적 행정행위'는 자본주의의 발달에 따른 독점 현상이나 국민경제의 불균형 현상에 맞서 국민의 복리를 위하여 국가가 적극적인 배려자의 입장에서 민간에게 행하는 급부활동을 말합니다. '조성'(助成)이란 사회적 약자 또는 취약한 부분에 대해 국가가 북돋아준다는 뜻을 담고 있습니다. 따라서 국가가 직접 국립대학을 운영하는 것은 국가사무의 집행일 뿐 민간에 대한 지원을 의미하는 조성적 행정행위와는 거리가 먼 것입니다.

그리고 모든 급부행정에는 평등의 원칙 등 기본원칙의 제한을 받아야 합니다. 이것은 일방에 대한 보조금 지급이 통상적으로 경쟁관계에 있는 비수급인에 대해서 영향을 미치는 제삼자 효과를 갖게 되기 때문입니다. 현재 국립대학과 사립대학은 학생의 모집기준이나 교과과정 등에서 아무런 차이가 없어 완전한 경합관계라고 볼 수 있습니다. 이러한 사정하에서 국가가 국립대학만 지원하는 것은 사립학교에 대한 차별적 행위로서 평등의 원칙에 위배되는 것입니다.

나. 청구기간 도과 주장에 대하여

가해지는 피해가 일회성이 아니고 계속적인 경우에는 시효론의 적용은 합당하지 못합니다. 가해가 계속되고 있기 때문입니다. 바람직한 것은 행정부의 행위가 헌법에 위배되었을 때 그것이 일회적이건 계속적이건 그에 따른 폐해가 인식, 인정될 때 언제든지 교정되어야 할 것입니다.

국립대학에 대한 행정부의 편파지원은 일회성 사건이 아니라 반세기 동안의 관행으로 피해가 지속적으로 발생하고 있습니다. 억지로 시효를 따진다면 등록금은 매학기단위로 액수가 조정, 납부되기 때문에 불평등 사유는 매학기 등록금 납입 마감일부터 새롭게 가산되어야 할 것입니다.

다. 행복추구권 침해 여부에 관한 주장에 대하여

첫째, 헌법 제31조 제1항, 교육기본법 제3조, 고등교육법 제8조 제1항에 따르면 국가의 지원대상은 '소수 특정한 국민'이 아니라 '모든 국민'이고, 또한 '국립대학'이 아니라 그냥 '학교'가 지원대상입니다. 그러므로 정부가 국립대학과 국립대학생만 편파적으로 지원하는 것은 법에 위배되고 있습니다.

둘째, 현재 국립대학에 대한 지원은 "경제적, 지리적 이유로 고등교육의 기회를 제공받기 어려운 자들에게 주어진다."는 것도 사실과 다릅니다. 사실은 수학능력시험 등 성적 상위의 학생들이 국립대학에 입학하고 있습니다. 뿐만 아니라 사교육이 창궐한 현실에서 성적 상위의 학생들은 대부분 경제적, 지리적으로 오히려 부유한 환경의 학생들입니다. 국립서울대학교와 각도의 국립대학들에 진학하는 학생들이 정작 이들 국립대학 없이는 고등교육의 기회를 제공받기 어려운 자들이 아님은 분명합니다. 실제로는 부유층을 지원하는 역진적, 반(反)복지적인 처사로서 소득을 역(逆)재분배하여 당초 취지와 정면 배치되고 있습니다.

셋째, '당해 학교가 정하는 일정한 자격'이라는 것이 위의 진술과 같이 '경제적, 지리적 이유'와는 무관한, 국가의 획일적 입시관리에 의한 성적이고, 그것도 상대적으로 높은 성적입니다. 국립대학들이 상위 성적의 학생들을 임의로 독점하고 있는 것입니다. 즉 다수가 소외되고 소수에게만 특혜가 주어지기 때문에 불평등을 조성하고, 대학들간에는 국가지원에 따른 국립대학 우위의 고정불변한 서열체계가 고착되어 공정경쟁과 이를 통한 질적 향상의 길이 원천적으로 봉쇄되어 있습니다.

따라서 대학들에는 다양한 프로그램에 의한 자유로운 전형이, 그리고 학생들에게는 개인의 적성 및 상황에 따른 자유로운 진학이 불가능한 것입니다. 그 결과 ① 불공정한 경쟁의 압박을 받고 있는 사립대학들과 ② 원하지도 않는 사립대학에 진학하고 등록금조차 비싸게 납부해야 하는 사립대학생들에게 '자유로운 활동과 인격 발현'이라는 행복추구권이 심각하게 침해되고 있습니다.

또한 입학의 기회가 평등하게 주어진다 해도 그 기회를 얻은 자들에게 특혜를 베푸는 것은 정당화될 수 없는 것입니다. 문제의 핵심은 특혜에 대한 공시와 선택기회의 제공이 있느냐 하는 것이 아니라, 원천적으로 그러한 특혜가 합리적인가 하는 것입니다. 특정집단에게 부당한 특혜를 베풀면서 그 집단에 속할 기화가 평등하게 주어진다는 항변은 문제의 본질을 회피하는 것입니다.

라. 평등권 침해, 사회적 특수계급의 인정, 교육의 기회균등 침해 여부에 관한 주장에 대하여

사립학교의 "특별한 건학이념"이라는 표현의 개념이 모호합니다. 그렇다면 국립학교는 '보통의 건학이념'을 구현한다는 말이고, 따라서 '특별한' 것과 '보통의' 것 양자간에 어떠한 차이가 존재한다는 의미가 되기 때문입니다. 국립학교와 사립학교 모두 헌법의 정신 아래 '모든 국민'을 상대로 교육기본법 제2조의 교육이념을 추구해야 할 것입니다. 그렇지 않을 때는 학교설립이 인가될 수 없고, 또 설립된 후에라도 이 이념에 위배된다면 국립, 사립을 막론하고 모두 시정 내지 폐교되어야 할 것입니다. 작년에 실행된 세무대학의 폐교가 좋은 예가 될 것입니다.

그리고 "고등교육의 경우 수익자 부담이 기본원칙"이라 한다면 국립대학에도 역시 이 원칙이 준수되어야 합니다. 그러나 실제로는 합목적적이고 타당한 아무런 이유 없이 국립대학만 이 원칙을 위배하고 있습니다. 이것이 바로 본 헌법소원청구의 원인이기도 합니다. 아울러 사립대학 또한 국가의 인재양성과 학문생산의 기관으로 사립대학의 공공성 역시 국립대학의 공공성과 근본적으로 아무런 차이가 없습니다.

물론 사립학교법인도 재정상태의 개선을 위한 책임의식을 갖고 노력해야 하지만, 문제점은 국립대학에 대비하여 사립대학의 열악한 위치는 국립대에 대한 국가지원으로 더욱 고착화되고 있는 것입니다. 국민세금으로 조성된 대학지원금은 국·사립을 막론하고 국민 모두에게 통일적인 기준에 의하여 지급되는 것이 합리적입니다. 즉 학교법인이 재정확보를 위해 독자적으로 노력해야 한다는 당위적인 주장이 현재의 국립대학에 대한 편파지원을 정당화할 근거가 전혀 되지 못하는 것입니다.

"경제적, 지리적 여건으로 인하여 고등교육을 받기 어려운 자들에게", "당해 학교가 제시하는 일정한 조건을 갖춘 자에게 균등하게 제공" 등은 위 3항의 진술을 다시 반복하는 것입니다.

결과적으로 "국가가 사회적 특수계급제도를 인정하고 있다."는 것이 서울과 지방에서 국가지원에 의한 국립대학들의 경쟁우위에 따라 이들의 졸업생들이 특수한 계급, 즉 강력한 학벌을 형성하였고 그 폐해가 현재 우리나라에서 심각한 사실에서 증명되고 있습니다.

마. 대학의 자율성 침해 여부에 관한 주장에 대하여

현실적으로 '고도의 자율성을 보장받고' 있는 사립대학은 존재하지 않습니다. 30여 개의 관련법령에 의해 대학설립, 학과신설, 학제 및 교과, 학생정원 등의 인·허가와 등록금 지정 등이 총체적으로 통제되어 사립대학은 실제로 국가의 고등교육 독점체제에 편입, 관리되고 있는 것입니다. 이러한 전방위의 굴레 속에 오히려 '방치되어 있다'고 할 수 있는 것은 재정지원이 없기 때문입니다. 그러므로 사학은 재산증식을 위한 수단으로 이용될 성향이 높고, 실제로 재단비리에 관한 보도가 끊이지 않고 있습니다. 뿐만 아니라 사학비리가 발생하면 전직 교육부 관리가 관선이사와 총장으로 임명되는 예가 관례화되었기 때문에 인사, 조직의 자주적 결정권도 허구라 할 수 있습니다.

바. 지역간 균형발전의 침해 여부에 관한 주장에 대하여

실제로 '지리적으로 소외된 지역'에 국립대학은 존재하지 않습니다. 국립 서울대학교를 비롯하여 각 지방의 지역거점 국립대학들 역시 주로 시청, 도청 소재지인 대도시에 위치하여 그 지역의 사립대학들과 경합하며 이들을 압도하고 있습니다. 국립 서울대학교가 서울의 지역적 균형발전을 위해 있지 않은 것처럼, 전남대·충남대·경북대·부산대 등이 소재하는 광주·대전·대구·부산 등은 '지리적으로 소외된 지역'이 결코 아닙니다. 특히 국립 서울대학교는 국무총리 직속으로 격상, 집중적으로 지원되어 현재 우리나라의 수도권 집중과 중앙집권체제를 강화시켰고, 지방에서는 대도시 중심의 국립대 지원이 오히려 '지리적으로 소외된 지역'의 공동화를 가속화시키고 있습니다.

사. 결 론

보다 근본적으로는 오늘날 고등교육에 있어서 국가의 조성적 역할이 과연 필요한가 하는 것입니다. '조성'이란 위의 개념과 같이 사회적 약자 또는 취약분야를 국가가 보호, 성장시킨다는 뜻인데 고등교육분야에는 이미 과도할 정도로 민간의 자원과 역량이 집중되어 있기 때문입니다. 그보다는 초·중등교육이 이제 중학교 의무교육을 시작한 단계로서 국가적 조성이 더욱 필요할 것입니다. 고등교육을 위해서는 국가가 대학간 공정경쟁과 보상이 이루어질 수 있도록 심판관의 역할을 담당하여 진정한 교육의 경쟁력, 즉 질이 향상될 수 있는 환경을 마련하는 것이라 하겠습니다.

2002. 12.

청구대리인 법무법인 대종종합법률사무소 담당변호사 채형석

4. 헌법재판소의 결정

사건: 2002헌마312 국립대학 재정지원 위헌확인

청구인: 1. 정 주 희 2. 김 춘 웅 3. 정 영 섭

청구인들 대리인 법무법인 대종종합법률사무소 담당변호사 채형석

주 문: 이 사건 심판청구를 각하한다.

이 유:

가. 사건의 개요 및 심판의 대상

(1) 사건의 개요

청구인 정주희는 건국대학교 충주캠퍼스 사회과학대학 경제학과에, 청구인 김춘웅은 국민대학교 법과대학에 각 재학 중인 학생들이고, 청구인 정영섭은 건국대학교 충주캠퍼스 사회과학대학에 재직 중인 교수이다.

청구인들은 국가에서 국립대학에 대하여 사립대학에 대한 것보다 월등히 많은 금액의 재정지원을 함으로 인하여 사립대학에 재학 중인 학생들은 국립대학의 학생들보다 훨씬 많은 등록금을 내면서도 학생의 재정부실로 인하여 충실한 교육을 받지 못하고, 사립대학의 교수들은 국립대학보다 열악한 교육환경에서 학생들을 지도해야 하는 등의 차별을 받고 있다고 주장하면서, 이는 청구인들의 평등권, 행복추구권, 교육의 기회균등 등을 침해하는 것이라는 이유로 국가의 2002년도 국립대학교에 대한 재정지원행위를 대상으로 한 이 사건 헌법소원을 청구하였다.

(2) 심판의 대상

국가의 2002년도 국립대학교에 대한 재정지원행위가 이 사건 심판대상이다. 그런데 국가의 국립대학에 대한 재정지원은 크게 국가가 교육기본법 제11조 제1항, 국립학교설치령 제20조 제1항에 의하여 국립대학의 경영자로서 예산회계법 등에 따라 국립대학에 대한 예산을 편성, 집행하는 부분과 고등교육법 제7조 제1항에 의하여 국가가 국립과 사립을 포함한 대학에 학교의 목적달성에 필요한 재정을 지원하는 부분으로 나누어 볼 수 있다.

위의 어떠한 근거에 의한 재정지원이든, 국립대학에 대한 지정지원은 예산의 신청, 예산의 편성, 그 집행행위 등의 일련의 절차로 이루어진다. 국가의 국립대학에 대한 경영권자로서의 재정부담은 중앙관서의 장인 교육인적자원부 장관이 예산안 편성지침에 따라 기획예산처 장관에게 예산요구서를 제출하면, 기획예산처 장관이 예산안을 편성하여 대통령의 승인을 얻은 후 국회의 심의·확정을 거쳐 예산이 성립되고, 이를 교육인적자원부 장관이 집행하는 절차로 이루어지며, 고등교육법에 의한 재정지원의 경우에는 보조금의 예산 및 관리에 관한 법률에 의하여 교육인적자원부 장관이 예산계상 신청을 보조사업자인 대학으로부터 받아 기획예산처 장관에게 보조금 예산청구서를 제출하여 보조금 예산이 확정되면, 교육인적자원부 장관이 다시 보조금 교부신청을 받아 보조금 교부결정을 하게 되는 것이다.

청구인들은 이러한 일련의 절차 중의 어느 행위를 구분하여 특정하지 않고 심판대상을 단지 "2002 회계 연도의 국립대학에 의한 재정지원"이라고만 하고 있어, 재정지원의 단계에서 구체적으로 어떠한 공권력의 행사를 심판의 대상으로 한 것인지 다소 불명확한 점이 있으나, 청구인들에게 유리하게 해석하여 청구인들이 심판대상으로 주장하는 '국립대학에 대한 재정지원'은 국가의 국립대학에 대한 운영비의 지출과 기타의 재정지원을 모두 포함한 것으로서 위의 일련의 절차들을 포괄하여 총체적으로 국가가 예산을 편성하여 국립대학에 대한 운영비와 재정지원을 하는 행위를 뜻하는 것으로 보기로 한다.

나. 청구인들의 주장과 이해관계인의 의견

(1) 청구인들의 주장

우리나라의 대학들은 국립대학과 사립대학으로 구분되나 일반국립대학들은 사립대학과 동일한 교과과정을 제공하는 등 같은 역할을 하고 있고 서로 경합하는 관계에 있으므로 국립대학과 사립대학 간에 실질적 차이는 없는데도 불구하고, 국가는 국립대학에 대하여 월등히 많은 재정지원을 하고 있고, 이로 인하여 사립대학들은 국고의 수혜대상에서 제외되어 재정난을 겪으며 부실화되고 있다. 사립대학의 학생들은 국립대학의 학생들보다 더 좋은 교육 서비스를 받는 것도 아니면서 훨씬 더 많은 등록금을 내야하고, 사립대학의 교수들은 열악한 교육환경에서 학생지도에 어려움을 겪어야 하는 등의 차별대우를 받고 있다.

사립대학의 학생과 교수에 대한 이러한 차별취급은 헌법 제10조의 행복추구권, 헌법 제11조의 평등권 등을 침해하고, 헌법 제31조의 교육의 기회균등, 헌법 제123조의 지역간의 균형발전원칙 등에 위배되는 것이다.

비록 교육기본법 제11조, 고등교육법 제3조 등 관련법규에 국가가 학교를 설립, 경영할 수 있는 근거는 규정되어 있으나, 이러한 규정이 정부에서 국립대학교와 사립대학교에 대한 재정지원에 차등을 둘 수 있는 근거는 되지 못한다. 재정이란 국민 모두가 내는 세금에 기초하고 있기 때문이다.

(2) 교육인적자원부 장관의 의견

① 적법요건에 대한 의견

국립대학에 대한 재정지원은 국민에게 교육의 기회를 제공하기 위한 국가의 의무로서 행해지는 조성적 행정행위로서, 이러한 행정행위는 청구인들의 교육의 기회균등, 행복추구권, 평등권 등 기본권 침해와 관련이 없다. 즉, 청구인들이 자신의 법적 이익 또는 권리를 직접적으로 침해당한 피해자라고 할 수 없으므로 자기 관련성이 결여되어 있다.

또한 헌법소원 심판은 그 사유가 있음을 안 날로부터 60일 이내에, 그 사유가 있는 날로부터 180일 이내에 청구하여야 하는데, 청구인들은 대학 2학년생, 3학년생과 사립대학의 교수로서 사회통념상 입학 당시 또는 재직 당시부터 국가의 국립대학에 대한 재정지원 사실 및 사립대학의 등록금이 국립대학의 그것보다 높다는 사실을 알고 있었다고 할 것이므로, 이 사건 헌법소원은 청구기간을 도과한 것으로서 부적법하다.

② 본안에 대한 의견

국립대학에 대한 재정지원은 헌법 제31조 제1항의 국민의 교육받을 권리, 교육기본법 제3조의 학습권, 고등교육법 제7조의 규정에 기하여 국립대학의 인건비, 시설비, 운영비 등을 지원하는 것으로서, 이는 경제적 · 지리적인 이유로 고등교육의 기회를 제공받기 어려운 자들에게 교육의 기회를 제공하기 위한 조성적 행정행위이며, 국립대학에 대한 입학 또는 재직의 기회는 당해 학교가 정하는 자격을 갖춘 모든 자에게 평등하게 주어지고 있으므로 이로 인하여 청구인들의 행복추구권이 침해되지는 않는다.

사립대학은 국가가 아닌 자가 특별한 건학이념을 구현하기 위하여 사재로 설립한 학교로서 국립대학에 비하여 재정, 인사, 교육과정 등에 있어서 보다 많은 자율을 누리고 있는 만큼 학생 등록금, 법인으로부터의 전입금, 기부금, 수익사업 등 다양한 수단을 통해 재정을 확보하는 것은 기본적으로 학교법인의 책임이므로 국가의 재정지원에 있어 국립대학과 다른 취급을 받는 것은 당연하다.

다. 판 단

이 사건 심판 청구의 적법여부에 관하여 살펴본다.

「헌법재판소법」 제68조 제1항의 규정에 의한 헌법소원 심판의 청구인은 공권력 작용에 대하여 자신이 스스로 법적으로 관련되어야 한다. 공권력작용이 단지 간접적, 사실적 또는 경제적인 이해관계로만 관련되어 있는 제삼자, 나아가 반사적으로 불이익을 받은 자에게는 자기 관련성이 인정되지 않으므로(헌재 1993. 3. 11. 91헌마233, 판례집 5-1, 104, 111; 현재 1995. 5. 25. 94헌마100, 판례집 7-1, 806, 808), 그들의 심판청구는 부적법하다.

이 사건에서 자기 관련성의 문제는, 심판의 대상인 공권력 행사가 국립대학에 대한 것이고 사립대학에 대한 것이 아님에도 불구하고 사립대학 측에 자기 관련성이 있는가 하는 것과, 사립대학의 입장에서 자기 관련성이 인정되더라도 사립대학의 운영주체가 아닌 재학생 또는 교수인 청구인들에게도 자기 관련성이 인정될 수 있는가 하는 두 가지 측면이 있다.

먼저 국가의 국립대학에 대한 재정지원 행위는 당해 국립대학을 수급자로 하여 행해지는 것이지, 사립대학에 대한 것이 아니라는 점에서 공권력 행사의 직접적 상대방이 아닌 사립대학의 입장에서 자기 관련성이 인정될 수 있는지를 살펴보면, 일반적으로 침해적 법률에 있어서는 법률의 수규자가 당사자로서 자신의 기본권 침해를 주장하면 되지만, 이 사건에서와 같이 혜택을 주는 법규정 또는 공권력 행사의 경우에는 수혜범위에서 제외된 청구인이 국가가 다른 집단에게 부여한 혜택으로부터 자신이 속한 집단을 평등원칙에 위배되게 배제하였다는 주장을 할 수 있고, 헌법재판소가 심판대상의 평등권 위반을 확인한다면, 그 결과로 혜택규정에 의하여 배제되었던 혜택에 참여할 가능성이 있는 경우에는 청구인의 자기 관련성을 인정할 수 있다.(헌재 1994. 6. 30 91헌마161, 판례집 6-1, 653; 헌재 2001. 11. 29. 99헌마494, 판례집 13-2, 714, 723-724 참조).

이 사건에서 만약 헌법재판소가 "국립대학에 대하여 사립대학에 대한 것보다 월등히 많은 금액의 재정지원을 하는 것은 평등권을 침해하는 것이다."라고 확인하는 결정을 내리면, 국립대학에 대한 재정지원이 박탈되거나 감축되는 방향으로 평등이 이루어질 수도 있겠지만, 사립대학에 대한 재정지원이 증가하게 될 수도 있으므로 사립대학의 입장에서는 비록 공권력 행사의 직접 상대방은 아니지만 자기 관련성을 인정받을 수 있는 것이다.

그러나 국립대학에 대한 재정지원이 평등권 침해와 관련하여 사립대학에게 자기 관련성이 인정될 수 있다고 하더라도, 이는 법률적으로 사립대학의 경영주체인 학교법인에 대하여 인정되는 것이 원칙이고 사립대학의 관계자 모두 인정되는 것은 아니다. 형식상 공권력 작용의 직접 대상이 아닌 제삼자라 하더라도 그 실질에 있어서 공권력 작용에 의하여 직접적 효과를 받는 관계에 있는 경우에는 자기 관련성이 인정될 수 있지만, 공권력 작용의 대상자와의 생활관계로 인하여 단지 간접적 · 반사적 영향을 받는 경우에 불과한 경우라면, 자기 관련성을 인정받을 수 없는 것인바, 이 사건에서 공권력 행사의 직접 상대방이 아닌 청구인들에게 자기 관련성이 인정되려면, 그들이 이 사건 공권력 행사 즉, 국가의 재정지원에 대하여 학교법인과 유사한 정도의 법률적 밀접성을 가져야 할 것이다.

그러나 청구인들은 사립대학을 운영하는 학교법인과의 계약관계에 의하여 대학에 재학하거나 근무하는 재학생 또는 교수일 뿐, 학교법인의 구성원도 아니고 학교법인에 대한 법률적 규율의 영향으로 청구인들의 법적 지위나 권리·의무관계에 직접 영향이 미칠 만큼 밀접한 관계에 있지도 않다. 헌법재판소의 위헌결정으로 사립대학에 대한 국가의 재정지원이 증가할 경우 청구인들의 입장에서 납입해야 할 등록금이 줄어든다거나 교육환경이 좋아지는 등의 영향을 받을 수도 있지만, 그것은 어디까지나 간접적·반사적 이해관계인 것이지 법률적 이해관계는 아닌 것이다.

그러므로 이 사건 헌법소원 청구는 청구인들에게 자기 관련성이 없어 부적법하다 하겠다.

라. 결 론

그렇다면, 이 사건 심판청구는 부적법하여 각하하여야 할 것이므로 관여 재판관의 일치된 의견으로 주문과 같이 결정한다.

2003. 6. 26.

재판장 재판관 윤영철 주심 재판관 김영일 재판관 김경일
재판관 한대현 재판관 권 성 재판관 송인준
재판관 하경철 재판관 김효종 재판관 주선회

5. 현 대학제도에 대한 전문가들의 견해

헌법재판소는 비록 각하의 결정을 내렸으나 현재의 이원화된 대학제도로부터 야기된 교육파탄과 학벌주의는 지금까지 정부, 교원단체, 학부모단체뿐만 아니라 국민 전체의 큰 관심사로서 이에 대하여 많은 진단과 처방들이 제시되고 있다. 그중에서 몇몇 전문가들의 의견을 소개하면 다음과 같다.

"여기서 무엇보다 중요한 것은 서울대를 비롯한 국립대학이 스스로의 역할을 새롭게 정의하는 일이다. 국립대학이라면 마땅히 기본적 자질은 충실하나 가난해서 사립대학에 가기 어려운 학생에게 문호가 개방되어야 한다. 그래야 국립대학이다." (안병영, 연세대 교수, 행정학, 전 교육부 장관)[2)]

"이제는 사립대학에서도 훌륭한 경영인, 교사, 법조인, 예술인 등은 납세자의 부담 없이 얼마든지 양성될 수 있다. 민간부문이 더 잘하는 분야에서까지 서울대가 세금을 남용하면서 독점의 폐해를 창출할 필요는 더욱 없다." (독고윤, 아주대 경영대학원장)[3)]

"한국에서 당초 사립대학이 없거나 부족한 지방에 국비를 들여 대학을 설립해 준 것도 이런 복지정책의 차원에서 이해할 수가 있다. 그러나 서울에 이미 여러 개의 사립대학이 존재할 당시 국립 서울대학교라는 대규모의 대학을 엮어낸 것이나, 지방에 사립대학들이 무수히 생겨난 오늘날에도 여전히 지방 국립대학들을 지원하여서 그것들이 사립대학

2) 안병영, "교육기회의 불평등", 금요포럼, 동아일보, 2001. 5. 25.
3) 독고윤, "대학의 위기 풀자면", 시론, 중앙일보, 2001. 3. 22

들에 대하여 우위를 차지하게 만든 것은 분명히 복지정책과는 거리가 멀다.” (김기수, 캐나다 메모리얼대학 교수, 교육학)4)

“국가의 역할이 강한 자보다 약한 자를 돕는 것이라면 서울대를 비롯하여 전국의 국립대학을 사립으로 전환해야 한다. 지금까지 국립대학에 투자한 교육예산을 상대적으로 불우한 사람들이 혜택을 보고 있는 보통 교육기관에 투자해야 한다. 국가에 의한 교육지원은 상급 교육기관이 아니라 가장 많은 국민이 참여하는 하급 교육기관부터 상향적으로 이루어져야 한다.” (신중섭, 강원대, 윤리교육학)5)

“현재 대학서열을 무너뜨려 그렇지 못한 상태로 만들자는 것이 아니라 현재의 구조를 공정하게 경쟁할 수 있도록 재조정할 필요가 있다는 점을 강조하고자 한다. 예를 들면 동일한 국립대 가운데서도 서울대만 특별법에 의해 재정적 · 정책적 보호를 받는 것은 매우 불공정한 것일 뿐더러 국립과 사립 간의 국가 재정지원의 불공정한 여건에 대해 시민단체에서나 학부모연대회의에서 위헌적(違憲的) 부분에 대한 검토가 있어야 할 것이다.” (이상규, 경북대 교수, 국어국문학)6)

“국가에서 대학간 서열체계를 공략하기 위한 소극적 정책원칙의 하나로서 국립대학은 특수한 목적으로 설립되었거나 사립대학이 없는 지역의 대학을 제외하고는 모두 매각 또는 독립채산제로 전환하여 대학들이 모두 사립대학과 마찬가지로 자유롭게 교육프로그램들을 개발운영하여

4) 김기수, 『아직 과외를 그만두지 말라』, 민음사, 1997, 83.
5) 신중섭, 「서울대만 배부르다」, 한국경제연구원, 『시장경제원리로 읽는 경제상식의 허와 실』, 굿인포메이션, 2006, 44-45.
6) 이상규, “교수사회에서의 학벌, 학맥은 없고 패거리 의식만”, ‘학벌을 깨뜨리자’ ⑤, 학벌 없는 사회를 위한 므임 공동기획, 교수신문, 2001. 10. 15.

스스로의 생존과 번영을 도모하게 하여야 한다." (고형일, 전남대 교수, 한국교육개발원장, 교육학)7)

"첫째 대책은 국가가 솔선해야 한다. 공기업 민영화 정책과 함께 국립대학도 민영화해야 한다. 민영화돼야 하는 이유는 경영의 합리화와 대학간의 불공정을 해소하기 위해서다. 대학입시도 공정게임이 되도록 국·공립대학을 과감히 민영화해야 한다. 만약 국·공립대학의 민영화 조치가 부당하다는 판단이 내려지면, 사립대학에 대한 각종 규제를 과감하게 풀어줘야 한다. 학생 등록금의 차등, 각종 지원의 차등에도 불구하고 같은 수준의 규제로 사립대학을 묶어 놓는 것은 불공정 게임이라고 아니할 수 없다." (오해석, 숭실대 부총장)8)

"국·공립대 학생들이 사립대학생들에 비해 절반수준의 납입금을 부담하면서 대학에 다니는 것은 합당한 근거를 가지고 있는가? 시장원리에 맡겨도 충분히 많은 전공자가 공급될 수 있는 학문분야까지도 국·공립대학에 소속되어 있기 때문에 특별히 지원을 한다면, 그러한 지원정책은 합리성을 잃은 것으로 될 것이다. 국립을 당장 사립 혹은 공립으로 전환시키는 것이 어렵다면 일반목적 국립대학의 납입금 수준은 동일지역의 일반 사립대학의 그것과 비슷하도록 재정지원체제를 정비하는 것으로부터 개혁을 시작할 수 있을 것이다." (신도철, 숙명여대 교수, 경제학)9)

7) 고형일, 「대학서열체계, 어떻게 할 것인가」, 『학벌 없는 사회, 어떻게 가능한가』, 학벌 없는 사회를 위한 기획토론회, 2001. 8~11, 학벌 없는 사회만들기 편, 2001.
8) 오해석, "대학이 퇴출되는 날", 오피니언, 중앙일보, 1998. 8. 6.
9) 신도철, 「교육서비스 시장에서의 소비자주의 확충방안」, 『교육과 삶의 질』, 건국대학교출판부, 1999, 440.

“한국 교육을 살리기 위해서는 우리 모두가 교육은 특별한 공공의 목적을 가지고 있기 때문에 국가 주도로 이루어져야 한다는 인식과 ‘국가’는 곧 ‘공공’ 또는 ‘선(善)’이라는 잘못된 인식에서 깨어나야 한다. 교육이 국가 주도가 아닌 민간 주도로 이행될 경우 다양한 교육 상품을 공급할 수 있는 여러 가지 학교가 출현할 것이며, 교육 소비자는 자신의 능력과 기호에 맞는 학교를 선택할 수 있는 자유를 획득하게 될 것이다.” (김영용, 전남대 교수, 경제학)[10)]

“이제 국가는 대학에서 손을 떼야 한다. 대학이 아직 유아기의 상태에 있을 때는 대학의 제도를 만들고 정착시키기 위해 국가가 적극 개입할 수 있고, 때론 관여해야 한다. 그러나 지금같이 대학이 성년의 단계에서 세계 유수의 대학과 경쟁해야 하고 대학마다 고유의 철학과 독자적인 경영전략으로 발전해야 할 단계에서는 국가는 대학에서 완전히 손을 떼고, 대학의 자율성을 강화해 대학 스스로의 책임으로 발전하도록 해야 한다.” (정종섭, 서울대 교수, 법학)[11)]

“한국에서 공무원을 가장 많이 보유하고 있는 부처는 교육부이다. 국·공립학교의 교수, 교사, 교직원들이 모두 공무원이기 때문이다. 국립대학을 법인화하게 되면 공무원 수가 그만큼 줄어들어 제 살 깎기를 해야 하는 곳이 교육부이다. 그럼에도 불구하고 교육부가 대학의 자율성과 책무를 진작시키고 국제경쟁력을 제고하는 차원에서 국립대학 법인화 추진정책을 발표하였지만 국립대학 관계자들의 반응은 매우 냉담하다. 일본이 국립대학의 법인화를 통해 국민의 세금을 절감하는 것은

10) 김영용, 「본고사와 고교등급제, 왜 필요한가」, 한국경제연구원, 『시장경제원리로 읽는 경제상식의 허와 실』, 위의 책, 40.
11) 정종섭, “기여입학제 논의할 필요는 있다”, 포럼, 문화일보, 2001. 5. 24.

물론 자율의 폭을 넓혀 주어 세계적인 대학들과 당당히 경쟁할 수 있는 여건을 마련해 주었음을 간과해서는 안 된다." (권대봉, 고려대 교육대학원장, 한국인력개발학회 이사장)12)

"한국 교육의 구조적인 문제점을 해결하는 첫걸음은 세계은행을 포함한 여러 연구기관이 권고하는 바와 같이 정부가 통제와 간섭을 줄이고 학교들의 자율성을 최대한 살려주는 한편 경쟁원리를 도입하는 데 있다. 다른 말로는 교육부문에서 사회주의적인 색채를 걷어내고 시장원리를 확충해 가자는 얘기가 된다." (노성태, 중앙일보 주필)13)

"수업일수, 학과개설은 물론 심지어는 사이버대학의 정원까지 정해주고 있다. 도대체 어떤 논리와 근거로 이런 규제를 하는지 도저히 이해하기 힘들다. 시장에 맡겨 두면 교육의 공급자와 소비자가 서로 경쟁해 양질의 교육은 남고 저질의 교육은 자연스레 도태되게 된다. 많은 사람들이 교육부를 없애는 데서 교육개혁의 단서를 잡아야 한다는 과격한 주장을 펴는 이면에는 바로 이런 논리가 깔려 있는 것이다." (전성철, 세종대 부총장)14)

"교육정책 당국은 아직도 문제의 핵심은 무시한 시대착오적인 발상에 얽매여 있는 것 같아 안타깝기 그지없다. 연 7조원에 이르는 사교육비 지출과 '과열과외'가 공교육을 황폐화하는 원인이 아니라 공교육이 제대로 되지 않아 생긴 큰 부작용이 아닌가. 학벌주의와 일류병의 폐해를

12) 권대봉, "국립대 법인화 반대 명분없다", 시론, 한국경제, 2005. 5. 16.
13) 노성태, "정부가 손떼야 교육이 산다", 노성태칼럼, 오피니언, 중앙일보, 2001. 4. 4.
14) 전성철, "교육부여, 어디로 가는가", 중앙시평, 중앙일보, 2002. 1. 12.

없애기 위해 필요한 것은 교육부문에서도 경쟁을 기초로 한 시장기능이 제대로 작동될 수 있는 여건을 만들어 줘 모든 대학이 일류가 되기 위해 전력을 경주하도록 해야 하는 일이 아니겠는가." (사공일, 세계경제연구원 이사장)[15)]

"관치대입을 가능케 하는 교육관계법령과 대입정책 그리고 현행 교육제도는 헌법정신과 합치하지 않는 것임을 지적하고자 한다. 헌법은 과거처럼 단순한 선언적 의미의 종이호랑이가 아니다. 국민의 생활 속에 살아 숨쉬는 재판규범으로서 헌법재판에 의해서 위헌적인 법령과 제도를 폐지할 수 있는 제도적 장치를 마련하고 있다." (이석연, 변호사, 동국대 겸임교수)[16)]

결론적으로, 사립대학과 사립대 학생들이 받고 있는 상대적 손실과 교육파탄 및 학벌주의 등은, 위의 각 견해들도 시사하는 바와 같이, 해방 후 지금까지 지속된 정부의 편파적인 지원으로 인한 국립대의 사립대에 대한 불공정 경쟁에서 비롯된 것이다. 그리고 이러한 심각한 교육문제는 국민 모두가 외면할 수 없는 과제로서 이 세대가 해결해야 할 사명이기도 하다. 이러한 중차대한 사명 앞에 헌법재판소에 심판을 청구한 것은 불가피하며 또 매우 의미 있는 일이기도 하였다. 헌법재판은 헌재가 친히 밝힌 것처럼 "헌법을 구체적으로 실현하여, 공권력이 남용되는 것을 방지하고, 공권력 행사에 의하여 침해된 국민의 기본권을 회복하여 사회질서를 평화적으로 유지하는 역할을 수행"하기 때문이다.

15) 사공일, "이젠 교육대통령이다", 사공일칼럼, 오피니언, 중앙일보, 2002. 1. 28.
16) 이성연, "현행 관치대입제도는 위헌", 시론, 동아일보, 2002. 1. 31.

6. [시론] 효용 다한 국립대학체제

필자는 약 1년 전, 뜻이 맞는 학생·교수들과 같이 헌법소원을 제출했다. 그 내용은 국가가 국립대학을 편파 지원하여 사립대학을 차별하는 것은 평등권을 침해하는 것으로서 위헌이 아니냐는 것이었다. 특히 사립대학 재학생들은 국립대생보다 두 배 이상의 등록금을 내면서 오히려 더 열악한 환경에서 교육을 받는 경우가 많다는 점을 지적했다. 청구서에서 필자는 국립대학과 사립대학에 대한 차등적인 재정지원(대학 운영비 중 국고보조는 국립대학이 동일한 교육과정을 운영하고 있으며 완전한 경합관계에 있다는 점, 이러한 상황하에서 국립대학에 대한 재정지원은 필연적으로 대학간 불공정 경쟁을 야기하고 있다는 점을 지적했다.

편파적 재정지원 '불공정'

이에 대해 교육부는 답변서에서, 국립대학에 대한 재정지원은 경제적·지리적 이유로 고등교육 기회를 제공받기 어려운 사람들에게 그 기회를 제공하기 위한 조성적(助成的) 행정 행위라고 했다. 이러한 주장이 오늘날의 상황에 전혀 맞지 않음은 긴 설명을 필요로 하지 않는다. 대표적 국립대학인 서울대에는 압도적으로 상류층의 자제가 입학하고 있으며 대부분의 국립대학이 대도시에 있다는 점 등을 생각하면 알 수 있다.

본래 국가가 국가기관의 일부로서 대학을 운영하는 체제는 일제의 유산이다. 일본은 근대화 초기에 각 분야의 국가 엘리트를 집중적으로 양성할 목적으로 직접 대학을 설립하기 시작했다. 1877년 설립된 도쿄대학이 첫 번째 제국대학이 되고, 이어서 교토·도호쿠·홋카이도·규슈

순으로 제국대학을 세우고 나서, 식민지였던 한반도에 1924년 게이세이(京城) 제국대학, 그리고 대만에 제국대학을 설립했다.

일제의 대학 설립 이념은 1886년에 제정된 제국대학령 제1조 "제국대학은 국가의 요구에 부응하는 학술과 기예를 가르치는 것을 목적으로 한다."에 잘 나타나 있다. 한마디로 교육의 국가주의라고 할 수 있다. 즉 대학이 철저히 국가 목적에 봉사하고 국가 엘리트를 양성하는 도구인 셈이다. 근래 일본에서도 이러한 국가 관리의 대학체제에 대해 '문부성에 의한 호송선단', '후진국형 또는 전제주의 국가형 국가통제 교육시스템'이라는 비판이 제기되고 있다.

日도 국립대 민영화 조치

그러나 난공불락의 국가 중심주의 일본 대학체제도 세계화 시대에 버티지 못하고 급격한 변화의 물살을 타고 있다. 지난 9일에는 「국립대학법인법」이 국회에서 통과됐다. 이제 내년 4월에는 모든 4년제, 2년제 국립대학이 89개 법인으로 민영화돼 새로 출발하게 된다. 정부 통제를 받는 대신 정부지원 아래 안주하고 있던 대학들은 자율적으로 교육과정과 수업료 등을 결정하고 수익사업도 할 수 있는 반면, 매년 외부기관의 평가를 받아 성적에 따라 정부지원금을 받는 등 치열한 경쟁시대를 맞게 되는 것이다. 이번 국립대학 법인화는 1886년 제국대학령 공포와 1949년 신 제국대학 발족 이래 최대의 대학 개혁 작업으로 평가받고 있다.

이러한 일본의 대학 개혁은 일본 대학체제의 복사판이라 할 수 있는 우리에게 많은 시사를 주고 있다. 그 핵심은 국가가 직접 국가예산으로 다수의 일반 국립대학을 직영하는 체제는 그 효용을 다했다는 것이다. 국가 주도의 성장이 한계에 도달하는 것은 경제계뿐만이 아니다. 세계를 무대로 경쟁해야 하는 고등교육에서도 마찬가지다. 지금처럼 국립대학이 국가의 행정·재정지원을 등에 업고 민간 위에 군림해 온 국립 우위의 대학체제로는 우리 고등교육의 경쟁력 향상을 기대할 수 없다. 이제 특수목적을 가진 대학을 제외하고는 국립대학을 국가의 후원과 통제 양면으로부터 자유롭게 하여 사립대학과 동일한 조건하에서 생존과 번영을 도모하도록 해야 한다.

마침 얼마 전, 헌법재판소로부터 필자가 제기한 헌법소원을 각하(却下)한다는 통지를 받았다. 사립대학의 재학생이나 교수는 간접적·반사적 이해관계자에 불과하여 이른바 '자기 관련성'이 없다는 것이었다. 그러면서 사립대학의 경영주체인 대학법인이 그런 주장을 한다면 자기 관련성을 인정받을 수 있다는 점을 시사하였다. 바라건대 용기 있는 사립대학법인이 나서서 국가의 국립대학 재정지원이 위헌이라는 판단을 얻어낸다면 우리의 대학개혁에 결정적인 전환점을 만들어 낼 것으로 의심치 않는다.

김동훈, '학벌없는 사회만들기' 사무처장, 국민대 교수, 경향신문, 2003. 7. 31.